塔木德故事集

Six Memos from the Last Millennium

A Novelist Reads the Talmud

認識猶太經典的
哲人與浮生百態

JOSEPH
SKIBELL

喬瑟夫・史奇貝—著　譯—郭騰傑

目錄

CONTENT

各界讚譽 4
專文推薦 詭異瑰麗的書卷 陳建民 6
專文推薦 不同的答案才是美麗 曾宗盛 9
前　言 小說家讀塔木德 15

第一章 約旦河水裡的愛慾與煉金術 27

如果你想一睹約哈納拉比的俊美容貌，就到銀匠的火爐旁拿一隻剛出爐的銀杯。用紅石榴籽填滿銀杯，再用紅玫瑰做的花環圈住杯緣；將一半的聖杯擺在陽光下，另一半讓陰影籠罩。此時，它煥發出的光澤，庶幾近乎約哈納拉比之美。

第二章 翻轉父親們的心 87

十二年艱困的生活，將他塑造成一位沙漠中的聖人，他似乎因而失去了人類共有的感受，並恥於與塵俗為伍。他是如此嚴格地自律、禁斷肉身的慾望，在他與世隔絕的洞穴中放縱自己的禁慾主義，對他來說一點也不困難。

第三章　邁向兒子們的心　137
他無法修復這種內心的分裂，於是將癒合傷口的事情留給下一代的兒子們進行，而我們就看到這件事情把他們帶向甚麼樣的結局：一個獨行他方，一個在一座通風閣樓中被凍結在生與死之間的鴻溝裡，一個則化為森森白骨，鏘鏘鐺鐺地沉入土壤中。

第四章　破碎的心扉　195
她就對他說：「起來啊，你竟然殺了我的哥哥！」當艾立澤爾拉比問她如何得知會發生這件事情，她便回答：「我父親家有一個傳統：『當天堂的門都關上時，破碎的心扉仍然是敞開的。』」

第五章　史詩般的畫布：顯靈、懲罰、萬劫不復、出神與賜福　267
當處刑者正在用炙熱的鐵梳刮阿奇瓦拉比的肉時，他正吟誦著〈聽啊，以色列！〉祈禱詞，深情款款，準備接受上主的枷鎖與桎梏。他的學生們震驚不已地說：這太超過了吧！

相關事件年表　339
詞彙表　340
謝詞　350

各界讚譽

深入窺探塔木德的奧秘，是對一份古老文本的全新視角。史奇貝以塔木德作為起點，從中選擇一部分五顏六色、幾乎像神話般的故事時，同時在每則故事當中以創造性作家的身分——也許更重要的是作為一個學生——徜徉其間。他的作品透徹而博觀，對於不熟悉塔木德教義的讀者來說，他的作品是一種值得努力閱讀的挑戰。

——《科克斯書評》（*Kirkus Reviews*）

太迷人了，非常有個人特色。得獎無數的小說家喬瑟夫．史奇貝將他的注意力轉向了塔木德收錄的古老敘事。

——《出版者周刊》（*Publishers Weekly*）

史奇貝為這些宗教的神聖敘事創造了令人陶醉的篇章……在這裡能發現許多現代的智慧，因為史奇貝揭櫫了一幅整體而虔誠的聖潔畫面。

——《圖書館學刊》（*Library Journal*）

鞭辟入裡，彷彿一支博學、跨學科的舞蹈，更是一塊塊瑰寶。史奇貝在這本書展現化零為整的功力，連懷疑論者都會深受吸引。

——《前言書評》（*Foreward Reviews*），五顆星好評

本書具有極高的可讀性，沁人心脾、發人深省。史奇貝把這些故事一一解開，產生令人著迷的效果。他將塔木德的作者當作榜樣，同時為現代讀者帶來啟發，在今日，這樣一種亟思反省的做法，或許比以往任何時候都更需要。

——亞乎拉罕·布朗斯坦（Avraham Bronstein），猶太文學網專欄作家

史奇貝發現，這些故事不應當成經典史料故事來閱讀，也不應成為一份故事本身的文學分析，這些情節是神話的、大於生命本身的五個章節（或來自過去的備忘錄），每個都根據一系列的傳說說書人的故事，在翻譯後重新呈現並得到闡明。史奇貝的寫作帶有厚實鬱壘的層次，為他的素材來源提供了一個引人注目的對比。

——公益組織「猶太之聲」（The Jewish Voice）

令人著迷，勾動人心……史奇貝運用他的想像力，檢視幾則塔木德故事背後的情緒和心理。這是巨大的成功。

——非營利網路媒體「報導者」（The Reporter Group）

史奇貝從古老的故事取材，給它們注入新的生命。他以敘事者的洞見閱讀塔木德的故事，找出可以給當代讀者的智慧。史奇貝帶我們走進塔木德的故事，並用這些故事讓我們學習，仔細注意何者已被言說、何者並未言說。

——書評網站 Reviews by Amos Lassen

專文推薦

詭異瑰麗的書卷

陳建民

本書的文體相當奇特，是現代小說家採用了古代的猶太辯論法，以十分詭異的非理性邏輯、蒙太奇跳接式的情節思索，探討一件件的人生事情，其結論往往指向人性的忠貞與堅強，藉此展現小小人類對人生與上帝的尊重。這是一種人本的敬虔，與今日流行的文明之想法與感覺，截然不同。

有兩學派的拉比（猶太教師）在爭論：「人是被生下來好，還是不被生下來好？」喋喋不休，辯了兩年，最後是靠投票得了結論：「不被生下來，比被生下來還要好。」（頁116）可是人已經生下來了，應當如何活下去呢？就在第二章提供了有趣的答案。

作者史奇貝是人文方面的大學教授，經常獲得美國各種藝術與文學的獎項，擅長擷取猶太教師所流傳的故事，加以風流瀟灑、天馬行空的換裝、閒談，但是話鋒總是刺向二元的對立觀點，悲劇與喜劇，黑暗與光明，天界與地上，抗議與沉默，特別愛安排朋友、父子、同事之間大起衝突而爭辯，彼此為生命與真理對峙，兩不相讓。但是史奇貝這位小說家卻操作幽默、諷刺、弔詭的元素，引人向下追讀。

一位以實邁爾拉比，另一位艾拉撒爾拉比，兩個是大胖子好朋友，「當他們以擁抱向彼此打招呼問候時，肚子之間的空隙可以讓一隻牛走過去。」艾拉撒爾為了追尋敗壞的源頭，讓人剖開自己的肚子檢查內部有否腐敗。是的，人生難免犯些小錯誤，所以如他這等浮躁的人，唯有透過反省，才能看見上帝的手伸進了他的煩惱和痛苦之中。因為壞東西是從頭腦跑出來的（頁156）。

猶太經典《塔木德》有許多逸趣的爭辯故事，詭異瑰麗，給作者挑來，附上了現代詮釋。說起《塔木德》，讀者須先了解米示拿（Mishnah），其希伯來字義是「口頭教導」（oral instruction），是一部西元二〇〇年廣納編成的文集，內容有(1)口傳律法，以及(2)拉比對口傳律法的評論。《塔木德》字義是「教導」（teaching），就是針對米示拿的註解，長篇大論的解釋，還為米示拿擴增了不少內容，話題複雜，五花八門，藉此教導猶太人如何應付日常生活的種種難題。

《塔木德》並未詮釋全本米示拿，只挑取了部分來註解。作者史奇貝只挑選了一些奇特的軼事趣談，轉用現代及後現代觀點細細品評，同時端出他心中對人生的領悟。

我們應牢記在心的是，古時聽眾的教育水平低下，所以總總誇張言語、幻變情節、戲劇化轉折、牽強解經等，正是《塔木德》與本書的呈現主軸，如此才能吸引一般大眾的注意。本書的文字鋪陳上，既是古代文學，又頗有複雜寓言或神話的質地。

不過，小說家史奇貝頗懂得撥動讀者的心緒，於是全書一步步探向最深的人性真相之前，先從肉慾層面講起。拉比約哈納，是耶路撒冷城極其英俊的男子，他也大方承認自己是美男子。偏偏喜歡在浴堂外頭，閒坐歇息，害得浴畢出堂而來的已婚女子都印象深刻。回了家和丈夫在一起時，仍忘不了他的容光煥發。

甚至有個男子拉吉許（也是拉比），見約哈納在約旦河洗澡，錯以為是美麗的女子，就縱身躍入河水，去攀談。約哈納對拉吉許說：如果你悔改，我就讓你娶我雙胞胎姐姐，她比我更美。

隨即引進了情欲、禮儀、潔淨等話題，並且話題接話題，故事接故事，一路行雲流水，寫盡了中肯及荒謬的解析，層層疊疊。行文到了書尾，竟能深沉地提示：真的，這實在是太難了，上帝給了我們天使的深度、廣度和領悟力，卻同時用死亡譴責我們，給了我們脆弱的、老化的肉體，有朝一日將消失、不復存在（頁326）。耐人尋味！

全書其實是人本的心靈思維，更借用了許多現代大師的作品，為一盤盤的心靈佳餚提味，有披頭四的音樂，荒謬主義作家卡謬，劇作家山繆．貝克特，美國畫家愛德華霍普等等，一起詮釋「非黑即白」卻「是而又非」的古代與當代人的共同感受。

這卷書，很有一種既清淺又深沈的味道。

（本文作者為亞洲大學外文系教授，曾任教與大外文系與彰師大翻譯研究所）

專文推薦

不同的答案才是美麗

曾宗盛

在猶太教傳統裡，最重要的經典是雙重妥拉：妥拉（摩西五經）和塔木德。妥拉是阿多乃（Adonai，猶太人對上帝的敬稱，意思是「我的主」）透過摩西頒布給以色列人的律法，稱為成文妥拉；而塔木德則是阿多乃口傳給摩西、並流傳後世的傳統，名為口傳妥拉。

塔木德的內容浩瀚龐雜，包含以希伯來文寫成的米示拿（Mishnah）和以亞蘭文註解的革馬拉（Gemara）兩部分。在公元三世紀到六世紀期間，在猶太人故鄉和巴比倫兩地的拉比們分別對米示拿進行註解，並將內容編輯成革馬拉。因此歷史上出現《耶路撒冷塔木德》和《巴比倫塔木德》兩套版本。後代猶太學者公認，《巴比倫塔木德》的內容更為詳細、豐富與完整，遂以此版本為通行版流傳至今，一般通稱為塔木德。

塔木德內容約兩百五十萬字，厚達五千多頁，分為六大卷書，共計五百一十七章（tractates）。其中有三十章（約占塔木德四分之一內容）記載故事、傳奇與哲學，稱為亞卡達（Aggadah）。其餘四分之三內容皆為深入討論猶太律法的紀錄，名為哈拉卡（halakhah）。

塔木德像是蘊含許多豐富寶藏的大海洋。一般人面對這遼闊大海，若能在海浪翻滾沖刷的海邊，撿拾幾片美麗貝殼，就算是生命中幸運又幸福的事了；然而，本書《塔木德故事集》作者喬瑟夫・史奇貝（Joseph Skibell）卻不以此為滿足。他從塔木德世界拾取材料，建造一道鑲嵌著美麗貝殼與繽紛裝飾的馬賽克藝術牆，讓讀者可以欣賞這藝術品散發出的絢麗光彩。

其實，生活在二十一世紀的現代人閱讀塔木德時代的人物故事，這已是驚奇的探索之旅。若有人試圖要將這些人物改寫成生動活潑、栩栩如生的傳奇故事，而且讓人讀得趣味盎然，這會是高難度的挑戰。而身為小說家與大學教授的喬瑟夫・史奇貝勇敢接受這挑戰，他創造了奇幻驚喜。

作者像一位觀察入微的偵探家，細心蒐集塔木德裡小故事片段（他稱之為備忘錄），並且整理了散落在塔納赫（舊約聖經）、米大示或其他猶太經典裡的隻字片語，甚至他還浸淫在當代文學著作裡，擷取呼應人物故事的主題。更令人讚嘆的是，他運用了豐富想像力，以小說家的手法剖析、解說與闡述塔木德的故事人物，又旁徵博引猶太典籍流傳的線索，以生動的文筆描寫生活在塔木德時期幾位著名拉比的生命故事，創造出綺麗繽紛的世界。作者謙稱這些故事是「碎布拼貼」的畫面，其實他建構了現實與虛幻交織、劇情曲折感人、讓人與之歡笑共泣的戲劇。

雖然，《塔木德故事集》五個備忘錄故事所描寫的主題都是生活在公元第一到第三世紀期間動盪世界裡的猶太拉比故事，不少篇幅討論拉比們解釋妥拉的爭論、或論及猶太宗教信仰，這些故事看似和生活在現代世界的人們少有關聯；然而，故事裡觸及許多人生哲理和生命難關：不論是愛情、友情、師生情誼、親情間的恩怨情仇、生命與死亡、親子關係、性與生育、建造與頹廢、權力鬥爭、愛恨情仇、衝突與和解、甚至遭遇人生變故時如何應對、被殖民者在帝國強權統治下流露人性的光明與黑暗……這些主題都和我們現代生活經驗息息相關，或許我們可以從這些故事得到一些靈光與啟發。

此外，故事裡還深入討論阿多乃創造的奧秘，以及叛教者最終是否可能得到阿多乃的赦免與接納，這問題雖是宗教主題，但是它觸及人性中良知、犯錯、懺悔、饒恕、悔悟與和好的主題，這些正是現代社會許多群體、家庭或個人經常會遭遇到、卻感到棘手、不知所措的難題。這些人生百態的故事對於我們當代讀者會有意想不到的啟發。有些故事劇情讓我們可以感受到作者帶領著讀者，用心靈去感悟隱藏在這世界裡的永恆之光悄悄照亮人性。

即使現代人大多不喜愛說教、或是高談闊論人生大道理；不過，讀者只要單純地閱讀此書內容，也會被故事中生動有趣的情節深深吸引，讚嘆作者（說書人）信手捻來、旁徵博引與天馬行空的想像力，從中享受閱讀精彩故事的樂趣，再三回味。在閱讀時，讀者或許會發現自己像是追逐兔子的愛麗絲，掉入深井中，進入一趟奇幻漫遊，在喜怒哀樂的生命旅程中，親身經歷心靈洗滌。

事實上，說書人是塔木德中重要的角色。而作者史奇貝延續了塔木德精神，忠實扮演現代說書人的角色，將古老而片斷的人物故事描述，串聯成妙語如珠的傳奇故事。如此無窮盡的想像力馳騁，讓讀者隨著作者的說書描述，優遊在眾多人物的天地間，開闊心靈視野。

閱讀本書的另一收穫是，有別於我們傳統喜好給人灌輸一套制式標準答案的教育模式，作者在敘述中邀請讀者自行解讀人物故事，對於劇情出現的懸疑提出不同回答。他邀請讀者反省深思，不斷追問，也不停提出可能的回答。每個人都可以對塔木德表達自己的創見，因為有另外其他人會提出不同見解作平衡。正如塔木德並未結束、無法窮盡，拉比的故事也沒有結束；因為想像力無窮盡，在新的討論中，總會從塔木德的解說中找到可能的答案和新的問題。每位讀者閱讀本書得到不同啟發，也可以繼續發展不同方向的解讀，為故事情節表達自己的見解。

透過本書，作者邀請讀者不斷想像與創造，不同的答案才是美麗。人生本來就有不同劇本，容許自如揮灑。畢竟善用想像力，發揮追根究柢的精神，這正是作者給予讀者最大的祝福，也是對塔木德表達最高的敬意！

（本文作者為台灣神學院舊約學副教授、台灣大學共教中心兼任副教授）

本書獻給我的叔叔理查・史奇貝（Richard Skibell）
永誌我的另外兩位叔叔——
雷斯利・勒桑・貝納德・史奇貝（Leslie Lezan Bernard Skibell）
大衛・史奇貝（David Skibell）

親愛的，來吧，我們到野外去。——雅歌7章11節

寫在前面

一九八五年，伊塔羅．卡爾維諾（Italo Calvino）大部分時間都花在準備哈佛大學諾頓講座（Charles Eliot Norton Lectures）上。可惜，這位偉大的義大利小說家去世之前，並沒有機會真正站上講台發表演講，而他也只完成了原定六個講題的其中五個。隔年這些講稿集結成書出版，並以原先的講題《給下一輪太平盛世的備忘錄》（*Six Memos for the Next Millennium*）為名。

據希伯來曆（它與單向的公曆不同）的算法，今年是五七七六年。換句話說：我們即將進入第六千年。

塔木德在眾多學者編纂下，終於在四二三五年（公元四七五年）成書。在我心中，卡爾維諾的俏皮與博學始終是我的一盞明燈，於是我便想到，本書中討論到的諸多故事，就好比在希伯來紀年第四與第五個千禧年之間的轉折期，一位無名作家寫給後世的備忘錄。

所以，本書就取名為《上一輪太平盛世的備忘錄》（*Six Memos from the Last Millennium*，此指英文版）。

而為了向卡爾維諾無意中創造的傳統致敬，書名與內容也充滿宇宙奇趣：與買多送一的概念相反，您花了六個備忘錄的錢，卻只能看到五個備忘錄。

前言

小說家讀塔木德

有一天晚上，我去上我選修的塔木德[1]課。這門課修課人數並不多，大約四、五名學生；但那個晚上，不知道甚麼原因，我是唯一出席的學生。其實，我在人生中相對晚近（大約在我三十五歲左右）的階段，才開始投入塔木德研究。我出身猶太家庭，但猶太教在我成長過程中扮演的角色其實相當淡薄。年輕時的我，大多數時間都在其他地方尋找智慧：在文學和藝術中、在搖滾樂中、在東西方的哲學中、在神話中，或是深入心理學的範疇。

儘管這些領域每一個都十分深奧，但我對意義依舊十分渴求，因此我（可能很天真地）選擇朝塔木德尋求意義。塔木德是一座數千年的古老智慧寶庫，我漫遊在它神聖的界域中，希望能找到一種讓生活更有意義的超然感受，以及融合俗世生活裡的平凡時刻與廣大無邊的聖潔和奇蹟的方式。

在塔木德五千多頁的篇幅中，我對故事特別感興趣——無論是軼事、寓言、趣聞、傳說

1 編注：塔木德、妥拉、米示拿本身都是有意義的詞，可視作書名，也可指涉相關注釋，因此在本書出現時，都當作專有名詞使用而不加書名號，以增加其靈活性。另，書中的聖經相關名詞（如章名、人名）在首次出現時，皆採用基督新教、天主教之通用譯名對照的方式，以便教友閱讀。

或奇談。身為一個小說家，我無時無刻不沉浸在塔木德的故事中。對我來說，故事才是通往意義的入口，是進入意識的王道。神聖的故事更讓我覺得如此。

不過，我的老師們對這些故事要不是跳過、就是快速草草帶過，他們自然沒有時間和精力給全班同學進行近乎於科學解剖式的塔木德律法論述。

我並不像我的老師們那樣不願駐足這些文本中，而是制定我自己的計劃來研究它們。我決定先看《雅各之泉》（*Ein Ya'akov*），也就是這些故事集大成之處。於是，我從當時在課堂上讀過的部分開始（塔木德的五百一十七個章節，收錄於大約三十個段落中，這些段落通常稱為篇章，英文為tractate），那個篇章名叫〈第一道門〉（Bava Kamma），而第一個引起我注意的故事，裡頭有個角色名叫烏拉（Ulla）。

這個故事是講述一個巴比倫拉比（Rabbi，對猶太人導師的敬稱）的女兒過世後，他的同事們決定邀請學者烏拉去慰問，但烏拉拒絕了。

「你們巴比倫的慰問方式，與我何干呢？」他對他們說，「這完全是褻瀆上帝！如果大家都去弔唁，問說『我們可以幫你做些甚麼？』，意思其實就是『我們可以幫你做些甚麼來對抗上帝的旨意？』假設你**真的能**做些甚麼，你就會去做；還有甚麼比這更褻瀆上帝的事情嗎？」

烏拉沒去慰問，反而前去拜會塞繆爾拉孚（Rav Samuel），也就是那位喪女的巴比倫拉比。烏拉選擇引用妥拉裡一段奇怪的篇章，來當作安慰之詞，他提醒失去至親的父親說，

「上帝對摩西（梅瑟）說：『不要壓迫摩押人，也別對他們發動戰爭。』[2]」

如果這些話對悲傷的父親來說幾無意義，那也不重要了。烏拉興致勃勃地闡述這段話的意涵，在下結論以前，他還概述了一個複雜的論點，這個論點和希伯來戰事與彌賽亞（默西亞，救世主之意）的觀念有關，也和上帝與祂的先知摩西之間的對話有關：「如果你的女兒生前公正不阿、堪為後人表率，那她就會得到饒恕而免於下地獄。[3]」

我想翻到故事結尾那一頁看看，但故事其實到這裡就結束了。

想像力的大挫敗

無論你的想像力有多麼豐富，這依舊是一個離奇的故事。

先不管烏拉這個人是誰——我們唯一可以確定的是，他與他的拉比同事們並沒有生活在今天的巴比倫——重要的是，他拒絕加入當地拉比組成的慰問團。烏拉所拒絕的褻瀆行為，在我們眼裡常被理解為出於無奈的同情——「我們可以幫你做些甚麼？」——他隻身拜訪塞繆爾拉孚，並老實不客氣地要這個失去女兒的可憐男人往好處想：從虔誠信仰的角度來看，女兒的死亡並不悲慘，而且有一段聖經經文正可以用來證明這一點。

在阿拉姆語的原文裡，這個段落加上引自聖經的希伯來文段落，只有區區一百五十字

2〈申命記〉2:9。
3〈第一道門〉38a–b。

長。儘管如此，它仍描繪了一個令人回味的場景。這個場景的張力，我認為主要是來自主角們的極端狀態：悲痛的塞謬爾拉孚，面對具有強硬神學原則的烏拉。除此之外，這個故事本身提供讀者解讀的線索少之又少。

這乍看之下根本就是想像力的大挫敗，我們的匿名作者甚至沒有描繪塞繆爾拉孚的反應。儘管塞謬爾拉孚的沉默和烏拉的口不擇言，給讀者留下一種對戲劇性逆轉的期待，但這逆轉卻永遠沒有到來，而我們只能想像塞謬爾拉孚的反應，任其在各種可能性的光譜上游移。

眾拉比對烏拉的怠慢所做出的回應，就是沒有回應；這個細節原本有可能將我們導入故事的寓意範圍內，雖然我們可以大膽推論說，沒有一個宗教領袖，特別是與其他同儕行為一致的領袖，會高興自己被指控為褻瀆。

在另一方面，巨大的精神教誨，往往是違反直覺的，而且難以體會。如果你把故事的拉比語調剝除，同時把烏拉的名字改成「騙子郊狼」[4]或任何其他招搖撞騙的人物名稱，你會發現這則寓言不再難讀，也沒有抽離現實的禪意，可以讓你心如止水、了然接受生活的樣貌。

烏拉是個神學小丑嗎——用另外一種方式說，我們該恥笑他的滑稽嗎？烏拉是一個無情的莽漢嗎——他對待塞繆爾拉孚的方式該使我們義憤填膺嗎？又或者是他是個開明的大師？

在我那天晚上去上課、發現自己是唯一出席的學生以前，這些問題盤據在我腦海中，久久不散。我向老師提到烏拉的故事。我告訴他，我已經開始讀塔木德故事集，而烏拉的故事讓我一開始就陷入困境。

「所以，你想知道這個故事的意涵，對吧？」他說，「既然你是今晚唯一的學生，我們何不用這堂課的時間來找答案呢？」

我跟著他來到書架前，他拿下一本非常龐大的塔木德〈第一道門〉。「這頁底有所有的註解，」他告訴我，「我們拉比都靠這個才能假裝自己無所不知。」他翻開扉頁，開始尋找正確的頁數，「好了，我們開始吧。」

巨大的書在他面前展開，他靠在桌前將故事掃過一遍，而我則坐在他的胳膊旁等待著。他一邊翻到下一頁，一邊拳著手捋鬚。然後他又翻回上一頁。接著他又讀了讀頁底的註解。最後，他猛地把書一闔。「嗯，我也不知道，」他說。

故事的背景

我接著向那些經典釋經家尋求解釋。也許他們的確可以讓你稍微摸清楚這奇怪故事的樣貌，但他們的評注主要仍是在講神聖律法的應用，對角色的動態以及烏拉的粗鄙可能帶來的

4 譯注：美國印地安傳說中作惡之人的形象。

喜劇或悲劇的影響[5]並不大感興趣。相對的，他們爭論的是撫慰哀傷者的適當方式。[6]

我當時覺得，瞭解一下故事的前後背景，也許能幫助我理解故事本身。塔木德和聖經都是希伯來猶太教的基礎文本。塔木德也是古老的哲學法理，它由兩個重要的部分所組成，分別是「米示拿」（Mishnah）和「革馬拉」（Gemara）。按照傳統的說法，上帝在西奈山向摩西開示了口傳律法「米示拿」，用以輔助、闡釋成文律法「妥拉」。其中一個拉比傳說更聲稱，上帝白天向摩西口述妥拉，晚上則對他解釋妥拉。[7]

而解釋妥拉的書籍就是米示拿。

經過一代又一代的口耳相傳，米示拿大約在猶太紀年三九六〇年（公元兩百年）記載於冊，因為當時開始的宗教迫害讓人們擔心口頭訓示會隨著信徒遷徙與流亡而佚失。

革馬拉則是塔木德的另外半部，是對米示拿的多代（希伯來紀年三九六〇和四二六〇年間，即公元兩百至五百年間）[8]整合釋經集。

雖然簡化是一件危險的事情——對塔木德這樣一種多元多樣態的文本來說尤其危險，但在我看來，塔木德可以簡化成三股編織在一起的紡線，這三股線分別是律法、哲學和傳奇。拉比先賢對律法的廣泛討論，也就是「哈拉卡」（希伯來文為Halakhah，或稱「正道」），在塔木德五千多頁的篇幅中就佔了四分之三；而「亞卡達」（Aggadah，字面意義為敘述，即哲學和傳說的部分）則佔了剩下的四分之一。

這四分之一的篇幅（對另外四分之三來說就像佐料一樣）散見於米示拿與革馬拉中，是先賢、聖人和神秘主義者的生命故事，這些人都參與了塔木德的神學律法討論。

（如果你能想像，美國最高法院的大法官在他們的法律裁決和駁回意見書中參雜自己的性生活軼事、旅行所見所聞和寓言故事，以及美國歷史人物如林肯、愛迪生和羅森堡夫婦〔Ethel and Julius Rosenberg〕託夢給他們的內容，甚至還有他們與上帝的對話，那你對塔木德大概就有一些基本的概念了。）

---

5 亞卡達釋經大家亞伯拉罕·以撒·庫克拉孚（Rav Abraham Isaac Kook）提出過例外情況，在我看來主要可分為兩個議題：一、定義模糊的修辭，二、為故事中哲人做出看似乎完全悖離宗教律法的行為開脫。

6 摩西·伊塞萊斯拉比（Rabbi Moshe Isserles，約1530-1572），即《桌布》（*Mapah*，評注《完備之席》〔*Shulchan Aruch*〕的作品）裡面表現的阿什肯納茲（Ashkenazic）律法觀點提到，禁止在哀傷的房子內說「我們可以幫你做些甚麼」。亞哲·本·耶西耶爾拉比（Rabbi Asher ben Yechiel，約1250-1327），其論法作品是最早的拉比法典籍輯錄之一，他對此事則保持沉默。另一位釋經家許洛蒙·路里亞拉比（Rabbi Solomon Luria，約1510-1574），其拉比法釋經集《許洛蒙之海》（*Yam Shel Shlomo*）和塔木德釋經集《許洛蒙智慧》（*Chochmat Shlomo*）當中也婉轉表明，烏拉的方法可能為失去至親者帶來痛苦，並建議應該要頌揚死者的美德為佳。

7 《艾立澤爾拉比賢訓》（*Pirke de Rabbi Eliezer*）第46章，摘錄自Howard Schwartz, *Reimagining the Bible*（New York and Oxford:Oxford University Press, 1998）。

8 事實上，塔木德有兩種不同版本，也有兩種不同的釋經集。其中一個版本是由巴比倫的學者所彙編，也就是《巴比倫塔木德》（希伯來文作Bavli）；另一個版本則由以色列的學者所彙編。長年以來，較早版本的塔木德被稱為《巴勒斯坦塔木德》，但由於某些原因，這個版本和拉比學問沒有關聯，今天它通常被稱為《耶路莎米》（*Yerushalmi*）或《耶路撒冷塔木德》。由於它實際上並非在耶路撒冷寫成、而是在古代加利利地區的拉比學院，因此它也被稱為《以色列塔木德》（*Talmud of the Land of Israel*）。

雖然，當代學者可能對塔木德精確的文學結構有著激烈的爭論，但有一種大家都能接受的假說，那就是革馬拉的部分主題和它所解釋的米示拿有關——雖然學者不確定具體如何有關。

因此，人們可能會認為，探索烏拉和塞繆爾拉孚的故事在塔木德內的安排，可能會透露出故事本身之外更深的含義。然而，這樣做只會引發更多問題，比它已經回答的問題還要多。

烏拉的故事出現在塔木德中涉及損害賠償案件的部分，特別是當牛隻互相頂撞的情況涉及不同社會階層時——比方說，假如一個普通以色列公民的牛撞到了聖殿的牛，或是以色列人的牛撞到了迦南人的牛，該如何處理。

當下，我比以前更加困惑了。

難道，塔木德的編者們在明示或暗示，烏拉相當於社會中那犄角亂頂的牛？他的故事算是示範了暴力的語言嗎？他拒絕褻瀆的做法，是否剛好站在暴力語言的對立面？他對塞繆爾拉孚講話的方式，會因而讓他得到天堂的獎賞，或是正因如此而得不到獎賞？

不管怎麼說，我都不能更清楚地回答故事所呈現的基本問題（並非律法討論的部分，而是從一部有意義的小說來看）：烏拉是誰？他究竟是英雄，還是壞蛋？身為他的聽眾，我們應該讚揚他沒有墮落到褻瀆上帝，還是說當我們稍微仔細地剖析他的世界觀，就會發現其實相當荒謬且殘酷？

最後一個問題：關於這個世界和我們自己，我們又從這個神聖的小說故事中，了解到甚麼？

走進故事的鑰匙

於是我開始追根究柢，把每一則我能找到和烏拉有關的故事都蒐集起來，然後我發現了一件怪事。作為一個文學人物——或者說作為一個文字產生的人物（誰能確知他真的是在史冊留名過的人？）[9]，烏拉似乎沒有太多的特色和鮮明的個性，而他似乎只出現在一個故事中，那是一部關於他從以色列的土地前往巴比倫的戲劇，而且以他悲喜參半的死亡告終。

戲劇，是正確的用詞。

這些故事雖然大多是軼事，而且相當零散，但在形式上無一不具有戲劇性。這些故事就像舞台劇一樣，以多幕劇組成，並以永恆的現在式演出；人物們則幾乎毫無隱蔽的內在，一定會以獨白的形式大聲說出自己獨有的想法；敘述者則採用最簡單的聲音和詞彙，像個劇作家，在舞台說明中幾乎完全不干預任何可以看到或聽到的東西；而每幕之間的連結，則規矩

9 請參見雅各．諾斯納（Jacob Neusner）的作品，引自 Jeffrey L. Rubenstein, *Talmudic Stories:Narrative Art, Composition and Culture*（Baltimore and London:Johns Hopkins University Press, 1999）, p. 297。烏拉生活的年代大約介於公元二百五十年至三百年（希伯來紀年四〇一〇至四〇六〇年間）。在流亡巴比倫時，他曾回以色列拜訪信眾。

地遵守時間、地點和動作統一的古典法則。

當我一頭栽入這些故事中時，我開始好奇，如果把這些散布在塔木德和〈米大示〉（Midrash，律法釋經學）文學[10]中的不同場景集結在一起，會呈現出甚麼樣的拼貼畫？它們會形成一部更大的戲劇，裡頭的敘事更恢弘，有固定的角色、連貫的故事情節以及圖像系統嗎？[11]

我覺得應該會呈現出這樣的樣貌。我似乎終於找到了走進這些故事的鑰匙——至少對我來說是如此。在過去幾年，我花許多功夫對這些故事進行研讀與教學，並發現：那些出現在一個片段場景中的晦澀元素，常在另一片段場景中充當明燈的作用。塔木德就像名副其實的拉比版《人間喜劇》（*comédie humaine*），充滿了身為「靈人」（Homo spiritus）的我們各種熟悉的類型和變化。

這些故事有的狂野、有的粗魯、有的淫穢，雖然陳述方式都相當簡單，卻都不是簡單的故事。這些故事就像許多其他古老聖經文學一樣，經常與我們當今熟悉的虔誠觀念相左。而在塔木德的故事中描述的聖人們，顯然是真正聖潔的，對此沒有人有異議。按照傳統，一個人只要在塔木德中被提到過，就有起死回生的能力。然而，在這些故事裡的聖賢、哲人，常都被描繪成有缺陷的、悲劇性的人物，就算他們德性甚高，依舊會像常人般犯錯。這樣的現象，在我看來是誠實且合情合理的。在拉比式的想像中，聖潔的創造是人類努力得致的結果，而不是超人類的奇蹟。詩人華萊士．史蒂文斯（Wallace Stevens）也提醒我們，在現世裡找到一條路，遠比遁出現世還要困難。一個人的缺點，可能和其成就一樣有教育大眾的價值，甚至更有價值。

從中世紀到現在的拉比釋經家，往往將這些故事當作歷史故事，因此總是剝除神蹟、超現實和奇幻的元素，以將道德上難以通融、淫穢的部分略過不談。站在光譜另一端的當代學者，雖然不怕在未經美化的情況下審視這些故事，但幾乎也不管——至少在學術研究的專業上不管——這些故事對讀者最急迫的人性需求有甚麼意義。

然而，小說家有辦法在這兩個對立陣營間的險峻夾縫中生存。一個深具想像力的作家，會關注不同的面向。一個說故事的人，對搶眼的、使人糾結又激動的情節很有興趣，如果加點讓心跳與脈搏加快、或是撥撩靈魂的細節會更好。說到底，文學的功用就是要改造我們，宗教性文學就是如此，那我們何不用小說家的手法來剖析、解讀這些故事呢？就算它們是最有深度的小說，它們畢竟仍是虛構的。它們能達到的效果，就跟深刻的小說一樣：當讀者對故事抱以童趣之愛時，它們不但取悅了讀者，同時還試著表現出人生的本質。

接下來的各章節內容，就是對這種宗教文學所做的想像力發揮，以及個人的觀點反應。我知道，我對這些故事的解讀，具有瘋狂的主觀特質，而且與權威的釋經說法相去甚遠。但

10〈米大示〉的體裁兼具想像和說教文學的特色，是講解聖經的佈道集，由後聖殿時代的拉比哲人們所創，是隱意解經（allegorical sense），而字面解經（plain sense）則是〈派夏〉（Peshat）。

11 我想到的是德國小說家與劇作家格奧爾格．畢希納（Georg Buchner）。請見本書第四章。

這些故事的資源，對我來說卻似乎取之不盡用之不竭，我當然也知道我的註解無論多麼充分，也是局部的觀點而已。

不過，我也已經盡我所能深入探究這些故事，去照耀這些輝煌、亮眼又奇詭的文體，並盡我所能去探索、回復這些深具意義的小說所呈現的美麗和深度。

Point

最後一點提醒：正如我前面提到的，我剛好想將這些故事當作一位無名作家的備忘錄（這可能也是一種有點自負的想像力），這個無名作家就是亞卡達傳說的說書大師，在希伯來紀年第四到第五世紀的交界點，傳遞故事的火炬。本書中每一章開始前都會有一篇備忘錄、也就是即將在內文中討論的故事原文，並不會附加釋經評注，好讓讀者可以一睹故事的原始樣貌。

Chapter 1

約旦河水裡的愛慾與煉金術

Six Memos from the Last Millennium

約哈納拉比（Rabbi Yohanan，約卒於猶太紀年四〇四〇年／公元二七九年）和西蒙·本·拉吉許拉比（Rabbi Shimon ben Lakish，生於猶太紀年約四〇一〇年，卒於猶太紀元約四〇六〇年／公元第三世紀下半葉）

如果你想一睹約哈納拉比的俊美容貌，就到銀匠的火爐旁拿一隻剛出爐的銀杯。用紅石榴籽填滿銀杯，再用紅玫瑰做的花環圈住杯緣；將一半的聖杯擲在陽光下，另一半讓陰影籠罩。此時，它煥發出的光澤，庶幾近乎約哈納拉比之美。

有一天，約哈納拉比在約旦河中洗澡。拉吉許見狀，便縱身躍入約旦河中。約哈納拉比對拉吉許說，「你的力量真該獻給妥拉！」拉吉許回應：「你的俊美真該獻給女人！」約哈納拉比又對他說，「如果你（為你的惡行）悔改，我會讓你娶我姊姊為妻，她比我更美麗。」拉吉許大膽接受了這些條件，但是當他要跳上岸穿回衣服時，他發現自己絲毫沒有力氣。隨後，約哈納拉比教他聖經和米示拿，讓他成為一個偉大的人。

有一天，經學院裡的哲人們面對以下問題時，意見產生分歧：劍、刀、匕首、長矛、手鋸和鐮刀，這些東西在其製造過程中，哪個步驟最容易汙穢而無法用於祭儀中？最先提出的答案是：當它們製造完成後。但是，它們甚麼時候算是製造完成？

約哈納拉比說，「在它們已經在爐中得到鍛煉之後。」拉吉許說，「直到它們在水中淬火了以後才算製造完成。」約哈納拉比說，「強盜很清楚他那一行的工具。」拉吉許說，「你到底賜予我甚麼好處？過去與現在，無論在甚麼地方，大家還不都叫我大師。」約哈納拉比說，「我把你帶到了舍吉拿（Shekinah）的羽翼下。」

約哈納拉比對尖銳的言語交鋒感到羞愧，而拉吉許卻病倒了。

約哈納拉比的姊姊來了，她來到約哈納拉比面前，哭著懇求他：「看在我的孩子份上，原諒他吧。」約哈納拉比回答說：「把妳那些沒有父親的孩子留在我這吧，我會撫養他們。」「那看在我守寡的份上吧！」約哈納拉比對她說，「讓寡婦們來依靠我吧。」

西蒙．本．拉吉許拉比去世後，約哈納拉比哀痛萬分。

哲人們說：「該由誰去撫慰他的心呢？讓艾拉撒爾．本．裴達特（Elazar ben Pedat）拉比去吧，因為他的學識淵博。」艾拉撒爾．本．裴達特拉比就去約哈納拉比面前坐著，不管約哈納拉比說甚麼，艾拉撒爾拉比都回答，「你說的有根據。」「你應該要效仿拉吉許吧？當我對拉吉許講一件事情，他會提出二十四個異議，然後我會用二十四個回答來反駁，在這樣的交流下，事情的樣貌就清楚了起來你說『你說的有根據』，好像連我自己都不知道我說得有道理似的？」

約哈納拉比站起來撕裂自己的衣服，籠罩在極度的哀戚下。他涕淚縱橫地喊道：「拉吉許，你在哪呀？拉吉許，你在哪呀？」他不斷悲鳴著，直到他的理智漸漸消逝。

哲人們為他祈求憐憫，然後他就死了。

——《巴比倫塔木德》，〈中間之門〉（BAVA MIETZIA）84A

約哈納拉比是耶路撒冷最俊美的人之一——他本人也大方接受了這個頭銜。要說他是世上僅有的少數幾位美男子也不為過，因為他的美貌實在是舉世罕見。[1]他不但是聖經〈創世記〉裡約瑟（若瑟）的後裔，外表也像約瑟一樣，是非常帥氣的男人。他有在女子浴堂外歇坐的習慣，因為他的俊美實在是太引人注目了，當以色列的女兒們從浴堂魚貫而出、擦乾身體準備迎向丈夫們的懷抱時，這些女子竟無法將他容光煥發的形象從自己的腦海中抹去，甚至在與配偶歡愛時仍會想到他的美貌。也因此，有些人認為他們生下的孩子就會和約哈納拉比一樣漂亮、一樣博學多聞。[2]

在此我得趕緊補充說明一點：這個現象並不是透過交感巫術（一種異教的概念，用以詛咒拉比的心緒）所造成，而是透過想像力去創造出所想像的東西——這也正是約哈納拉比的專長。

不過，這種做法怎能不禁止呢？

神聖的妥拉律法不會沒預料到想像力擦槍走火的可能，於是禁止男子在與一名女子歡愛時同時想著另一名女子。[3]這條禁令當然也適用於女子身上。那麼，身為以色列土地上拉比學院的負責人，閒坐在女子浴堂外面是否合適呢？

1 〈中間之門〉84a。
2 〈祝禱篇〉20a；〈中間之門〉84a。也請參見 Iggeret HaKoshesh 第5章。
3 《完備之席》（*Shulchan Aruch*）〈一生〉（Orach Chaim）240:2。

似乎也沒甚麼不合適的。何況，雖然女子們看到了約哈納拉比，他還是很有可能沒看到那些女子。他的眉毛已經長得非常長、幾乎可說完全蓋住眼睛（至少在他年紀很大的時候），每次他想看某件東西，就得吩咐自己的兩名學生：「抬起我的眉毛。」學生就會用精緻的銀棍[4]輕輕撥開他帷幕般的雙眉。

儘管如此，他的同事們還是會好奇問道：「敢問大師，您無懼於邪惡的目光嗎？」他們這麼問的意思是：您讓大家看到自己如此俊美的外貌，難道就不怕招來毀滅性的忌妒？

答案是否定的。

約哈納拉比是約瑟的後裔，自然不受邪惡目光的影響；正如約瑟受到波提乏（普提法爾）妻子的誘惑仍不為所動，[5]他的後代也不會嚮往那些身外之物。對約哈納拉比來說，那些甫出浴的、其他男子的愛人們就是他的身外之物。

如果這還不足以平息讀者疑慮的思緒飄盪，塔木德隨後就帶我們看到了吉鐸拉比（Rav Gidel）的故事。這位智者不僅坐鎮女子浴堂的大門內，還會指點她們怎麼泡澡會更舒服：「來，像這樣泡一下，像那樣泡一下。」他這麼指導她們。

吉鐸拉比同樣引起同事們的好奇——「大師何以無懼邪惡的淫念？」無論要歸因於他可悲的視力，還是歸功於他驚人的自制力，他的回答很簡單：「對我來說，她們就像一群白鵝。」[6]

第一幕的喜劇

那麼，約哈納拉比**到底有多俊美？**

塔木德用書中最直觀清晰的圖像之一，為我們解答這個問題：

> 如果你想一睹約哈納拉比的俊美容貌，就到銀匠的火爐旁拿一隻剛出爐的銀杯。用紅石榴籽填滿銀杯，再用紅玫瑰做的花環圈住杯緣；將一半的聖杯擺在陽光下，另一半讓陰影籠罩。此時，它煥發出的光澤，庶幾近乎約哈納拉比之美。[7]

現在請想像一下，一隻剛鑄成的銀杯填滿了石榴籽、套上了玫瑰色的花圈，在光影參半處交互閃耀著光芒，然後隨著波光粼粼的約旦河流經猶太地沙漠（Judean desert）旁乾燥的小黃山丘；現在，你心中這幅光芒閃耀的圖畫，很可能也盡收西蒙·本·拉吉許的眼底——他兼具小偷、強盜和殺手等身分，滿肚子壞水，在這燦爛明亮的一天打算尋找下一個倒楣鬼。

4〈第一道門〉117a。

5〈創世記〉39:1-20。

6〈祝禱篇〉20a。

7〈中間之門〉84a。本故事其他部分亦請參照該出處。

為我們講述這一切的傳說（Aggadah）說書人，在描繪完約哈納拉比的美貌後，用他一貫的簡潔筆法描繪了下一幕：

有一天，約哈納拉比在約旦河中洗澡。拉吉許見狀，便縱身躍入約旦河中。約哈納拉比對拉吉許說，「你的力量真該獻給妥拉！」拉吉許回應：「你的俊美真該獻給女人！」

雖然我們眼下的故事並沒有提及，不過塔木德的經文中已經在前面先行透露了一個細節：約哈納拉比並沒有蓄鬍。[8] 這個細節可謂全幕的關鍵，因為拉比通常都會蓄鬍。就如同浴堂的女子們見到的畫面一樣，約哈納拉比的俊美撩起了無盡的想像之火：拉吉許見狀，便縱身躍入約旦河中。從遠處望去，拉吉許窺見的浴者有著光滑羞紅的臉頰、長長的紅髮以及小麥色的肌膚，挾帶著甫出浴的水滴，將其誤認為含苞待放的女孩，又有甚麼奇怪的呢？想像力點燃了拉吉許的慾火，心中那些原始的、不道德的衝動，驅使他剝光自己的衣服跳入水中。

現在，在這緊張的關頭，我也許應該提到的一點是，塔木德中除了指出約哈納拉比沒有蓄鬍的訊息以外，還披露了一件事情：約哈納拉比的陰莖，可是和三卡夫——有人甚至認為應該是五卡夫[9]——的燒瓶一樣大（卡夫是塔木德裡使用的測量單位，一卡夫的體積約等同於兩打雞蛋）。

因此，儘管約哈納拉比光滑的臉頰可能迷惑了拉吉許、讓他把自己想像成一個面泛紅暈的女孩，但他帶著胯下那足足有七十二到一百二十顆雞蛋大小的擺掛，轉身從水中站起、面向入侵的不速之客時，拉吉許馬上發現自己看走眼了。這畫面讓拉吉許瞠目結舌、無法言語。雙方互相打量一陣後，約哈納拉比首先打破沉默。

「你的力量真該獻給妥拉！」他說。

「你的俊美真該獻給女人！」[10] 拉吉許不甘示弱地回擊。

這裡補充一項有趣的側寫：表面上看起來，約哈納拉比瞬間就明瞭了一切，他似乎只是要勸誡拉吉許金盆洗手，從此獻身聖潔的生活。我們或許可以聽到拉吉許的反駁——除了那句「你的俊美真該獻給女人」——他可能又慌忙辯解道：先生，這是天大的誤會哪！我以為您是女人！您可別把我當成同性戀者啊！或者他會冷言奚落：小心我把你大卸八塊，你這娘炮！

無論是上述何種情況——將人一軍或被反將一軍，約哈納拉比還是再出一招，這次的出招無論是對拉吉許或是對讀者來說，絕對都是一顆震撼彈：

8 來源同上。

9 來源同上。「約哈納拉比認為，以實邁爾拉比的尺寸有九卡夫的燒瓶那麼大；帕帕（Pappa）拉乎則認為，約哈納拉比的尺寸有五卡夫的燒瓶那麼大，但也有人認為是三卡夫。至於帕帕拉乎的尺寸，則有一個哈皮尼亞（Harpinian）籃子那麼大。」

10 來源同上。

約哈納拉比又對他說，「如果你（為你的惡行）悔改，我會讓你娶我姊姊為妻，她比我更美麗。」

我們即將看到的是，約哈納拉比總是太輕易就犧牲自己的至親，這是他一輩子的習慣，譬如這邊他就為一個殘忍的強暴犯，奉上自己的姊姊。但是，接下來的發展出乎眾人的意料：

拉吉許大膽接受了這些條件，但是當他要跳上岸穿回衣服時，他發現自己絲毫沒有力氣。後來，約哈納拉比教他聖經和米示拿，讓他成為一個偉大的人。

雖然這第一幕的喜劇（我們的故事共有四幕）讓人沒注意到其中的暴力成分，但是我們絕不能忘記，拉吉許跳入河中的意圖，是強姦陌生女子、違背對方的意願侵犯其身體，是為了私慾而行暴力的征服。而劇情中出現的歡樂轉折，當然有一部分要歸功於頂著女孩兒臉龐的約哈納拉比從水中站起，展露他精壯的男性骨架，卸下不速之客的武裝，使侵略者屈服於自己更大的意志之下：你的力量真該獻給妥拉！

撇開歡樂的劇情發展先不提，我想我們都可以同意的是，當你閱讀一位聖人（或兩位聖人，譬如本篇故事）的權威傳記時，是不會看到這種內容的。未來的拉比企圖強姦自己未來的老師，似乎也不像是好萊塢式的浪漫邂逅。

然而，縱使這一幕的暴力元素很不合宜，結局卻是洋溢滿滿的幸福：兄弟之愛、一段新生的友誼、婚姻、救贖與重生，全都是本幕的宗旨。躍入河流的拉吉許是個野蠻暴徒，但他從河裡出來時卻是脫胎換骨，簡直就是溫文羸弱的書生，連拿起自己衣服的力氣都沒有。（據中世紀學者、所有的聖經和塔木德評注鼻祖拉希[11]的說法，妥拉會剝奪其信徒的體力。光是讓妥拉銬住自己——拉吉許甚至一個字都還沒讀——就已經完全喪失了動物性的侵略[12]。）

用想像力去創造想像

水、浸禮、逼人的凝視、想像力和情色的貫穿，生下了俊美和知識：河邊的場景奇妙地為我們重新校正了約哈納拉比在女子浴堂故事中看到的所有畫面。

在浴堂外，約哈納拉比用理論的方式，將自己映射在婦女的性生活之中；在河邊，他對迎向前來的陌生人拉吉許如法炮製，將自己像西洋劍般精準刺中了他的核心（不是身體的中

11 拉希（Rashi）是許洛蒙・伊茲哈及拉比（Rabbi Shlomo Yizthaki, 1040–1104）的字首縮寫。他寫過一本宏大的聖經和塔木德釋經集，可謂釋經鼻祖。

12 在聖潔之光難以逼視的照耀下，今世的事情始能顯露出自己的真實重量。拉吉許或許並沒有變得比較弱，而是世界對他來說感覺變得更沉重了。我要感謝卡羅琳娜・艾貝德（Carolina Ebeid）提供我這個想法。

心，而是心理的中心）——你的力量真該獻給妥拉！——觸及了他內心最隱蔽、最豐碩之處。這些婦女所生的孩子，就是約哈納拉比的縮影，每個都乘載了他俊美的特徵；而約哈納拉比將拉吉許轉變成一名學者的同時，也將自己的形象加諸於他身上。

在這兩幕中，約哈納拉比的俊美外貌都發揮了情色誘惑的效果，但他並未從中得利。浴堂的婦女們終究回到自己丈夫身旁，拉吉許則得到了約哈納拉比的姊姊並與之成婚。拉吉許離開河水的那一刻，其實已經和一對姊弟締下婚約——一個是為人丈夫，另一個則是擔任學者的神聖同伴（*haver*）。

根據拉比律法，河流和浴堂都屬浴禮池（*mikvot*），浸泡在天然水體中能達到淨化和神聖的效果。[13]一名皈依者在浴禮池浸泡，就像女人每月在月事結束後前往浴禮池淨身一樣。拉吉許在河裡也經歷了一種轉變，但他與約哈納拉比的相遇除了沒有肢體接觸以外，簡直是色跡斑斑，而且拉吉許活脫是被玷汙過一樣：當他要跳上岸穿回衣服時，他發現自己絲毫沒有力氣。

這裡的意象可說是既紊亂又奇妙。拉吉許從河中走出來以後，出現了像是性交後昏厥的症狀，赤裸裸的他渾身無力，他既像個心滿意足的情人（意象就如夢中即景般），也像個赤裸無助的新生兒，受精於這場暴力的耦合，掙扎地從河的子宮滑脫出來。

無論是哪一種情況，經驗都徹底改變了他：他無法穿上那些累贅的衣服，重新當本來的那個自己。

現在，我們的匿名傳說說書人（無論他是誰[14]）發揮說故事的才華，[15]用兩個成對的短幕敘述了約哈納拉比和拉吉許一起生活的全貌。第一幕（我們已經看過）描述他們見面的那一刻，第二幕則是他們永別的那一刻。傳說說書人為了讓我們注意到這個對稱性，在兩個故事開頭都用一句微妙的短語開場：有一天。[16]

有一天——阿拉姆文寫為 *yoma had*——一方面僅僅是一個阿拉姆語說書人的慣用短句（就像「從前從前有一天」），但另一方面它聽起來又很像希伯來文的一個短句 *yom ehad*，意思是「第一天」或「頭一天」。

13 根據拉比律法的規定，一個浴禮池所含的雨水不得少於兩百加侖。由於雨水是從天而降的，因此浴禮池是名副其實的「一池天上之水」。外邦人或皈依者必須浸於浴禮池中，以符合神聖律法的規定；而婚禮前的待嫁新娘以及月經甫結束的婦人，也必須浸於浴禮池。

14 是的，我知道，「他」實際上也有可能不過就是一群編輯。

15 我們的故事在阿拉姆語版本中，第一幕只有不到五十個字，第二幕（包含引用米示拿的部分）也不過最多七十字。由於傳說說書人行文非常簡潔，他必須善用多種犀利的文學技巧，譬如這裡他就狡猾地運用了並陳的技法。這兩幕其實相映成趣，它們都具有相同的結構。由於這兩幕是如此相像，它們得到了相得益彰的加強效果，其相同與相異之處創造出一個更大的意涵範圍，比單獨的一幕都來得大。透過這種方式，場景本身就反映出主角們鮮明的個性。此外，相同的結構也是對口頭傳說的記憶輔助。我們或許可以這麼想：這些故事的書面版本相當於音樂家的「標準樂曲集」（Fake Book）或是每一首歌曲的導引譜（lead sheet），上面詳載了每首歌曲的最基本資訊（歌詞、旋律、和弦等）。書面版本的故事，對說書人來說，作用就和標準樂曲集和導引譜一樣，目的是記載最基本的概要資訊。

16 〈創世記〉1:4-5。

你可能還記得聖經〈創世記〉裡，關於第一天的開場白：

> 上帝把光和暗分開，稱光為「晝」，稱暗為「夜」。晚間過去，清晨來臨；這是第一天（*yom ehad*）。

Yom ehad……*yoma had*……你可以輕聲唸出這兩句話，雖然你在說兩種不同的語言，但很快你就會發現它們的發音是相同的。

這是一項了不起的文學成就：傳說的說書人，已經在這看似不起眼的短語中將我們深植在原始的對立世界中：光明與黑暗、天與地、男性和女性，甚至打招呼和說再見。

事實證明，我們故事的全部主題，都包含在這句狡黠的、雙重語言的、詩人喬伊斯式的雙關語中。

我們的第二幕是這樣開始的：

> 有一天，經學院裡的哲人們面對以下問題時，意見產生分歧：劍、刀、匕首、長矛、手鋸和鐮刀，這些東西在其製造過程中，哪個步驟最容易汙穢而無法用於祭儀中？

哲人們為了解讀神聖的妥拉律法並做出裁決，在經學院努力研讀著，此時另一組基本的對立進入了我們的故事中：禮儀上的潔淨與不潔[17]。禮儀律法中定義的潔與不潔，具有拜占庭式的複雜性，但在這個主題中我想說的是：當某件東西接觸屍體或某個污穢的來源而變得不純淨，必須通過浸禮才能得到潔淨，方能免於成為髒污的源頭。

金屬器皿——在經學院內討論過的劍、刀、匕首和長矛——雖然都有各自的製作方式，[18]但是在真正製造完成以前，沒有一種器皿能不受雜質侵擾。

但是，它們甚麼時候算是製造完成？這是哲人們所一直圍繞的問題，他們的意見出現分歧：

約哈納拉比說，「在它們已經在爐中得到鍛煉之後。」拉吉許說，「直到它們在水中淬火了以後才算製造完成。」

根據本幕的一種簡單解讀，兩人有爭議的部分，僅是冶金過程中一個被稱為「退火」的細微過程。約哈納拉比認為，在刀劍等類似器具的製作過程中，經過爐火的加熱後就算完工狀態；但拉吉許並不同意，他堅稱刀劍必須經過水淬才算完工。

拉吉許說完話以後，氣氛急轉直下。

17 希伯來文分別為 *taharah* 和 *tumah*。
18 請見米示拿〈器皿書〉13:1。

「強盜很清楚他那一行的工具。」約哈納拉比說。

現在，約哈納拉比可能只是單純向拉吉許豐富的實際經驗致敬——可能充滿敬意，也可能是勉為其難。這兩人中，昔日作為一介草寇的拉吉許，可能才是真正用過刀劍的人。無論約哈納的本意為何，藉著提醒拉吉許為不光彩的過去懺悔，約哈納拉比似乎再次深入了拉吉許的內心世界。

此前，我們已經在某個地方經歷了相當類似的場景：在河邊，這兩名男子曾用類似方式即興地一搭一唱。在經學院這幕，比起河邊那幕風險似乎小得多，但約哈納拉比對拉吉許還擊的影響似乎更具毀滅性。

尖銳帶刺的話刺中了他的痛處，拉吉許回應中帶有的苦澀自然是相當明顯的。

「你到底賜予我甚麼好處？」拉吉許說。「無論我到甚麼地方，」他指的是過去身處於強盜之間，今天身處於拉比之間，「大家還不都叫我大師。」

「我把你帶到了舍吉拿的羽翼下。」約哈納拉比告訴他，表示聖靈（聖神）顯現的羽翼將他從不道德的草寇生涯帶往聖潔的境界。

這是他們兩人給對方說的最後一句話，第二幕的結論和第一幕一樣，用一段敘述總結：

> 約哈南拉比對尖銳的言語交鋒感到羞愧，而拉吉許卻病倒了。[19]

事情變得太嚴重了。

第一個有一天，河中創造了新生；但在第二個有一天，新生的脈搏卻在經學院開始凋零，逐漸邁向死亡之路。

煉金式的浪漫

雖然，根據學者的考究，除了某個真假難辨的段落外，[20]整個塔木德文本並沒有其他地方明確引用煉金術，但我們很難不將這個故事看作一種煉金式的浪漫。[21]

煉金術士追溯了先人（也就是鐵匠）的智慧源頭，[22]還有他們所鍛造的器具。正如我們所看到的，治金方式各自帶有隱喻的色彩：加熱、熔煉、鍛造、退火。在故事一開始，煉金就已經宣告自己的登場：約哈納拉比好比維納斯誕生般的美貌，正是出於一篝爐火（如果你想一睹約哈納拉比的俊美容貌，就到銀匠的火爐旁拿一隻剛出爐的銀杯）。當我們發現，約

19 雖然下面兩個翻譯出來的句子不同——約哈納拉比感到羞愧，而拉吉許卻病倒了——但阿拉姆語中，形容兩人狀態的詞卻都是一樣的：חלש（chalash）。值得注意的是，他們兩人遭到的「羞辱」卻也符合自己的類型：約哈納拉比受到的羞辱是智慧上的，拉吉許則是肉體上的。

20 有趣的是，這個段落竟然提到了西蒙・本・拉吉許。

21 請見 Raphael Patai, *The Jewish Alchemists* (Princeton, NJ:Princeton University Press, 1994), p. 44。「塔木德中的哲人，似乎對古希臘時代的埃及中，存在的希臘與猶太文化的重要成分視而不見。無論如何，塔木德中能以煉金術士的角度解讀的段落，是既少又模糊的。

22 請見 James Hillman, *Alchemical Psychology* (Putnam, CT:Spring Publications, 2010), p. 33。」

哈納拉比的（非典型的）父系名字是巴爾．納法哈（*bar Nappaha*，即鐵匠之子[23]）時，這個意象就更具呼應的效果。

火，也是約哈納拉比的主題元素。約哈納拉比可謂誕生於火熱的熔爐中、散發出光芒，而關於他的一切——他的性格、他的意識風格，他對妥拉的理解——都有一個炙陽般的火熱特徵。

（即使是提到約哈納拉比那三到五卡夫燒坪大小的玩意，也是要暗示煉金術士的背景。）

精煉，是將菁華從糟粕釋放出來；**嬗變**，則是將金屬從其最低等狀態提升到其最高等狀態。這些都是煉金術士的慣用伎倆，當然也是我們眼前這齣戲隱喻的重點。根據煉金術士的說法，火是工藝之王、轉型的催化劑，我們同時也已經看到拉吉許如何被自己的想像力點燃慾火，如何將自己投身於約哈納拉比加熱、蒸餾並冒著泡沫的河水，然後任由約哈納拉比對他施展開始精煉的過程，將他從強姦犯、小偷，其最低等的狀態，**嬗變**成一名神聖的學者[24]和勇敢的男人。

這樣一來，上帝在他的「第一天」和約哈納拉比的「有一天」當中，似乎進行了差不多的煉金過程：從黑暗引出光明，從鉛中引出黃金。約哈納拉比就像上帝在六天絕妙的努力下造出萬物與人類，因為他也成就了一個人：約哈納拉比（教他聖經和米示拿），讓他成為（一個偉大的）人。

在第二幕，也就是在經學院，討論的主題是「工事完成」。造物過程在這第二個「有一天」似乎還沒結束，這天約哈納拉比打算將他在河邊展開的工作，也就是精煉、提升拉吉許的工事，做個圓滿的了結。

所以，雖然兩位學者一方面就刀劍鍛造的過程唇槍舌戰，另一方面，他們卻都使用煉金的術語與對方溝通。

約哈納拉比說，火足夠完成這項工事。

但拉吉許提出異議。儘管工事可能由火開始，但必須在水中結束。

既然火是約哈納拉比的主題元素，我們很快就會看到，水就是拉吉許的專屬動力，這也是有其道理的。水與火，兩者緊密對位、相連。

在金屬退火（也是這裡的重點）的過程中，會軟化並為接下來進一步的沖壓、成型與模鑄[25]做好準備。夠格的煉金師都應該知道，黃金既有**韌性**也有**延展性**，會在拉應力（如加熱時）和壓應力（如冷卻時）下變形。銀也有同樣的性質，但鉛只有延展性，它只能拉長。[26]

事實證明，我們的兩位仁兄都非常像他們口中所討論的武器。在河中，他們兩個人被

23 希伯來文亦可作 ben ha-Nappach。

24 事實上，從古代蒸餾器的圖畫中，我們會發現，煉金餾瓶（由一根管子連結兩個器皿）看起來很像兩個陽具碩大的男子相對。請見“Ambix, cucurbit and retort of Zosimos,” reproduced in Collection des anciens alchimistes grecs, by Marcelin Berthelot [3 vols., Paris, 1887–1888], 網址 http://en.wikipedia.org/wiki/Timeline_of_chemistry

25 請參見網路上的維基百科「退火」（冶金學）條目。

26 Jack C. Rich, *The Materials and Methods of Sculpture*（New York:Dover Publications, 1988）, p. 129.

推向彼此，現在則在經學院被互斥推開。這種分離，便是煉金術士所謂的「違反自然的創作」（**opus contra naturam**），是在主要物質用一個新的、不發生作用的方式重組以前，刻意破壞主要物質、分解成各別的組成成分。

多虧了隔水蒸鍋（*le bain Marie*）中間那層水，「違反自然的創作」縱然更為激烈，但那過程的熱度仍應該要保持在安全範圍內才是。瑪莉亞鼎爐[27]（或稱隔水蒸鍋）是煉金術最古老的器皿之一，據傳是由猶太女人瑪莉（Mary the Jewess）所發明，她也是史冊留名的第一位煉金術士。基本上，隔水蒸鍋就是一種雙鍋爐，可以同時分隔並抑制水與火，這樣兩者都能派上同樣用場——火用來加熱水，水用來調節火的溫度。[28]

這就是部分問題所在。第一個「有一天」的情色水域——濕潤、感性而且充滿慾望的河流——已經蒸發殆盡，並由過熱的學術交流取而代之；第一幕中劍狀的陰莖，在第二幕的討論中則轉化成了陽具的刀鋒。

還記得約哈納拉比用來陳述觀點的所有刀具嗎：劍、刀、匕首、長矛、手鋸、鐮刀？[29]煉金術士是鐵匠之子，也自認為火星之子，他們的火紅炙熱如果要用一個標誌來代表（還要側面指涉到煉金術），大概也非這些刀鋒莫屬了。

約哈納拉比像火星般艷紅、炙熱，在第二個「有一天」，就像在第一個「有一天」一樣，全副武裝，做好戰鬥準備。

拉吉許則試著警告他：器皿必須在水中淬火。但約哈納拉比斷然無視拉吉許溫柔的警告，反而加大火焰，用羞辱的方式燙傷了拉吉許：強盜很清楚他那一行的工具。

這句話似乎刺傷了拉吉許脆弱的自我意識。拉吉許在情感受創的情況下反唇相譏：你到底賜予我甚麼好處？儘管約哈納拉比平靜回應道：我把你帶到了舍吉拿的羽翼下，拉吉許竟從此像被閹割般失去男子氣概了。手被灼傷了、對話的本質也被燒毀了，兩個朋友之間也出現了裂痕，雙方對彼此的對話發展到這個程度，感到無比羞愧。

拉比的淚水

提到舍吉拿這樣富有女性同情心的象徵以後，就有一名富有同情心的女子要登場了。在第一幕裡提到的，約哈納拉比的姊姊「比我更美麗」，她將在第三幕登場。

雖然她和弟弟是孿生姊弟，但與約哈納不同的是，她已正在同時經歷愛與失去的體驗。正如第一個「有一天」中，情色的角力為她成親——她的弟弟把她許配給一名男子，而第二個「有一天」針鋒相對的口角，則是在撕裂這個家庭。丈夫在這場言語的駁火中受了致命傷後，她便到了弟弟那邊，懇求他原諒他那犯錯的朋友。

沒錯，就是原諒。

27 瑪莉亞鼎爐（balneum Mariae），請見 Patai, pp. 60–61。猶太女人瑪莉是公元三世紀初人。
28 請見 Hillman, p. 41。
29 請見 Hillman, p. 26。

儘管神聖的律法禁止對一名懺悔者提醒他的過去[30]，儘管身為現代人的我們可能對拉吉許寄予更多的同情，但從更古老的價值觀來看，他都是犯錯的一方，因為他在公開的場合讓老師丟臉。[31]

這四幕中，每一幕都只有兩個角色。約哈納拉比也許是發現自己處於守勢，也許是因為他面對的是自己的攣生姊姊，他在第三幕就不像前兩幕那樣搶著率先發言。

他的姊姊邊哭著進門，邊乞求他原諒拉吉許。

就算不是為了拉吉許，她說，「那看在我的孩子份上，原諒他吧！」

約哈納拉比沒有順從她的意思，而是回答：「把妳那些失去父親的孩子留在我這吧，我會撫養他們。」

「那看在我守寡的份上吧！」她哭嚷著。

但他用一貫的態度回答，「就讓寡婦們來依靠我吧。」

他們僵持不下，這一幕和前面的場景一樣，也用敘事句總結：「西蒙．本．拉吉許拉比去世後，約哈納拉比哀痛萬分。」

約哈納拉比和他的姊姊，就像天底下所有的姐弟一樣，都有著一段共同的、卻又不盡相同的，歷史。

他們的父母，除了把約哈納帶到這世界上以外，看來並沒有其他更遠大的任務要完成。他們的父親與我們的煉金主題相符，被描述為一種化學反應物，在他帶來的化學變化過程中充當被消耗掉的元素。在約哈納拉比的母親懷上了約哈納以後，他就過世了；而約哈納拉比的母親，也不過只多活了九個月。她剛生下約哈納後就死了，他的父母在世上的任務也就完成了。[32]

儘管我們很少聽說約哈納拉比的姊姊的事蹟，但約哈納拉比其實還在母體子宮內就出現在塔木德的文本裡了：

在贖罪日當天，一名孕婦吸入了食物的香氣，但這天是禁止飲食的。人們發現她渴望進食，便去找當時的領袖拉比，問他是否可以允許她進食。「你去小聲告訴她，說今天是贖罪日。」他回答。當他們這麼做了以後，她的渴望立即停止了。[33]

這名在贖罪日當天，尚未出世就在母體中控制飢餓的孩子，毫無疑問就是我們的約哈納

30《完備之席》〈斷案胸甲〉（Choshen Mishpat）228:4。
31 比較一下艾拉撒爾．本．裴達特拉比對約哈納拉比的待遇：「艾拉撒爾拉比如果要與約哈納拉比道別，他就得遵行下列幾點：如果約哈納拉比必須先離開，那麼艾拉撒爾拉比就必須站立、保持敬禮的姿勢，直到他看不到約哈納拉比為止。但如果艾拉撒爾拉比必須先離開，那麼他必須倒退著走，直到約哈納拉比消失在視線之外。」（贖罪日篇 53a）
32〈婚律篇〉31b。
33〈贖罪日篇〉82b。

拉比，他非凡的虔誠也持續貫徹他接下來的一生。[34]他個人的羅盤，總是指向天堂；他對大地和其中的一切[35]並沒有興趣。此外，他的俊美其實有一部分是來自肥胖（我們未免也離古代與當時的審美觀太遠了吧！）。雖然他有辦法自己走路，但他通常仍倚靠他的學生行走，如此才能保存體力，好專心致志研讀妥拉。[36]

有一天，約哈納拉比拄著希亞．巴爾．阿巴（Hiyya bar Abba）拉比的肩膀，兩人正要從提伯利亞走到塞佛瑞斯，[37]也是這樣的情況。

就在到達一座農場時，約哈納拉比對希亞拉比說，「你看到這個農場了嗎？它以前是我的，但我把它賣了，因為我想完全獻身於研讀妥拉。」之後，就在到達一座橄欖園旁邊時，約哈納拉比說，「你看到這個橄欖園了嗎？它以前是我的，但我把它賣了，因為我想完全獻身於研讀妥拉。」他們又到達了一座葡萄園，約哈納拉比說，「你看到這座葡萄園了嗎？它以前是我的，但我把它賣了，因為我想完全獻身於研讀妥拉。」

當下，希亞拉比哭了起來。

「你為甚麼哭呢？」約哈納拉比問道。

希亞拉比說：「我哭是因為你沒有為晚年留點積蓄。沒有農場、沒有果園，也沒有葡萄園。」

「希亞，我的兒啊，我做的事情真的有你想的那麼愚蠢嗎？我放棄的東西，只消不到六天就能創造出來，但我得到的卻需要花上四十天四十夜才能彰顯。」約哈納拉比解釋道：「因為上帝只花最多六天的時間就創造了整個世界，[38] 但要完整揭示妥拉的真諦，卻要花上祂四十天四十夜。[39]」

因為他開啟並總結這段對話——也因為他的結語剛好就是故事的結尾，約哈納拉比的最終陳述在我們聽來是不可動搖或不容爭辯的。如果故事中我們只寫到紀律、意志、人格的力

34 譬如說，冬天時，他會整天將護符匣經文戴在手臂和頭上。夏天時，即使他的頭隱隱作痛，他仍會整天將護符匣經文戴在手臂上，並表示，「對我來說，如果我走四腕尺的距離，卻連一句妥拉中的聖言都沒說、或是沒有佩戴護符匣經文，這是一種對上帝名號的褻瀆。」請見《耶路撒冷塔木德》〈祝禱篇〉2:3, 4c；〈贖罪日篇〉86a。

35〈詩篇〉（聖詠）24:1。

36 譬如有一次，他爬上樓梯時靠在阿米（Ammi）拉比和阿西（Assi）拉比身上，他們下方的階梯開始下陷。約哈納拉比擔心樓梯可能會崩垮，便出乎所有人的意料，在無人協助的情況下將另外兩人一舉拉起，然後一鼓作氣衝上樓梯口。他們問，「既然你這麼有力氣，你為甚麼還需要旁人的支持呢？」他回答，「不然晚年我哪來的力量研讀妥拉呢？」（婚契篇〔Ketubot〕62a）。

37 提伯利亞（Tiberias，又譯太巴列）和塞佛瑞斯（Sepphoris）兩城，是羅馬帝國管轄下的加利利最重要的行政和拉比中心。兩城均與希律．安提帕斯（Herod Antipas）有關：塞佛瑞斯曾在公元前四年發生過暴動，以失敗告終，希律．安提帕斯隨後重建該城，一段時間後又創建提伯利亞城。哈德良皇帝後來興建了從亞柯（Acco）通往加利利海的要道，兩城始能相連。請見 Stuart S. Miller, "*Intercity Relations in Roman Palestine: The Case of Sepphoris and Tiberias*," AJS Review 12 (1):1–24。

38〈出埃及記〉31:17：「上主在六日內創造了天地。」

39〈出埃及記〉34:28：「摩西在上主那裡停留四十晝夜。」至於故事詳情，則出自〈出埃及記拉巴〉（Exodus Rabbah）47:5 和〈利未記拉巴〉（Leviticus Rabbah）30:1。

量，我們讀完以後只會抱著一種清高的姿態，否定物質世界和它所帶來的舒適。

在這道傾斜的光線下，希亞拉比的眼淚——我初步解讀為出於同情的眼淚——一部分成了完全落在情感光譜的另一端，代表著敬畏、欽佩、崇敬顫抖的感受。更糟的是，這些眼淚是充滿「女人味」的眼淚，只能為瑣碎和怯懦的事物而哭泣：一個農場、果園和葡萄園。

不過，用這樣的角度讀故事，也只不過是從約哈納拉比的角度來理解。很多聲浪直指拉比傳統的核心，而且是反對這種禁慾的苦行主義。塔木德中一名尤希拉比（Rabbi Yossi）曾這麼說：「一個說自己只有妥拉的人，其實根本沒有妥拉。」這無疑是對約哈納拉比的看破紅塵[40]抱持不信任的態度。尤希拉比的意思是，妥拉的戒律必須在生活中體現，光讀經是不夠的。摩西五經（梅瑟五書）講述了許多面向，其中一個重點便是祭祀性農業的指南。（在禁止某些物料的混合、與窮人分享東西的義務、給祭司禮物的規定、什一稅、二級什一稅、初熟節奉獻第一批收成的水果、安息年等事情上，妥拉的農業意涵很廣。）

除了讓人安享餘年外，一座農場、果園和葡萄園不啻也是完全活出約哈納拉比自己否定的靈性生活的契機。

「你為甚麼哭呢？」

傳說說書人並沒有指示他對話中那些感性的弦外之音該怎麼處理，因此其所造成的模糊性使得故事一再被翻轉。像是舉起的稜鏡般，同樣的故事在不同的詮釋光線下會折射出許多不同的顏色，顯現的顏色則取決於我們的感知、我們關注的角度。

雖然我知道不是每個人都會用下面的方式解釋眼淚，但我們可能會說眼淚是身體對靈魂痛苦的反應。淚水在洗滌我們的眼睛時，同時也讓自己的視角得到澄澈。對約哈納拉比而言，從數學的眼光來看，希亞拉比的眼淚已被證明是不必要的。由於上帝花了四十天向摩西口述妥拉、卻只花六天造出天地萬物，那麼妥拉肯定比上帝造出的其他萬物還要多出六點六六六六六六七倍的價值。[41]

雖然眼淚都是一樣的，但希亞拉比的眼睛哭出的眼淚有很大的不同，尤其是當我們瞭解到，希亞拉比的生活十分困頓，並不像約哈納拉比，為了活下去他別無選擇。

很諷刺的是：儘管希亞拉比深切奉行的塔木德禁止學者穿著修補過的破鞋在外面走動，他自己卻足蹬補丁鞋到處走呢！

（於是乎，為他緩頰的的意見紛紛出籠，就為了平息這矛盾帶來的動盪：禁穿補丁鞋，「是指補丁之上還有補丁」、「是指那塊多出來的補丁在鞋頭上」；就算補丁在鞋頭上，「只有當學者走在路上、而且是夏天的旱季[42]時」才必須禁止。）

40〈轉房婚〉109b。

41 古代的拉比算數是沒有邏輯的（而且很常如此）。因為上帝是在第四天才創造了太陽，因此無論在質或量上，都不能將創世記中那六天的每一天，當作一個二十四小時的、摩西作為上帝抄寫員所理解的太陽日。

42〈祝禱篇〉43b。

我仍覺得有必要指出一點：就算希亞拉比的補丁鞋沒有違背神聖律法，也無助於緩解他的貧困。在這裡，學生似乎能夠體會到一些他的老師所不知道的事情。希亞拉比從小就沒有豐厚的資源，他當然只能由過往痛苦的經驗設想，老年如果沒有錢財，生活可能（一定）會變成甚麼模樣。

不過希亞拉比的經驗並沒為約哈納拉比帶來甚麼收穫，約哈納拉比對老年清貧的問題，只以漠不關心、盲目樂觀的說法帶過。你看到這座橄欖園了嗎……你看到這座葡萄園了嗎？他不斷問這個年輕人，好讓自己看不到自己已經放棄的靈性上與物質上的好處。

你看到了嗎……你看到了嗎？殊不知，他也對故事中那些支持自己的世俗結構視而不見。在物質遞減的層次上——沒有農場、沒有果園、沒有葡萄園——有兩個更小的支持，是自我盲目、自我麻痺的約哈納所看不到的。別忘了，按照他的習慣，出外他肯定是倚靠在希亞拉比的肩膀上。希亞拉比像妻子般隨侍在側，像他的肋骨般支撐他的骨架，將他的馬車扶正。希亞拉比當然是穿著他的補丁鞋，直挺挺地站著，承擔這項重任。

就算用塔木德最吹毛求疵的定義去剖析鞋子，鞋子終究只是鞋子。

而支撐希亞拉比的這雙鞋子下方，容我提醒一點：那就是地球本身，這地球在約哈納拉比眼中只有妥拉的六分之一不到，而妥拉是他想像中唯一支持他的東西。

他無視身外之物——在故事中他放棄優渥的物質生活，和故事中的其他角色相比，他這麼做也流於情緒化。他無異於自斷手腳的自我放棄感，凌駕於那些關心他、愛他，甚至是擔心他未來的人（如希亞拉比）之上。

「你為甚麼哭呢？」這個問題本身就夠有趣了，在另一個以約哈納拉比為主角的故事中，這個問題又再度登場。

他的另一個學生生病了，那就是艾拉撒爾・本・裴達特拉比。艾拉撒爾拉比和希亞拉比都很窮，而當約哈納拉比來探望他時，他發現艾拉撒爾拉比躺在一棟黑暗的小屋裡。約哈納拉比捲起自己的衣袖、露出手臂，他發光的身體以榮光照耀了悲慘的房間。在這道榮光下，約哈納拉比注意到艾拉撒爾拉比正在哭泣。

「你為甚麼哭呢？」他說。「是不是因為你沒有好好研讀妥拉？當然，我們已經知道：『無論你做得多、還是做得少，只要你的心指向天堂，功勞都是一樣的。』」他進一步窺視後說：「該不會是因為你的生活貧寒？」他很快安慰他：「不是每個人都有享受妥拉和財富這兩種特權的。」

你為甚麼哭呢？難道是因為這樣，還是那樣？他繼續追問。「還是因為你沒有孫兒？這是我第十個兒子的骨頭！」

由於約哈納拉比十個兒子全數死亡的殷鑑過於恐怖，他於是保留了第十個兒子的骨骸（也有人說牙齒）。每當有人抱怨自己的煩惱，他就拿出這塊骨骸，而抱怨者的困境瞬間就成了襯托。

「不，我哭是因為你的俊美，」艾拉撒爾拉比告訴他，「這樣的俊美最終仍會在地球上給浪費了。」「如果是這樣，」約哈納拉比回答：「你當然有很好的理由哭泣。」

然後他們兩個人一起痛哭。[43]

現在，如果我們能想像，約哈納拉比的俊美揉合了耶路撒冷的美麗、但今天我們說著這段故事時早已成了一片廢墟，那麼他的哭泣也許不會顯得如此極端利己且滑稽。儘管如此，這一幕倒是說明了他同情心的極限，而且學生又反過來給老師上了一課。約哈納拉比面色紅潤健康，他向生病的艾拉撒爾表達了一定程度的淡漠哲思——每個人終有一死，只有極少數人可以實現全部的願望——而艾拉撒爾拉比卻相反，儘管面對自己的死亡，卻還能反過來同情約哈納拉比的終期。

約哈納拉比自己的死亡仍遙遙無期，某種程度上竟因而感動了他自己，艾拉撒爾拉比看似迫在眉睫的死亡卻沒有辦法感動他。

（我會說看起來迫在眉睫，是因為故事來到尾聲時，艾拉撒爾拉比的傷痛已被約哈納拉比的撫慰給癒合了。艾拉撒爾拉比不僅活得比他的老師還久，他的老師去世時，他更隨侍在側。）

「你為甚麼哭呢？」

如果我們不把約哈納拉比的問題當作一個反詰問句，我想我們對這個故事不會做出任何暴力的解析，而是一種真誠的詢問；設想，當他說「你為甚麼哭呢？」，他的意思不是「說說看讓你哭泣的理由，我會證明這些理由多麼毫無根據」，而是「如果你願意，請告訴我人類為甚麼哭泣。你為甚麼哭呢？」

坦白說：他的生命中一直在做出不凡的犧牲。或許，這就是他心已經麻木了的主因。正如我們所看到的，他的父親只管完成受精他的部分，將火熱的精子附著在他母親體內，他的母親承受不住他火燙的出生而死亡，獨留他以孤兒的身分進入了世界，甚至連名字都與他的父親失去連結。儘管他在兩部塔木德中被提到了無數次，但他的妻子（們）、這十個死去孩子的母親（們），我們卻所知無幾，只能全靠臆測。他安排姊姊與一個企圖強姦自己的人成親，後來我們也看到，他幾乎差點謀殺了自己的外甥，也就是他唯一的男性繼承人。

事實也說明了，拉吉許甚至不是第一個被約哈納拉比「賜死」的研究夥伴。第一個是一個名叫埃爾法（Ilfa）的人：

> 埃爾法和約哈納拉比一起研究妥拉，但他們對自己的貧困感到痛心不已，於是其中一

43〈祝禱篇〉5b。

個人對另一個人說，「我們去創業，在自己的生活中實踐『你們中間就不會有窮人』44這句話吧。」

精確地說，他其實引用了〈申命記〉第十五章第四節。

他們出了經學院的第一天，兩人靠著一面斷牆吃著飯。無論是在故事中或是現實中，斷牆都不是個可以安心吃飯的地方，也不是個好的徵兆：

他們吃飯時，有兩個天使走過來。約哈納拉比聽到一位天使對另一位天使說，「我們何不把牆給毀了然後壓死他們，因為他們即將忽視永恆的生命，而且心思完全給短暫的憂慮給占滿了。」但是，第二個天使答道，「算了，先擱著，他們其中一個還命不該絕。」

約哈納拉比對埃爾法說，「你剛有聽見甚麼嗎？」埃爾法說，「沒有。」然後約哈納拉比自言自語道，既然聽到的是我而不是埃爾法，那麼命不該絕的一定是我。

雖然，如果從約哈納拉比的想法出發，只有他的陪伴才能讓埃爾法免於死難，但約哈納拉比最後卻獨自返回經學院，而且沒把天使的話告訴他的朋友，只是對他說，「我選擇回去繼續我的研究，而且在自己的生活中實踐『那地上的窮人永不斷絕』這句話。」

這回他還是引用〈申命記〉，第十五章第十一節。然而，約哈納拉比在這兩句經文的引用所跳過的六個小節，卻不是勸戒一個人要對自己的兄弟狠下鐵石心腸、撒手不管，而是給他他缺乏的所有東西。

雖然約哈納拉比堅持自己的計劃，回到經學院，埃爾法卻還是活下來了，這讓約哈納拉比對自己的假設多少產生了懷疑。畢竟，如果他們其中一人注定要死去，那應該是埃爾法，因為他放棄了研究——我們可以假定他失去某種程度的神聖保護——結果他卻倖存了下來。

不過，我們還是看到了，約哈納拉比是多麼輕易地放任一個神聖同伴自生自滅。

進一步精煉

也許就從這裡開始，在這面斷牆搖搖欲墜的陰影下野餐，就是約哈納拉比將俗世的追求和死亡混為一談的時候。他不是唯一的一個。在眾多拉比的思想理路中，有一派是弱化肉體的重要性，甚至將其貶低為短暫的、瑣碎的、庸俗的。釋經家輕而易舉地就能要我們了解，約哈納拉比的美麗不是外在美，而是一種發自內心的內在智慧的象徵。

這一切聽起來都很美好，特別是對苦行者約哈納來說（他也經常將女性與肉體混為一談）——直到我們想起，他也承認姊姊比自己要來得「更美麗」。這樣一來，拉吉許其實是和他們兩姊弟中**比較聰明**的那個結婚，並育有後代。然而，縱使他姊姊有更大的智慧，在我

44〈禁食篇〉21a。

們故事的第三幕，約哈納拉比卻拒絕聽取她的智慧之言。

我們可以想像，這兩個容光煥發的帥哥美女、火熱紅髮之人，像聖殿兩個智天使基路伯（革魯賓）一般，兩人的臉都被燃燒的激情與憤怒給照得通亮。他的心就像沸騰的熱砂一樣乾，當他姊姊求他保全自己的家庭時，約哈納拉比的回應似乎相當的冷峻、缺乏同情心。她比他更聰明、更漂亮，因而倡導另一種煉金火：壁爐火。

希伯來語單詞 *ach* 可以有「兄弟」和「壁爐」的意思，在這裡，約哈納拉比的姊姊要求他將目光重新投向家庭，就是要約哈納記住，他自己才是一家之主。畢竟，步下經學院的講台、回到自己的生活時，約哈納拉比和拉吉許可是有姻親關係。總之，他們三人組成一個家庭，除了約哈納姊姊的孩子外，約哈納的妻子（也就是失去所有兒子的母親）和晚年的女兒理應也包括在內。

但他並沒有特別迷戀壁爐。他不奢望農場、果園、葡萄園、農舍，當然也不奢望壁爐和一個家。事實上，他已經沒有物質上的實際關懷。作為一名學者，他只關心妥拉；作為一名煉金術士，他只致力於「創作」（*opus*）上。他的姓氏說明了一切：他是一個無名鐵匠的兒子，但他爸爸卻沒有教導他鑄劍的實際做法（如果一把劍沒有燙到不能用手碰，就不用水淬）。約哈納拉比淡泊塵世生活，不像他的姊姊；在姊姊的智慧裡，愛就是連同肉體與靈魂一起愛，但他只關心拉吉許的靈魂狀態。對他而言，這是一種**煉金創作**：把一個粗陋無文的莽漢精煉成一個學者，於是他動用姊姊來完成這件工事，將拉吉許提升到他自己能達到的最高境界，他的黃金自我。

我們還記得，黃金有延展性和可塑性，可以推也可以拉。為了進一步精煉黃金，約哈納拉比將拉吉許拉向自己，後來卻又將他推開了。

但是，為甚麼拉吉許需要進一步精煉？

當然，從在河畔的第一天起，拉吉許在約哈納拉比的督導下，繼續精煉並提升自己的修養品格。他金盆洗手，把自己以前的生活和同伴拋在腦後。我們更看到他變得小心翼翼，他在市集上的說話對象，都是借錢不需要證人在場[45]的清白人士。多年來，他和約哈納拉比早已成為密不可分、相互依存的共同體。有一次，有人請約哈納拉比在沒有拉吉許的陪伴下單獨講課，遭到了約哈納拉比的拒絕。「一隻手拍得起來嗎？[46]」他說。甚至當他和拉吉許意見不合時，他還說，「跟我平起平坐的人，意見卻與我相左，那我還能怎麼辦呢？」

然而，儘管約哈納拉比很像電影《窈窕淑女》中改造來自社會低層賣花女的語言學教授亨利．希金斯（Henry Higgins），試圖改變一名強盜，但強盜的過去一定多少還保留在性格之中。拉吉許毫不掩飾自己一貫的粗魯和陽剛，他的行為和他的許多教誨甚至一直帶有暴力色彩、甚至可說殺氣：「妥拉中的語句，只對願意為之獻身的人有效。」[47]或是「男人對邪

45〈贖罪日篇〉9b。
46《耶路撒冷塔木德》〈議會篇〉2:1。
47〈離婚篇〉57b。

惡事物的衝動，只會一天比一天高漲，直到宰了自己。」[48]

雖然他研讀聖經，但他骨子裡可不是溫和的書呆子：「如果你在讀經院看到拉吉許，你可能會覺得他的行為好像在鏟倒大山，還把它們磨成碎石。」[49]

有一段時間他擔任守夜人、負責捉賊，而哲人們也不排斥在需要他的大膽、狡猾和肌肉時，找上這名老搶匪。有一次，其他拉比們對於一名被綁架的同事可能已遭殺害感到絕望，但拉吉許卻沒那麼容易被唬住。

「在我說伊米（Imi）拉比被殺害以前，」他宣稱，「我會先冒著自己被殺的危險去救他！」他最後不僅成功救出伊米拉比，還使出幾招讓綁匪自尋死路。

「跟我去找幾位長老，他們會為你們祈禱，」他這麼告訴這些綁匪，然後帶他們去見了約哈納拉比，後者的祝禱如下：「願你們將加害伊米拉比的行為還諸你們自己身上；願這樣的行為降臨所有像你們這樣的人頭上。」

結果，那些綁匪在抵達下一座城之前，就被全數殲滅了。

就算是面對自己在學術上的同事，拉吉許的言行也可以很粗魯。譬如有一次，阿巴胡（Abbahu）拉比說了別人的壞話，拉吉許為了指責他，竟把沙子塞進阿巴胡拉比的嘴裡。[50]還有一次，他對巴比倫的同事說，「上帝恨你！」[51]

我們必須牢記一點：煉金術並不是無中生有的創造，煉金術士也無法創造出新的元素。他只是重新安排那些現有的元素，融入到新的組合中。當拉吉許感嘆，無論在甚麼地方，大家還不都叫我大師，從技術角度來看他可能是對的。至少從元素的角度來看是對的：他並沒有改變。他的胃口超大、性格兇悍、天生孔武有力而且充滿野性（我得補充一下，這些也都是約哈納拉比的特點），都還存在於他的性格中。唯一不同的是，這些性格都已經被用來為神聖的目的服務。現在，就像約哈納拉比指出的，拉吉許住在舍吉拿的羽翼下。

不過，問題還是存在：如果他們對製造金屬器皿的意見分歧，不是讓約哈納拉比憂傷的理由（跟我平起平坐的人，意見卻與我相左，那我還能怎麼辦呢？），而且拉吉許的粗蠻和渾然天成的暴力行為都不會造成任何困擾，那第二個「有一天」中的他到底想要甚麼？待完成的工事究竟是甚麼？當天到底發生了甚麼事情，使他們被劍、刀、匕首和長矛狠狠刺中要害，終至一刀兩斷？

挑水人的熱情

火熱的約哈納招來的合作夥伴，似乎經常與水有關。譬如說，在斷牆邊與約哈納吃過飯的埃爾法，在離開斷牆後，跑去當了海運商人。多年後，當他回到鎮上，發現約哈納拉比已

48〈住棚節篇〉52b。
49〈議會篇〉24a。
50〈雅歌拉巴〉（Song of Songs Rabbah）1:6 #1。
51〈贖罪日篇〉9b–10a。

成為拉比學院的負責人。就在鎮民們嘲弄他「如果你早點全心埋首於研究之中，早就當上學院的院長啦！」的時候，他竟爬上船身的桅杆，聲稱如果自己答不出他們提出的任何一道拉比問題，他就要一頭栽入水裡。[52]

這就有點像兔子大哥（Brer Rabbit）拜託你不要把牠扔進荊棘叢一樣。水是埃爾法的家、他的收入來源和生命之源，對拉吉許來說也同樣如此。他的妥拉是水的律法。譬如有一次，當他走在一條路上，我們看到：

> 拉吉許到達了一座池塘。有名男子走了過來，把他舉到自己肩膀上，然後把他運過池塘。拉吉許問，「你有沒有讀過聖經？」男子說，「有的，我讀過聖經。」拉吉許說，「那你讀過米示拿嗎？」男子：「是的，我已經讀過米示拿中的四卷。」
>
> 米示拿一共有六卷。
>
> 拉吉許便對他說，「你已經為自己鑿了妥拉的四座大山！然而，你卻把本・拉吉許托在自己肩膀上？把拉吉許扔進水裡吧！」[53]

入水似乎是一個人為求更多的知識與智慧而做準備的方法。想成為一個更偉大的人，你會選擇進入水中。至少上一次，水拯救了拉吉許的人生。

在他的草莽生涯中，拉吉許曾把自己賣給（當然是以高價）食人族。[54] 取他性命那天，食人族把手中的囚犯通通帶出來，賞他們一個機會說說自己最後的心願，這樣他們臨死前體內才會留下快樂的血液。拉吉許帶了一個動物毛皮做成的水囊，裡面裝了顆堅硬的石頭，[55] 等待發起致命一擊：

食人族們問他：「你想要甚麼？」拉吉許回答，「我想把你們通通綁坐好、固定你們的手臂，然後給你們吹一口氣，再用我的水囊賞你們一人一拳。」

因為食人族在人數上佔上風，所以他們放心讓拉吉許把自己綁坐起來。拉吉許用盡吃奶的力氣對他們每人吹了一口氣，對此他們除了驚訝之外，竟然還快要笑出來了。

拉吉許說，「你們是在嘲笑我嗎？別忘了，另一半的打擊才剛要開始呢。」他把他們全

52〈禁食篇〉21a。
53〈卷軸篇〉（Megilla）28b。
54 也有一說是成為鬥獸場裡手無寸鐵的選手。
55 順帶一提，哲人們的性器官也被比喻為這種「水囊」。

殺光了。56

傳統上，火被用來比喻神聖的知識——根據拉吉許自己的說法，「給摩西的妥拉，是以黑火在上、白火在下，並用火封寫就，還用火箍綁著」57——但水也常被用來比喻神聖的知識。「除了妥拉以外，沒有東西像水一樣。」58塔木德上面這麼說。「正如一個人不能三天不喝水，他也不能三天不讀妥拉。」59

水、妥拉和拉吉許的思維，三者是密不可分的。在塔木德的其他段落，我們讀到：

西蒙．本．拉吉許拉比，曾在提伯利亞外的一個洞穴裡，非常努力地研讀妥拉。每天都有一個挑水人為他準備好一陶罐的水，當他進入山洞感覺很累時，就能拿起陶罐喝口水。60

拉吉許成為一名學者後，他還是在山上保留了過去草莽時代的藏身處。

有一次，挑水人走過來，坐在他旁邊歇了一會兒，並對他說：「大師，您還記得我們曾經一起上學嗎？但當時大家認為您有潛力繼續深造、鑽研妥拉，我卻沒有得到賞識。」

對於拉吉許來說，這可能是另一種類型的歷史：古代作家並不像我們現代人，對構成歷史事實的細節如此狂熱——但這裡出現了一個對照：同時受教育的兩個學生，一個表現出色，另一個卻沒有。而現在，挑水人有個要求：「請為我祈禱，使我在來世的地位能與你平起平坐。」

這個請求並非全無道理。儘管挑水人是拉吉許的僕人，但他每天身背沉重的水罐穿越沙漠和洞穴，對每天世界上增加的智慧還是有些貢獻的——縱使只有一小部分。難道他就不值得在天堂的學者桌獲得一席之地嗎？

誠然，挑水人可能不會有和拉吉許一樣的熱情、熱量和火熱的氣質。他可能不願意像拉吉許一樣自殺，因為如此一來妥拉的經文就會常駐在他心裡。儘管如此，拉吉許還是有可能對他說：「我在人生的中途，才把全副身心投入到妥拉的神聖路徑上。永遠不嫌晚。你一樣可以做到。」他也可能會引用塔爾豐（Tarfon）拉比的名言告訴他：「完成事功並不是你義

56〈離婚篇〉47a。

57《耶路撒冷塔木德》〈聖殿稅篇〉（Shekalim）6:1. 49d。拉吉許認為，摩西在撰寫律法時，用蘆葦抹自己的頭髮，火熱的墨水也因此潑濺出來。這就說明了摩西下山時臉上煥發著火光的原因。請見〈出埃及記〉（出谷紀）34:35。

58〈第一道門〉17a。

59〈第一道門〉82a。因此建立了每週閱讀三次妥拉的習俗。

60〈傳道書拉巴〉3:9 #1。

不容辭的使命，但你也不能完全自外於它。」[61]最起碼，他可能會引用約哈納拉比對艾拉撒爾．本．裴達特拉比說的話：「無論你做得多、還是做得少，只要你的心指向天堂，功勞都是一樣的。」

然而事實是：

拉吉許回答說，「除了與你的工匠同行死後一起並列的位置外，我怎能為你祈求更多呢？每個人不都是和自己的同行平起平坐的嗎？」[62]

你當然可以說，我們都是為了創造來世中的位置而過日子的，我們的一舉一動，以及每一個毀滅性的舉動，都是創造現在所處的虛幻世界之後、那真正世界中的情況。就像美國鄉村歌手伍迪．蓋瑟瑞（Woody Guthrie）提醒我們的，雖然「這列火車開往榮耀，但賭徒、騙子、小偷和流氓是上不了車的。」[63]在來世，似乎沒有插隊的可能。在那裡，每個人都會待在自己在前世取得的位置上，每個人都會與同伴坐在一起，而一個頭腦簡單的挑水人如果與淵博的學者湊在一桌，他肯定會感受到自己深度的不足。

讓我們姑且假設，拉吉許告訴挑水人的話是真的。不過，難道我們就不會認為，既然一個無惡不作、偷拐搶騙的殺人強姦犯都可以成為學問淵博、偉大聖潔的人，那麼，當代最傑出哲人的「神聖同伴」如果給一名卑微的挑水人一點點鼓勵，或許可以大大提高他的精神嗎？畢竟，當摩西在〈申命記〉向以色列人民發表告別演說時，他的聽眾不只有部落酋長和長老，也有伐木工和**挑水人**。[64]

但是相反的，拉吉許本質上其實是在告訴挑水人：一日挑水人，終身挑水人。雖然他自己的生命故事完全壓倒性地反駁了這樣的說法，他這種鄙視的說法，完全回應了自我同情的感嘆：無論我到甚麼地方，大家都叫我大師。你到底賜予我甚麼好處？

身為拉吉許的神聖同伴、享有神聖的共生師生關係，從某種意義上說更是拉吉許的創造者（約哈納拉比讓拉吉許成為一個偉大的人），約哈納拉比深知拉吉許的靈魂深處。他了解拉吉許的心靈創傷。就算拉吉許所有的靈性都得到了提升，他卻仍無法真切地相信自己卑賤的劣根性出現了煉金術似的精煉和嬗變：在我被創造以前，和我被創造之後，其實我還是一樣的我。一日挑水人，終身挑水人。強盜不管到了哪裡還是強盜，強盜最清楚自己那一行的工具。

更糟的是，他精華的聖潔中竟然依舊存在這種不信任，對約哈納拉比仰賴的原則——用想像力去創造想像——無疑是一種巨大的挫敗。約哈納拉比凝視拉吉許的臉時，應該和他凝

61〈祝禱篇〉5b。
62〈傳道書拉巴〉3:9 #1。
63 伍迪．蓋瑟瑞（Woody Guthrie），"This Train Is Bound for Glory," 1958。
64〈申命記〉29:9-10。

視出浴女子們有著相同的效果才對啊。

第二個創造

現在，我們總算可以用心理學和煉金術的角度，重新審視經學院的第二幕。第二幕中，約哈納拉比本意是直接正面迎戰拉吉許，他打算用他自願接受的限制感，用一種駭人的方式反映到他身上，再用這樣的知識撕裂拉吉許的防線、藉以做出挑戰，然後用這些手段將自己的朋友從靈魂的悶窒中解放出來。[65] 約哈納拉比了解到，拉吉許在不知不覺中覺得自己從未超越那些黑暗的過去，他便用這樣的信念直接衝擊他，下面那句話脫口而出、直接甩在他臉上，更是充分體現了出來：強盜很清楚他那一行的工具。這是違反自然的創造（*opus contra naturam*），是一種蓄意的撕裂。

這項創造進展到白熱化階段時，火就燒得太炙熱了。約哈納拉比無視拉吉許的警告——這項工事必須在水中結束——拉吉許當然就被燒傷了。

這結果並不令人訝異。

雖然，拉吉許實際上可能無視自己靈魂的完美純淨，那種純度超越他在俗世裡那些經驗的髒汙，但既然約哈納拉比對那些凡俗的需求如愛情、陪伴和家庭一概忽略或刻意無視，那他又該如何能想像自己可以治癒拉吉許的盲目呢？經歷上述這些關係時，他已經被灼燒過一次又一次；而現在，當他對自己說他只關心火熱的天堂律法妥拉時，其實更是一直刻意無視拉吉許在他生命中如水一般的存在所帶來的影響。

在這漫長的歲月中，第二個**創造**一直在進行著。約哈納拉比看到拉吉許的第一眼，就在他身上看見自己臥睡著的倒映——你的力量真該獻給妥拉——而拉吉許也在約哈納拉比身上看到了水樣、樸實、感性的自我：你的俊美真該獻給女人。

也許因為他的俊美實在太耀眼了，我們也不經意地遺忘了他那句話。然而，在我們故事所發生的一個鏡像對應的世界裡，拉吉許的說法就像約哈納拉比的說法一樣，可被視為一種糾錯。雙方跟對方講的話都是片面的診斷，卻也不失為一種治療的方法。

雖然在第一幕結尾時，約哈納拉比可能成功完成神聖的任務——從拉吉許身上造出一個全新的人，但拉吉許想從約哈納拉比身上造出一個女人、一種內心的雌性體，最後卻被證明這其實是一個更長遠、更艱鉅的任務。

當然，這確實是很困難的任務。

約哈納拉比是聖人、學者，也是一名可敬的人。他可以說是古代拉比世界的核心人物，[66]他不像拉吉許那種邊緣人物，不需要改過自新、重新省思自己的生活、甚至是屈就於河邊那場對兩人來說都相當緊張的遭遇。他有更深層的理由。

他太過認同於自己的太陽意識——他掛心的事物是天堂、火、靈魂，而不是大地、水源

65 在阿德勒（Alfred Adler）心理諮商理論中，這種分析法叫做「潑冷水法」（Spitting in the Client's Soup）。

66 請見亞丁・史坦薩茲（Adin Steinsaltz）的作品*Talmudic Images*(Jerusalem:Koren Publishers, 2010), p. 71。

和身體——此外他也太重視精煉拉吉許，以至於看不清自己也正需要轉型、精煉，將他那著名的**銀質**性格紡成**金質**的絲。

在古代世界中，火既屬於天空也屬於陸地，既會從太陽和星體之中降下，也會像間歇噴泉一樣隨著氣體和火山從地表冒出。拉吉許本身也是一名煉金術士，可能甚至比約哈納還偉大；從他的角度來看，火還是主宰冶鑄的要件、產生質變的媒介，但它不一定是陽光的刺眼烈焰，激烈閃爍著天堂火，它也可能是身體的深藍色火焰，大地潮濕黏人的熱氣，像冶金時發出的熱氣一樣。

由於水是拉吉許的元素，所以我們可以說他把自己的約旦河**帶在自己身上**；而他們相見的那一刻，雖然約哈納拉比並沒有完全意識到這一點，但他卻已經浸入了拉吉許的「浴禮池」，而那淨化人心的水體**就是**拉吉許。

（而拉吉許所帶著的水體裡面，當然也有一顆象徵嬗變媒介的石頭，就像拉吉許把自己賣給食人族的情況一樣，約哈納拉比不會知道石頭的存在，直到他被那石頭擊中。）

拉吉許設法警告約哈納拉比——器皿用火加熱時，必須在水中冷淬——但約哈納拉比太專注於自己的論述，而沒有多加留意。就好像拉吉許所堅持的：我也是這創作的一部分，我也對你有所影響。但他對約哈納拉比的吸引力——讓他火熱的性格在自己水樣的、樸實的、女性世界的形式和經驗中冷卻——卻無法在約哈納拉比熾熱、發出轟鳴聲響的煉爐旁被察覺到。

約哈納拉比忽略自己在經學院的談話，就像他忽略了他在河邊說的話一樣。

創作的終幕

奇怪的是，每個與這則故事有關的事物，似乎都像是書擋一樣成雙成對地出現。傳說說書人對聖經瞭若指掌，所以在〈創世記〉裡和本篇故事中發現人類創生有兩種說法，也不是太奇怪的事情。

第一個說法收錄了一個我們已經熟悉的主題——雙胞胎的鏡像與拉扯：

上帝說，「我們要照著自己的形象，自己的樣式造人。」……於是上帝照自己的形像創造了人。祂造了他們，有男，有女。

但是大約在第二章第七節以後，我們卻看到了：

……後來，主上帝用地上的塵土造人，把生命的氣吹進他的鼻孔，他就成為有生命的人。

但是，「人單獨生活不好，」上帝獨自納悶道。於是：

上帝使那人沉睡……上帝拿下他的一根肋骨，然後再把肉合起來。上帝用那根肋骨造了一個女人，把她帶到那人面前。

經過了分離與結合後，第二個人類被創造出來了。故事的結尾則是：

……那人跟他的妻子都光著身體，然而他們並不害羞。67

讀過這節經文後，我們不免心頭一震，想到約哈納拉比和拉吉許第一次在約旦河碰面的場景——兩人也都是赤身露體，並不害羞。就像上帝造人的前半部分，約哈納拉比「照著自己的形象，自己的樣式」造了拉吉許，而拉吉許也遵循了後半部分，試圖從約哈納拉比陽性的身體中引出那陰柔的另一半。

（約哈納拉比就像亞當一樣，正如我們將看到的，在過程中或多或少睡過了一覺，只有在結束時才醒來。）

還有個驚人的想法，直接打臉了數百年來的神學：雖然，中世紀史學家相信，本著一種對〈創世記〉的基本解讀，從男人肋骨創造出來的女人，創生之時就依賴男人；但若逐一看過萬物創生的順序，你會發現，將男人的地位捧得比男人創生前就存在的一切事物還要高，實際上反而使得女人（而不是男人）成為更高的頂點、天頂，女人才是萬物的翹楚。這在煉金也是如此。白后（White Queen）與紅王（Red King）的婚姻、灰白期（*albedo*）和赤紅期（*rubedo*）的結合、白銀和黃金、男性和女性意識的整合，都是工作的結束。

拉吉許似乎明白這件事情了。他的火勢可能帶了點濕氣，因此速度比約哈納拉比慢，但這火勢仍有煮煉的效果，而**他的**煉金**創作**的目的，是將銀質的約哈納拉比精煉、嬗變為更高級的金質自我。套用我們故事的說法，那樣的自我，是屬於女性的，因此也**更**美麗、**更**明智。

前三幕裡，約哈納拉比頑固地掙扎，以避免淹沒在這些看不見的深處，沉入黑暗的女性水域（以及其帶有的所有古典的關聯：情感、肉體、大地、性慾）。慢慢地，經驗駕馭了他，他開始轉變。

我們可以用意象派詩人的方式，捕捉這些變化。第一幕的結尾，當拉吉許在昏厥中表現得張皇失措，約哈納拉比則留在水中，傲岸決絕、不為所動、面不改色。在第二幕結束以前，他已經開始「感動」，影響力正在他身上發酵（約哈納拉比感到羞愧）。在第三幕的結尾，這種知識的屈辱深入到了悲痛中，在第四幕的最後，「創作」已經完成。

拉吉許這名煉金術士，已經完全轉變了約哈納拉比。約哈納拉比這名由上帝養育成人的孤兒，原本完全不需要父親、母親、研究夥伴、妻子、兒子、農場、果園、葡萄園和凡俗生

67〈創世記〉2:21-25。

活，最後卻成了一個沒有朋友就活不下去的人。

當他無法自發地進入水中，水便不由自主地找上他來——以眼淚的形式。

事實上，故事的第四幕，就從約哈納拉比悲痛過度，所以不再來到經學院開始：

哲人們說：「該由誰去撫慰他的心呢？讓艾拉撒爾．本．裴達特拉比去吧，因為他的學識淵博。」

由於約哈納拉比已經折損了兩名「神聖同伴」，他現在需要第三位助手來幫他。其他哲人們推薦艾拉撒爾．本．裴達特拉比，他就是那位和約哈納拉比一起哭泣後者當時遙不可及的死亡的人。現在，在讀經院：

艾拉撒爾．本．裴達特拉比就去約哈納拉比面前坐著，不管約哈納拉比說甚麼，拉比埃拉扎爾都回答，「你說的有根據。」

這是一個有趣的轉折點。在前面三幕，約哈納拉比接連受到同輩——也就是拉吉許和自己的姊姊——的質疑和挑戰，這裡他似乎對艾拉撒爾拉比太過溫柔的奉承有些措手不及。艾拉撒爾拉比已經來了，當然是為了安撫悲傷的約哈納拉比；對艾拉撒爾拉比來說，針鋒相對的鬥智可是下下之策。不過，在約哈納拉比眼中，拉吉許原本無可饒恕的粗魯無禮——公開羞辱老師——現在卻顯得彌足珍貴。約哈納拉比用阿拉姆語稱呼拉吉許的名字（bar Larkisha），對艾拉撒爾・本・裴達特拉比說：

「你應該要像拉吉許吧？當我對拉吉許講一件事情，他會提出二十四個異議，然後我會用二十四個回答來反駁，結果就是在這樣的交流下，事情的樣貌就清楚了起來。你說『你說的有根據』，好像連我自己都不知道我說得有道理似的？」

約哈納拉比站起來撕裂自己的衣服，籠罩在極度的哀悼之情下。他涕淚縱橫地喊道：「拉吉許，你在哪呀？拉吉許，你在哪呀？」他不斷悲鳴著，直到他的理智漸漸消逝。

最後，這個故事在此劃下休止符：「哲人們為他祈求憐憫，然後他就死了。」

把孤兒交給我吧！

讓我們打開聖經、稍微深入〈創世記〉的後半段，看看雅各（雅各伯）和以掃（厄撒烏）的故事。

用今天的角度單純閱讀聖經，你會發現以掃似乎沒那麼糟。他或許有些遲鈍、有些魯莽，但肯定沒像他的母親利百加（黎貝加）和弟弟雅各那樣，奸巧地將他長子的名分和父親的祝福（這兩者理當都屬於身為雙胞胎長子的他）通通騙走。

（沒錯，他們又是一對雙胞胎。）

你可能還記得〈創世記〉中，亞伯拉罕（亞巴郎）看見上帝顯現後，終於晚年得子，和年邁的妻子撒拉（撒辣）生下了以撒（依撒格），他就是上帝命令亞伯拉罕獻祭的孩子，但在最後一刻上帝接受亞伯拉罕以一隻公羊代替。以撒活了下來、和利百加結婚，一同生育了兩個兒子，也就是雙胞胎兄弟雅各和以掃。

拉比傳統其實相當冤枉以掃：刻意忽視利百加和雅各對周遭所有人進行欺騙的行為，卻將以掃貶為兇手、掠奪者、浪子和小偷。

（如果看到這裡你覺得有些熟悉，那是很正常的。雅各和以掃的故事，其實就是我們故事的弦外之音。）

隨著傳統讀經法的脈絡走下去，你會發現整部拉比版《人間喜劇》的角色裡，幾乎找不到一個比以掃更黑暗、更罪無可逭的人物。他站在一切拉比傳統所珍視資產的對立面：他粗野、下流、暴力、褻瀆，瞧不起自己的父母和神聖的事物，包括生命的神聖性。當虔誠的約哈納拉比仍在母親子宮裡的羊水時，就能在贖罪日當天抵抗來自母體的營養；反觀以掃，根據拉比的傳說，當他還在母親利百加的肚子裡時，每當她經過一座崇拜偶像的祭壇，[68] 以掃就會踢踹利百卡的子宮，好讓她可以對偶像崇拜一番。

還有另一種傳說：上帝出於好心讓亞伯拉罕少活五年，這樣這位聖潔的族長才不會在臨死前親眼目睹自己的孫子成為最糟糕的罪人——他不但殺人、崇拜偶像，還強暴待嫁的少女[69]，而且這些惡行都在亞伯拉罕的葬禮那天犯下。

〈米大示〉裡提出了一個問題：那為甚麼以掃是長子呢？答案是：他先在母親的子宮裡受精，所以他會先帶著子宮裡所有的血汙被產下，弟弟雅各才能有尊嚴地出生。[70]在他以一碗扁豆湯的代價放棄了長子名分的那天，根據釋經家的說法，他無法控制自己的飢餓，所以這天他就已經算是顯露出殺人的衝動了。[71]

然而，撇開那些釋經集不談，直觀地閱讀〈創世記〉的文字，你會發現以掃其實蠻值得同情的。

「爸爸，請你也祝福我！」在以掃發現自己的弟弟和母親合謀騙走父親的祝福後，他對以撒說：

「他搶走了我作長子的名份，現在又奪去我的福份。……爸爸，你沒有留些福份給我嗎？」……「爸爸，你只有一樣祝福嗎？求你也祝福我吧，爸爸！」說完，以掃放聲大哭。[72]

68〈創世記拉巴〉63:6。
69 來源同上，#12。
70 來源同上，#8。
71 來源同上，#12。
72〈創世記〉27:34-38。

聽到這樣的感嘆，誰還能硬著鐵石心腸？

不過，問題的答案可能會更令人吃驚。不只有傳統的聖經評注家用這種打落水狗的眼光看待以掃，連上帝也一樣如此——我敢說：正是因為如此，評論家才紛紛採取這樣的眼光。下面是我們在〈耶利米書〉（耶肋米亞）看到的：

> 關於以東、也就是以掃的後人，上主——萬軍的統帥這樣說：「我懲罰以掃後代的時候到了……我要把以掃的後代剝得精光……使他們再也無法躲藏。以東人和他們的親族鄰居都被消滅了，一個也沒有留下。把你們的孤兒交給我吧，我會收養他們；你們的寡婦也由我看顧。」[73]

最後的這段話，當然是約哈納拉比對他姊姊說的。她乞求他原諒拉吉許，就算不是看在拉吉許的份上，也請看在她的份上；如果不是為了她的緣故，那也請替她的孩子著想。就在這一刻，當我們橫跨文本，將這段和以掃的故事擺在一起看，那擴大的感受令人不寒而慄。

藉由把拉吉許比喻為以掃，約哈納拉比似乎在告訴他的姊姊，我收服了一個粗野、暴力、貪婪、好色的罪犯，還認為我可以提煉他，但我錯了。以掃終究還是以掃。你的丈夫罪無可逭，而且他死到臨頭了。[74] 至於你的孤兒，我會撫養他們；作為一個寡婦，妳可以依靠我。

但這裡有一件奇怪的事情。

我們再次想像約哈納拉比和他姊姊的這一幕，若搬上舞台，主題色肯定是紅色：紅石榴籽、紅玫瑰花瓣、加熱鍛造、一隻發光的銀杯、太陽之火。這些，全都是約哈納拉比和他姊姊被比喻的意象；這的確很奇怪，因為紅色這種顏色是屬於以掃的。

「他是紅色的，」解經的評註如是說，「他的食物、他的土地、他的戰士和衣著通通都是紅色的。」[75]

至少從表面上看來，約哈納拉比似乎和以掃有些其他的共同點：他有無情的力量、有戰士般的殘酷，用冷漠睥睨的態度面對他人的痛苦。雖然雅各在〈創世記〉裡最終仍與他的兄長團聚了，而且希望藉由親眼見到兄長的孩子可以削減他所害怕的以掃長期對他醞釀的憤怒，[76] 但約哈納拉比對手足拉吉許產生的恨意，似乎遠遠延伸到下一代。

拉吉許死後，約哈納拉比兩次遇到自己的外甥，而第二次更是試圖殺害他：

73〈耶利米書〉49:7-11。
74 我們可以將約哈納拉比的話理解為，「妳看，妳的丈夫雖然粗枝大葉又暴力，但起碼他不是以掃。」
75〈創世記拉巴〉63:6 #12。
76〈創世記〉33:1-3。

約哈納拉比抬起眼睛，望向拉吉許的小兒子。霎時間，他的母親衝了過來，把他帶走，並告訴她的兒子，「別靠近他，以免他對你做出對你的父親做的一樣事情。」77

陽光與陰影

在那繁複的描述中，約哈納拉比的俊美被形容為一隻剛鑄成的銀杯，一半攤在陽光下，另一半籠罩著陰影。像我們所有人一樣，約哈納拉比似乎也有黑暗和光明的一面。就是那黑暗的雙生關係，讓他無法面對自己的一部分（約哈納拉比露出了殺氣騰騰的黑暗面時，也毀了拉吉許）。而與黑暗自我相遇，就像煉金術添加苛性紅硫一樣，似乎是過程中不可或缺的一部分。

以掃和雅各這對雙胞胎經過多年的分離，在再度相會的前一夜，雅各與一名陌生人在雅博（雅波克）河畔摔角。如前所述，傳說的說書人自然很清楚自己的聖經：雅博河是約旦河的一條支流，而約旦河正是兩對雙生兄弟見面與搏鬥的地點。一般認為，那個陌生人是以掃的守護天使。換句話說，雅各似乎正與一股陰暗勢力搏鬥著：心靈與肉體角力、天與地角力、火與水角力。雅各和陌生人勢均力敵，誰也沒有必勝的把握。兩人纏鬥到天亮仍處於膠著狀態，雅各最後同意放陌生人離去，換取給自己的祝福。陌生人於是給他起了個新的名字。78

約哈納拉比也在約旦河與一個黑暗份子搏鬥，最後他也一樣喜獲新身份：你的俊美真該獻給女人。79

現在，我們可以說，這對怨偶的煉金之戀失敗了，這段關係並沒有為他們彼此心中的想像力帶來甚麼願景，但實際上這段關係仍是成功的，或者說至少有一段時間是部分成功的。

煉金術士告訴我們，鉛是最卑賤的金屬。它有延展性、卻沒有可塑性，加熱後雖可拉伸，但不能推或冷卻。拉吉許有了約哈納拉比的熱量，因而得到提升和精煉，蛻變成一個偉大的人。然而，當約哈納拉比在經學院冷漠地打發掉他、下一幕更是逼走他時，他卻破碎了。

而與約哈納拉比有關聯的元素——銀，也有延展性和可塑性，可以推也可以拉。雖然拉吉許出身卑賤，但他似乎是更細膩的煉金術士，他的想像力能更完美地創造出想像的成品。約哈納拉比則有和他一樣濕潤、感官性的拉力，將拉吉許朝自己拉去，而拉吉許的死最終也將約哈納拉比推過了界線，在各種意義上將他逼上絕路。

劍、刀、匕首、銀杯：它們甚麼時候算是製造完成？拉吉許在讀經院告訴過我們，雖然工事從火開始，但它必須在水中結束：約哈納拉比站起來撕裂自己的衣服，涕淚橫流。80

77〈禁食篇〉9a。

78〈創世記〉32:19-32。

79 不禁令我們想到莎士比亞《羅密歐與茱麗葉》中的一句，似乎有所呼應：「只要稱我為愛人，我就算是取了新的名字。」（"Call me but love, and I am newly baptized."，梁實秋譯）

80 希伯來文中的「憐憫」一詞（mercy）與「子宮」（womb）有關。某種程度上來說，哲人們祈禱上帝出於對約哈納拉比的憐惜之情，能夠給他一個子宮。這樣，儘管約哈納拉比出生於一個火燙的熔爐中，但能死在水樣的子宮裡的話，也算是適得其所。

在這最後一幕、在他生命的最後時刻、在瘋顛奪走他的主體以前，約哈納拉比終於敞開心胸，接受他一生矢言放棄的凡俗之事：愛與失去的身體之痛。眼淚澄清了他的看法，他現在才痛苦地感到人性、俗世和父母雙亡那如水般的痛苦、被拋棄、單獨留下的感覺。

而在這些故事中，他一次又一次反覆提出的問題——你為甚麼哭呢？你為甚麼哭呢？——最後得到另一個問題的回應：拉吉許，你在哪呀，你在哪呀？

我們的老朋友——肉體和靈魂，與這些眼淚再次登場，他們彷彿是貝克特（Samuel Beckett）筆下的小丑維拉迪米爾（Vladimir）和愛斯特崗（Estragon），膩在一起卻老是威脅要分開。[81]

某種程度上，在論述時我能肯定地說，拉吉許和約哈納拉比分別代表了人類生活中兩個想像的對立面：拉吉許代表身體，約哈納拉比則代表靈魂。據拉比的思想，肉體雖可一度藉由靈魂得到提升，其俗世的羅盤指向天堂的真北，但最終肉體仍會像鉛一樣，無法完整地昇華，而是以塵土的形式墜地。銀質的靈魂，是不甘願地被下拉至俗世中，[82]而它只能透過俗世生活的體驗才能提煉成完美的金質靈魂。據說這其實就是整個系統的運作：靈魂是為了上天堂才先紆尊降貴來到俗世的，靈魂在俗世中的精煉，是它光榮地騰雲駕霧，回到本源的天堂時所帶回去的。

「拉吉許」一詞的希伯來文字根[83]是指晚到的事：晚收作物、久旱得甘霖，以及收割後的再生長。雖然「創造」在故事完結前就已結束，但它所帶來的知識對我們那悲劇性的主角來說，卻來得太晚了。拉吉許和約哈納拉比就像肉體和靈魂，已經斷斷續續、不完整地結合在一起。儘管如此，他們依舊需要彼此。肉體沒有靈魂會枯萎困頓；靈魂沒有肉體，則失去了它的立足點。

也許只有當生命結束、[84]當我們的肉體和靈魂都各奔東西，我們才能開始了解兩者是相互依存的，縱然可能有點晚。

---

81 Samuel Beckett, *Waiting for Godot:A Tragicomedy in Two Acts*（New York:Grove Press, 1954）.

82〈列祖賢訓〉（Pirkei Avot）4:22。

83 Matityahu Clark, *Etmological Dictionary of Biblical Hebrew*（Jerusalem, New York:Feldheim Publishers, 1999）.

84〈列祖賢訓〉2:5。

Chapter 2

翻轉父親們的心

Six Memos from the Last Millennium

西蒙．巴爾．約海拉比（Rabbi Shimon bar Yohai，活躍於希伯來紀年三八九〇至三九二〇年間／公元一三〇至一六〇年間）

為甚麼他們每次都要猶大拉比（Rabbi Judah）第一個講話？

有一次，猶大拉比、尤希拉比和西蒙拉比三人坐定，猶大先開口說，「這個國度裡的工程，是何等地令人喜悅！他們建立了市集，他們建立了橋梁，建立了浴堂。」尤希拉比沉默不語。西蒙拉比回應：「他們所建立的一切，都是為了自己的需求。他們建立市集，好安置娼妓；建立澡堂，滿足自己的逸樂；建立橋梁，好收取通行費。」

猶大．本．傑林離開了，他將方才的對話內容傳開，政府於是也風聞此事。於是政府宣布，「讚頌的猶大，將得到抬舉、表揚；沉默不語的尤希，要被放逐到塞佛瑞斯；膽敢譴責的西蒙，將被處死。」

他（西蒙拉比）和兒子躲在經學院裡。他的妻子每天為他們帶來麵包和一壺水，他們便進食。當敕令更加緊迫時，他對兒子說：「女人的心智太輕佻了。他們也許會對她刑求，她可能就會透露我們的行蹤。」

於是他們遁入洞穴中。一件奇蹟發生了。那裡有一棵角豆樹和一道泉水在等著他們，好像是特別為他們創造出來的。他們脫下衣服，在沙中端坐，終日學習。祈禱時，他們先著衣祈禱；而後再褪去衣物，使這些衣物不致穿壞。他們在洞穴裡，一坐便是十二年之久。以利亞來了，站在洞口前。他說，「誰去通知約海拉比，告訴他羅馬皇帝已經去世，敕令已經失效？」

他們便走出洞穴。他們看到人們正在犁地和播種，便說，「他們正為了現世的生活放棄永生！」於是他們注視的每一處地方立刻起火、燒毀了。一道天堂的聲音響起，對他們說：「你們出來是為了毀滅我的世界？回到你們的洞穴裡！」

他們就回去洞穴裡了。他們又在裡面坐了十二個月。他們說，「即使是在地獄（Gehenna），惡人的判決也只有十二個月。」一道神聖的聲音傳來，說著：「走出你們的洞穴。」

他們便走出洞穴。每一處艾拉撒爾拉比摧毀過的地方，西蒙拉比都將之復原了。他對他說：「我的兒啊，我和你對這世界來說已經足夠了。」

週五下午的安息日前夕，他們看見一位老人拿著兩枝香桃木，在黃昏的暮色中跑著。他們問他：「你怎麼會有這些東西？」他回答說：「為了紀念安息日。」「一枝對你來說不夠嗎？」「因為一枝是為了『紀念』，另一枝是為了『守護』。」西蒙拉比對他的兒子說：「你瞧，以色列人多麼嚴謹地遵守這些誡命！」他們的心便平靜了下來。

西蒙拉比的女婿平哈斯．本．亞伊爾（Pinhas ben Yair）拉比，聽到西蒙拉比的聲音，便出去迎接。他把西蒙拉比帶到浴堂。西蒙拉比濕潤自己的皮膚。平哈斯．本．亞伊爾拉比看見西蒙拉比皮膚上有著許多裂縫，便哭了起來。他那從眼角流出的淚水，也讓西蒙拉比不禁哭了出來。平哈斯拉比說，「禍哉，我竟然看到你這樣的慘狀！」西蒙拉比回答說，「但幸運的是，你在這樣的狀態見過我了。如果不是這種狀態下，你根本不會見過我！」

起初，西蒙拉比丟出一個問題時，平哈斯．本．亞伊爾拉比會用十二種解決方案來回應。最後，平哈斯．本．亞伊爾拉比丟出一個問題時，西蒙．巴爾．約海拉比會用上二十四種解決方案來回應。西蒙拉比說，「既然奇蹟已經發生，我將會去進行修復的工作。」

如聖經所說，「雅各平安抵達了（示劍城）……」

拉孚說，「他的體、他的錢、他的妥拉也都平安抵達了。」

「……他在這座城裡蒙恩。」

拉孚說，「他為他們發行了硬幣。」

塞繆爾說，「他為他們建立了市集。」

約哈納拉比說，「他為他們建立了浴堂。」

西蒙拉比問他們，是否有東西需要修復。他們回答說，可能有不潔淨的地方，祭司們必須繞路而行，非常麻煩。西蒙拉比問，是否有人可以擔保那個地方的潔淨度。一個老爺爺作證說，本．札凱（ben Zakkai）曾在這裡種植羽扇豆，成熟後便採收當作給祭司的奉獻。西蒙拉比照著本．札凱的做法，也把羽扇豆剪下扔掉。只要是硬的地方，他都將之純化；只要是軟的地方，他都將之標記。

據拉希的評注：一件奇蹟發生了。各處的屍體紛紛浮上表面，西蒙拉比便一一將之下葬、標記墳頭。

老爺爺說，「巴爾．約海已經宣告一塊墓地在禮儀上是潔淨的啦！」西蒙拉比對老爺爺說，「如果你不是一直跟我們在一起，或即使你已經與我們在一起、卻不屬於我們當中的一份子，你這樣說就沒錯了。但現在你和我們在一起、而且屬於我們當中的一份子，人們會說，『就算是娼妓，也會互相幫忙整理頭髮。』學者互相增益彼此，不也是合情合理的嗎？」西蒙拉比凝視著老人，老人的靈魂便離他而去了。

西蒙拉比出門前往市集。他看到了猶大．本．傑林。西蒙拉比說，「這個人竟然還活著！」他凝視著他，然後把他變成了一堆白骨。

——《巴比倫塔木德》，〈安息日篇〉33b-34a

「這個國度裡的工程，是何等地令人喜悅！」猶大拉比說。「他們建立了市集，他們建立了橋梁，建立了浴堂。」

猶大拉比並非我們故事的主角——事實上，就在剛說完這段話之後，他就完全脫離了故事情節。儘管如此，我們的故事還是得從他開始說起。看來，開場白就是猶大拉比的專長，不管是甚麼樣的場合，他總會先聲奪人。

然而，這段開場白可是會叫人大吃一驚的。羅馬征服者在希伯來紀年三千年（公元前六十三年）時占領了耶路撒冷，將這個自治王國變成羅馬帝國的附庸。數年後，他們徹底摧毀了聖殿。這段話提到的國度，正是這個王國。

想像一下，一位桑地諾（Sandino）民族解放陣線份子在雷根政府為叛軍提供武裝期間，盛讚美國文化，會是甚麼樣的情景：「他們為我們帶來可口可樂，米老鼠，還有自由市場！」這樣你就不難想像，猶大拉比的話其實有多麼極端了。

這位傳說說書人沒花太多的功夫，就導演了這一幕。故事自此開始：「有一次，猶大拉比，尤希拉比和西蒙・巴爾・約海拉比坐定。」而猶大・班・傑林（Judah ben Gerim）剛巧就在他們近旁。

說書人並沒有告訴我們這些人是誰，以及他們是身處公共場所，還是私人空間。他們是在室外，還是室內？我們不得而知，傳說說書人並沒有透露。他也沒告訴我們：猶大拉比對羅馬文化那詭異的讚頌，究竟是甚麼原因造成的。看來，這完全沒有主題性可言——即使他們坐在屬於公共空間的廣場上，試圖理解他們所在城市發生的變化。猶大拉比以他那充滿敬意的觀察，為這段對話做了開場白。

我們或許會問：他為甚麼會這樣說？他是否認同了迫害者，宛如斯德哥爾摩症候群再現？他是否正在進行某種精神體操，試著用力繃緊聖潔的肌肉，好與沉重的政治災難抗衡？也許，他根據拉比的訓誡行事，而這條訓誡又奠基在極端的一神教信念上：假如一切都來自於上帝，而上帝是良善的，那一切也就必須是良善的，我們必須學會洞察萬物中的良善之處。

猶大拉比無疑是這種看法的提倡者。他在塔木德的其他段落中，被描繪成一個窮人，屈就於卑微的命運，為了寸絲半粟感謝上帝的寬宏。[1]例如，他和妻子必須共用一條由殘餘的羊毛布料製成的披肩；她在市集購物時，將它當成圍巾，他在朝禱時，則將它作為披巾使用。即使如此，他披上這條襤褸不堪的衣料時，仍不忘朗聲道出頌讚：賜我這件袍子的人有福了。[2]

這是一種令人敬佩的世界觀——雖然讚頌殘忍、強橫殖民者的文化美德，或許是將原本優異的精神戒律演繹到走火入魔的境界，至少它不會挑起地下反抗運動。這其實很難解釋，而本故事對這件事也沒有進一步評論。

1 〈誓言篇〉49b–50a；〈禁食篇〉30a–b。
2 〈誓言篇〉49b。

雖然猶大拉比的表述將為他們所有人的生命帶來重大改變，但我們確實知道的，只有他同事們對此的反應。

「尤希拉比沉默不語。」尤希拉比既沒頌讚羅馬皇帝，也沒對他嗤之以鼻。他對猶太拉比的讚頌不置可否；不過，我們還是不難想像，他的沉默意謂著不自在。至於誰在聽他們說話，我們不得而知；拉比們的朋友之中，反羅馬的狂熱份子想必不在少數，他們的暴虐程度和羅馬人相比，可說是不相上下。不管評論偏向哪一方，後果都是很危險的。在這種場合，還是奉行「沉默是金」的原則為佳。

西蒙拉比可就沒那麼謹慎了。

西蒙拉比告訴他的同儕們：「他們所建立的一切，都是為了自己的需求。他們建立市集，好安置娼妓；建立澡堂，滿足自己的逸樂；建立橋梁，好收取通行費。」

他彷彿在說：不要被西方文明的光輝所矇騙。這些文化成就，不過就是人類的淫慾、自我中心和貪婪，藉由尖端科技，使自己的地位更加強勢。

這三段言行，都是在一位證人面前所表述的；它們代表這段故事一開場的情節，涵括了對羅馬殖民者所有可能的反應：讚揚、沉默或譴責。很明顯地，在這麼一段具有顛覆性的對話中，言語很容易就擦槍走火。猶大．班．傑林是西蒙拉比的學生；看來，他的言行相當輕率。他可能直接向政府舉報；但我更傾向於解讀，他只是不帶惡意地重複這段故事，讓它傳播開來。不久，當局就聽聞了這件事。

當局的反應迅捷而殘忍：「讚頌的猶大，將得到抬舉、表揚；沉默不語的尤希，要被放逐到塞佛瑞斯；膽敢譴責的西蒙，將被處死。」

三種反應，三種結果

一段根據口耳相傳的傳統所寫成的文本，本質上是相當零碎的，宛如各式各樣雜物所湊成的拼貼畫。這是希伯來的早期傳統；摩西一收到寫著十誡內容的石板，就將它們扔到地上，把它們摔成碎片。我們可以想像：他還得把這些碎片組裝回去，著手嵌起第二組石板。[3]（詭異的是：至少就我查到的字典看來，這層意義上的「鑲嵌」一詞，和摩西竟然毫無關係。）[4]

無論如何，關於這三位拉比的故事已被放進塔木德中，作為對下列問題的回應：「為甚麼他們每次都要猶大拉比第一個講話？」[5]我們的故事恰如其分地回答了這個問題：「讚頌的猶大，將得到抬舉、表揚。」一根據政府敕令，猶大拉比獲得了在所有公眾場合率先發言的榮譽。這個故事本身，對這問題一點都不感興趣，也從未明確強調過這個問題。

考量到政治情勢，這是一種曖昧的榮譽；至於猶大拉比在往後究竟是被同伴視為賣國

3 請見〈出埃及記〉34:1-4。
4 編注：「鑲嵌」（mosaic）和「摩西」（Moses）的原文拼字頗為相像。
5 〈安息日篇〉33b。

賊、逆來順受的湯姆叔叔，還是一個單純在險境中試圖辨明上帝之手的虔誠信徒？這個問題懸而未決，只能暫且擱著。在享受明星般的待遇後，猶大拉比就像尤希拉比一樣，淡出了這段故事；他在羅馬人改變對他的觀感以前，就匆忙逃奔到加利利（加里肋亞）去了。現在，檯面上只剩下西蒙拉比。遭判死刑眾叛親離的他，該怎麼辦？

他（西蒙拉比）和兒子躲在經學院裡。

這個藏身之處還真是光明正大——我一點都不驚奇，你想必也覺得這一點都不足為奇。一旦你無法在一位拉比和其子的家中抓到他們，除了經學院，他們還能躲到哪兒去呢？拉比們對羅馬文化有充分的了解，還能針對它的市集、道路、澡堂高談闊論；而羅馬人對他們一手壓迫的猶太文化，卻沒有相應的了解。經學院看來根本沒出現在羅馬人的市區地圖上；至少在一時間，西蒙拉比和兒子安全無虞。

我們接著讀下去：

他的妻子每天為他們帶來麵包和一壺水，他們便進食。當敕令更加緊迫時，他對兒子說：「女人的心智太輕率了。他們也許會對她刑求，她可能就會透露我們的行蹤。」

於是他們遁入洞穴中。

藉由拋棄妻子，西蒙拉比也背棄了傳統上女性通常（但非總是）在這些故事中象徵的陰柔特質：憐愛、溫順、寬恕、靈活、注重情感關係。他將這些特質總結到富含貶抑的「輕率」一詞之下，然後馬上和兒子出發前往野外。

接著有一件奇蹟發生在藏身洞穴的兩人身上：「那裡有一棵角豆樹和一道泉水在等著他們，好像是特別為他們創造出來似的。」他們開始適應新生活：

他們脫下衣服，在沙中端坐，終日學習。祈禱時，他們先著衣祈禱；而後再褪去衣物，使這些衣物不致被穿壞。

他們不知道自己還要藏匿多久；他們也試圖在野外，有條不紊地重建自己的生活。西蒙拉比那相依為命、先前為他們帶來麵包的髮妻，宛如希臘神話中的仙女達芙妮（Daphne），變身成一棵盛開的角豆樹。她那一壺水，則變成一道川流不息的小河。經學院變成了一個洞穴。西蒙拉比和兒子藉由祈禱，和人類生活維持聯繫——受神聖的律法約束，他們不能赤身露體地祈禱，因而在一天中三次著衣；但在其他任何方面，他們經歷了神話般的變形。他們變成這片荒蕪、不毛地景中的自然環境一部分；帶著人類的頭部，但身體已成兩根沙柱。

（這不是唯一一次塔木德預示山謬．貝克特的作品。）

這勉強稱得上是伊甸園的重建版：園中有一棵樹，還有一條河流經過；不過，其中還是有差異的。在這沙漠之園中，西蒙拉比的夥伴不是妻子，而是兒子。萬物之母[6]的夏娃（厄娃）是從亞當身體側面（靠近心窩處）塑造而成的；而他的兒子，則是從父親陰莖噴出的精液所孕育的。

在這充滿陽剛氣息的伊甸園中，男性器官取代了女性之心。（詹姆斯．喬伊斯就會把這句話說成：男器取代女心。）

也許西蒙拉比覺得：屬於男性藏身處的經學院，受到母親／女性敏感性情的威脅，還高於受到羅馬警政當局的威脅（女人的心智太輕佻了）。無論如何，她那一條麵包和一壺水——代表炊事與工具，是文明基礎的表徵——在這片被西蒙拉比與兒子稱為新家、乾旱不毛的天地中，毫無用武之地。

在這片荒涼的天地裡，他們自身也變得益發狂野；他們的肉身藉由某種感官上的禁慾，和地表結合為一，成為半人半石筍的形體。即使他們的心靈充滿著妥拉，那畢竟是脫離現實、存在於遍聞狼嚎荒原的妥拉，從庸俗物質性中解脫而出，遠離文明世界中的橋梁、浴堂和市集。

根據傳統說法，西蒙拉比就在這個洞穴中寫成（或收到）卡巴拉（Kabbalah）神祕主義首要經典的《光輝之書》（*Zohar*）；這一切也很相稱。神祕之眼終究望穿了物質世界，看見在其下閃耀的燦爛菁華。

西蒙拉比和兒子，究竟以這樣的方式生活了多久呢？

我們得知：「他們在洞穴裡，一坐便是十二年之久。」

跨越到另一個世界

先知以利亞（厄里亞）在這些故事中不時出現，但這個以利亞和聖經〈列王記〉的以利亞不一樣；[7]〈列王記〉中的以利亞，在迦密山（加爾默耳山）極力維護對上帝的崇拜，力抗異教神巴力（巴耳）的祭司，亞哈（阿哈布）和耶洗別（依則貝耳）的各種詭計都無法動搖他；他會將死者帶上天堂、從天上降下炙焰，還會挾帶一股旋風升天。

我們的故事中所提到的以利亞，則是在〈瑪拉基書〉（馬拉基亞）裡的上帝所提到的以利亞，通常沒有化身。

〈瑪拉基書〉裡，上帝做出如下承諾：

看哪，在上主大而可畏的日子來到以前，我要差派先知以利亞到你們那裏。他要使父親和兒女再度和好，免得我來毀滅這地。[8]

6〈創世記〉3:20。
7 請參見〈列王記〉。
8〈瑪拉基書〉3:24-25。

這以利亞是彌賽亞的信使，為每個他遇到的人帶來善良的影響。他是一個仁慈的騙子，有點魔幻，不生也不死。

以利亞作為一個聖經先知，他生命中絕大多數時間都在一座山洞裡度過，無論是親臨奇蹟，還是與上帝談心。[9]因此，現在由他去通知西蒙拉比和他的兒子，羅馬皇帝已經去世、他的敕令已經失效、無須再躲藏，是再適合不過的了。

他注意到，不人道的折磨幾乎摧毀了這對父子：十二年來，西蒙拉比和他的兒子一直過著沒有陽光、無法行走，除了自己的聲音外完全聽不到其他人聲的生活，只靠角豆樹的果子和水維生，並全心全意地祈禱、研讀妥拉——他打算溫和地宣布他們得到解放的消息，越溫和越好。

他站在洞口說，「誰去通知約海拉比，告訴他羅馬皇帝已經去世，他的敕令已經失效？」

且讓我們在這裡駐足一會兒，欣賞以利亞非凡的圓滑手腕：他並沒有直接告訴兩人。因為直接告訴他們太唐突了，會令他們太過震驚，破壞他們現在微妙的心理狀態。相反地，他將消息包裝成一個問句，對這兩名逃犯之外的人說出這道問句，而且不僅以第三人稱稱呼西蒙拉比，還以他的父系姓氏稱呼他，以喚醒一種時代上更為深刻的認同，遠超過渺小的自我——而且這個時候的自我，幾乎肯定是支離破碎的。以利亞軟化了這則消息帶來的打擊、柔化了其帶來的效果，將西蒙拉比和他的兒子降級為這一刻的次要角色。他們好像局外人一樣，想像自己不小心聽到別人的談話。如此給了他們時間去接受這驚人的消息，接納它帶來的衝擊，並以自己衰弱的步調慢慢從洞穴裡爬出來。

出生、死亡、重生，這些字眼都是深情的翻譯：從一個世界跨越到另一個世界，本身就已相當困難，每一道門檻都有其危險性在。以利亞可能也已先保護好自己免受威脅，因為後來事實證明，西蒙拉比和他的兒子都難以適應他們剛得到解放的狀態：

他們便走出洞穴。他們看到人們正在犁地和播種，他們說，「（這些人）正為了現世的生活放棄永生！」於是他們注視的每一處地方立刻起火、燒毀了。10

十二年來，西蒙拉比和他的兒子靠著上帝之手的救濟，全心全意地投身於靈性的追求。十二年來，只靠角豆樹籽和水維生，一心研讀、祈禱。他們似乎已經失去了所有對文明世界的理解。經過十二年的與世隔絕，西蒙拉比對物質世界的厭惡卻是有增無減。

十二年前，他用輕蔑灼傷了抱著享樂主義的羅馬人；現在，他用自己火熱的目光硬生生燒毀了猶太農民的耕地，這種能力似乎是他十二年來抱持的願景所發展出來的。

9〈列王記上〉19:5-10。

10 我們可以與以利亞退出山洞時的場景比較：他也看到一個人（也就是以利沙／厄里叟）在犁田。以利沙一看到以利亞，就說：「等我向父母親吻別了，然後就跟你走。」然後就跟隨以利亞成為他的助手（列王記上 19:19-21）。

在我看來，這個故事和約哈納拉比與拉吉許的故事一樣，都是出自同一隻匿名的手；[11]透過這些故事，我們看到了，如果沒有塵世似水的保護，天堂火熱的力量會是多麼有破壞性。

顯然，上帝也有同感：

> 一道神聖的聲音傳來，對他們說：「你們出來是為了毀滅我的世界？回到你們的洞穴裡！」

他們還能怎麼辦呢？

於是只好回到洞穴裡坐著，再待上十二個月。

摧毀與復原

這裡可以引申出一種愛因斯坦相對論式的討論。當然，這第十三年感覺比過去十二年的總和還要漫長。他們原本為了逃離羅馬人的死刑追緝，山洞便成了他們活下去的庇蔭。豈料，生命開始施加反作用力，強烈呼喊著離開洞穴的願望。苦苦追尋天堂長達十二年，轉眼卻換來地獄般的四季。當西蒙拉比意識到自己再度被上天懲罰，必須再次回到洞穴，他終於大聲呼喊出來，「即使是在地獄，惡人的判決也只有十二個月！」

（按照傳統的說法，死者的靈魂在地獄裡停留不會超過一年。）[12]

對此，一道神聖的聲音再度傳來，「走出你們的洞穴！」

此處，傳說說書人仍一如既往，在極微小的縮影、纖細的動作中，捕捉到了深奧之處。在這一刻，西蒙拉比顯露出真正的人性。十二年艱困的生活，將他塑造成一位沙漠中的聖人，他似乎因而失去了人類共有的感受，並恥於與塵俗為伍。他是如此嚴格地自律、禁斷肉身的慾望，在他與世隔絕的洞穴中放縱自己的禁慾主義，對他來說一點也不困難。

（我想起了倫納德．科恩〔Leonard Cohen〕的歌詞：「我需要這麼多，只為了一無所獲。我一直都用這種方式貪心。」[13]）

當這種外來的、強制的孤單解除以後，縱使他和其他洞穴外的夥伴沒有任何相同點，生活的欲望、群居的欲望、自由生活的欲望，卻依舊不斷在他心中升起。雖然他可能刻意無視，但至少這麼說來：他在這方面，與他人並無任何不同之處。

父親和兒子再次步出洞穴，也再一次看到純樸的人們過著樸實無華的生活（畢竟，不是每個人都有足夠的秉性，能獲得神奇的角豆樹和泉水作為獎勵的）。儘管如此，怒火還是從

11 這兩個故事場景都有相同的結構，也都有一名女性角色登場，且其特色與價值觀與主角們大相逕庭；此外，這兩個故事也都用聖經語錄掩蓋故事的主題。

12 有一個貼心的習俗是這樣的：一個人去世後，哀悼者朗誦送葬祈禱文《卡迪什》（*Kaddish*）的時間不會超過十一個月，以免讓人覺得逝者必須在地獄中待滿一年。

13 出自《夜幕降臨》一曲（"The Night Comes On",Bad Monk Publishing, Sony/ATV Songs LLC, 1984）。

他們的喉頭湧上來了。這或許是不由自主的。西蒙拉比的兒子艾拉撒爾拉比——直到這裡，他才第一次出現在我們的故事中——似乎還沒記取天堂來的教訓，於是他的父親必須將他造成的傷害加以善後：「每一處艾拉撒爾拉比摧毀過的地方，西蒙拉比都將之復原了。」西蒙拉比把這十二個月的懲罰，更加牢固地記取在心。「我的兒啊，」他說，「我和你對這世界來說已經足夠了。」

意思是：在這個脆弱的、可憐的星球上，充滿著形形色色的罪人，但有了這兩名聖潔、超凡大師的存在，就足以抑制上帝的憤怒，並阻止他徹底毀滅世界的念頭。[14]（這毀滅世界的可能性，從挪亞〔諾厄〕的時代、至少到〈瑪拉基書〉為止都存在。）拉比西蒙似乎已經輕省地忘記了一件事情（至少從我們的故事給出的證據看來）：如果世界毀滅，上帝似乎更擔心西蒙拉比和他的兒子的安危，而不是擔心前者。

每一處艾拉撒爾拉比摧毀過的地方，拉比西蒙都將之復原了。

摧毀與復原：西蒙拉比在隱居時鍛鍊出的可怕而具有超凡力量的目光，既能復原也能摧毀。儘管如此，他在一周當中對他人展現出的高度自制，卻在神聖的安息日來臨時受到益發嚴峻的考驗。

我們的故事仍在繼續：

週五下午的安息日前夕，他們看見一位老人拿著兩枝香桃木，在黃昏的暮色中跑著。

無論哪一天，黃昏都是充滿混亂和不確定性的：因為它既不算白天，晚上也還沒到。但在禮拜五的下午，這個問題更讓人爭論不休。安息日到底算不算是到了？是否適用當天的所有禁令呢？如果當時已屬於安息日，那麼即便是扛著輕如兩枝香桃木的東西，依舊是被禁止的。

現在，我們夠了解我們的主角們，可以來好好預測他們的反應了。我想像的情景是，艾拉撒爾拉比瞥見老人即將褻瀆神聖的安息日，正準備對他投以火紅的目光將之焚燒殆盡；而他的父親雖也是個狂熱的安息日信徒，但他謹記天堂的規諫、同時意識到黃昏的視線模糊不清，便將勸戒的手放在兒子因憤慨而起伏著的胸口，然後建議他，在宣判一個人的死刑以前應該先調查清楚。

外觀畢竟是會騙人的，這是生活在物質世界的部分困難之處。儘管物質的表面可以指涉更深刻的現實，但畢竟外觀還是鋪蓋在現實之上；一樣東西就算能透過幽暗的玻璃略窺一二，還是需要詳加解析。

14 其他地方也有提到（住棚節篇45b）：據說，西蒙・巴爾・約海拉比常說一句話：「我看到將來可以看見舍吉拿榮耀之光的人。這些人非常稀少。如果有一千人，那麼我和我的兒子也會在其中。如果有一百人，那麼我和我的兒子也會在其中。如果只有兩個人，那麼我和我的兒子就是那兩個人。」

審訊開始：

他們問他，「你為甚麼有這些？」——此處的「這些」代表兩枝香桃木。

他回答說：「為了紀念安息日。」

這是個虔誠的表現！他把香氣四溢的樹枝拿回家，就像現代人買花回家一樣，將安息日點綴得更漂亮、更賞心悅目。

但審訊還沒完！

「一枝不夠嗎？」

「一枝，」他告訴他們，「是為了紀念，另一枝是為了守護。」

（畢竟，妥拉出現過兩個不同版本的十誡，一個在〈出埃及記〉（出谷紀），另一個在〈申命記〉。〈出埃及記〉中呼籲，要追隨聖靈就必須謹記安息日，〈申命記〉則呼籲追隨者必須維持、守護這個傳統。拉希則用中和的論調解釋兩者的差異，表示上帝是在同一口氣[15]中談到兩個詞的。）

這裡可是帶有濃厚的諷刺意味。在暮色中，沒有甚麼是清楚的。在兩個世界之間的邊界，一件東西很容易就看起來像它的反面。這裡就是個明證：一個人趕回家紀念安息日，他的腦海充滿了聖經經文、心裡充滿了對上帝造萬物的崇仰之情，但在心胸狹窄的人眼中，這人反倒像個在安息日褻瀆上帝的猥瑣之徒。

西蒙拉比讓老人活下去，想必也沒再多耽誤他的時間，以免當暮色被夜晚完全吞噬後才發現自己居然到了安息日還在喋喋不休。他於是給了一個祝禱的教誨：「你瞧，以色列人多麼嚴謹地遵守這些誡命！」他對艾拉撒爾拉比說。

而這個故事告訴我們：「他們的心便平靜了下來。」

淚水喚醒的生命

平哈斯．本．亞伊爾，也就是西蒙拉比的女婿，[16] 在此進入故事中；艾拉撒爾拉比雖然有登場，但他卻一言不發地從文本中消失了。這夢境般的替代，並不是巧合。

經過十三年苦守洞穴的日子，當西蒙拉比回到文明世界、那充滿麵包和水壺的世界時，與他捱過那段艱苦歲月的狂野的親生兒子，已經被女婿取代了。女婿雖然也是一種兒子，卻

15 我小時候的鋼琴老師的女兒黛比．賽特勒（Debbie Lansford Settler）曾表示，她聽過歌手珍妮絲．賈普林（Janis Joplin）能同時唱出兩個音符。順帶一提，吉他手皮埃爾．本蘇山（Pierre Bensusan）還可以在兩個地方同時吹口哨和哼歌呢。

16 不過在其他文獻中，他更常被當成西蒙拉比的岳父。

是沒有血親關係的兒子，而是人類社會約定俗成的產物。

平哈斯．本．亞伊爾拉比，其實和艾拉撒爾拉比是很接近的。他謙卑、虔誠、盡責、內斂，更是下面這段著名的塔木德真言的作者：

熱情帶來考究，考究帶來潔淨，潔淨帶來節制，節制帶來純潔，純潔帶來聖潔，聖潔帶來謙卑，謙卑使人害怕罪惡，害怕罪惡使人行為虔誠，行為虔誠帶來聖靈，聖靈能讓人死而復生。[17]

這段真言是十八世紀成聖指南《正義之路》（*The Path of the Just*）的主旨。我們的平哈斯．本．亞伊爾拉比的故事（後面也將會看到）說明他自己已經掌握了這些特質，而且正在攀往這十一步自我完善程序梯度的最高一級：起死回生的能力。與艾拉撒爾拉比的目光不同的是，平哈斯．本．亞伊爾的目光既不會噴火，也不具破壞力。人們不會在他面前消亡，反而會在他仁慈而帶淚的目光下，恢復生命。

當平哈斯．本．亞伊爾聽說他的岳父終於離開了洞穴，他便出門迎接，然後把他帶到提伯利亞的浴堂。在浴堂裡，他按摩西蒙拉比的肌肉，發現西蒙拉比的皮膚上有許多裂痕，這是他隱沒沙丘中數年所造成的結果。平哈斯．本．亞伊爾拉比開始哭泣，從他眼裡流淌出來的淚水，讓西蒙拉比也不禁哭了出來。平哈斯拉比對他說，「禍哉，我竟然看到你這樣的慘狀！」

這一幕有個美麗的模糊性。平哈斯．本．亞伊爾看到了西蒙拉比的不幸，被感動得熱淚盈眶。這是非常清楚的。試想一下，一個無家可歸的人，受到十三年的懲罰，被迫待在加州莫哈維（Mojave）沙漠的感覺。他脫下這些年來身上僅存的衣物，你看到了他身上的處處廢墟。不過，這裡有個細節不盡明確：西蒙拉比的哭泣，究竟是受到平哈斯．本．亞伊爾的哭泣所感染，還是平哈斯．本．亞伊爾的鹹苦淚水滴落在他乾燥皸裂的皮膚，讓他痛苦地流淚？

他的痛苦究竟有多微妙？

在浴堂的這一幕，與稍早在山洞裡的那一幕遙相呼應。西蒙拉比和艾拉撒爾拉比兩人在沒有外力干預的狀態下，像兩根沙柱一樣互相注視對方的臉，就像鏡像反映了彼此，卻看不到——或者無法注意到——自己的身體內正同時出現災難性的變化。而另一方面，平哈斯．本．亞伊爾，是非常入世的、富有人性的一個人，當他在西蒙拉比身上看到十三年來曠野的摧殘，不禁感到心疼，並且落下悲傷的眼淚。作為一面鏡子，他反映給西蒙拉比的形象，卻和艾拉撒爾拉比差很多。

在平哈斯．本．亞伊爾濕潤的目光下，狂野的禁慾者那帶著方尖形前端的沙碑形象，倏

17〈雅歌拉巴〉1:1；也請見米示拿〈淫婦篇〉9:12。

忽變成一具草草掩埋在亂葬崗、近似屍體的東西。

儘管如此，西蒙拉比不在乎塵世的舒適，也不願意將這段經驗當作全盤損失，草草一筆勾銷。他調皮地玩弄了平哈斯拉比的用語，

> 西蒙拉比回答說，「但幸運的是，你在這樣的狀態見過我了。如果不是這種狀態下，你根本不會見過我！」

這些話帶有一種喜劇的滑稽味道；但在更深的層次上，這其實是西蒙拉比與平哈斯拉比之間一場溫柔的拔河比賽，拉扯著誰對西蒙拉比在荒野中度過的那幾年的解釋會勝出。如果，就像貝克萊主教（Bishop Berkeley）在這段故事發生的一千五百年後所說的話：「存在就是被感知。」（to be is to be perceived）那麼我們被看待的方式實際上可能對我們體察自己有些重要的影響。但西蒙拉比一點也不在乎。事實上，他甚至徹底抗拒他女婿的解釋，堅持認為他吃盡的苦難其實是自己好運。從字面上去理解，兩人似乎是在爭論「平哈斯・本・亞伊爾是幸運還是不幸」，而不是「西蒙拉比」的禍福：禍哉，我竟然看到你這樣的慘狀！但幸運的是，你在這樣的狀態見過我了。

但是，身體可不會這樣輕易就被蒙混過去。

在我們的故事中，傳說說書人一眼就看出眼睛的重要性，以及看見與被看見的重要性。

他知道，一個眼神可以賦予、恢復甚至否定一個生命。約哈納拉比在觀察過拉吉許後，就將他變為一個學者。拉吉許無視自己體內的學者本性，更在挑水人永恆的生命中，剝奪後者渴望成為妥拉活水的機會。

而浴堂這幕，平哈斯．本．亞伊爾拉比的濕潤目光下，西蒙拉比的皮膚沾了平哈斯的淚水，也重新喚醒自己的感覺。他那非言語的哭聲，讓人想起一個新生兒。而且，正如故事中平哈斯．本．亞伊爾取代了艾拉撒爾拉比作為西蒙拉比的兒子，浴堂——作為一種意象、一種舞台背景——取代了乾燥、墓穴般的洞穴，像是一個茂盛的子宮，讓西蒙拉比在其中得以脫胎換骨，恢復生命。

詆毀與頌揚

由於經歷過各種艱苦的遭遇，放逐與回歸的經驗深刻地改變了西蒙拉比：

起初，西蒙拉比丟出一個問題時，平哈斯．本．亞伊爾拉比會用十二個解決方案來回應。最後，平哈斯．本．亞伊爾拉比丟出一個問題時，西蒙．巴爾．約海拉比會用上二十四個解決方案來回應。

他與自己的親生兒子在山洞裡的那幾年，自己的智力似乎已經耗損殆盡，而與女婿在浴堂共度的下午，則似乎打開了他的心扉。你可以回想一下，浴堂和市集與橋梁一樣，都被西蒙拉比點出來，並嗤之以鼻。但現在，他的身體在浴堂裡，在他女婿無微不至的照顧下復原了、甚至得到美化，西蒙拉比於是萌生一股互補的願望：「既然奇蹟已經發生，」他說，「我將會去進行修復的工作。」

他是在遵循聖經的先例。在〈創世記〉第三十三章，雅各經過多年的流亡以躲避哥哥以掃的殺氣與憤怒，最終仍與那暴力的孿生哥哥團聚。正如我在第一章關於拉比想像力所說的，以掃往往被比喻為羅馬當局[18]，而羅馬當局與世界上的各種物質享受——性、權、錢——脫不了關係。然而雅各「好靜，常常留在家裡」[19]，他是帶有拉比特質的學者：富有創意、善良、有慈悲心腸。出乎眾人的意料，雅各與他偏狹心腸的雙胞胎哥哥團聚後，依然毫髮無傷地抵達示劍城（舍根城）[20]。

各種聲音——無論是來自拉孚、來自塞謬爾還是來自約哈納拉比——在我們故事的邊緣評論著，解釋這應該代表雅各除了身體毫髮無傷外，還帶著完好無缺的財富與知識到達示劍城。為了紀念自己的平安抵達，他鑄造了新的錢幣來榮耀這座城市，也為這裡建立了浴堂和市集。

錢幣、浴堂、市集：這些都是熟悉的圖案。

「有東西需要修復嗎？」西蒙拉比根據族長的慣例問道。隨後有人告訴他，「有個地方禮儀上的潔淨狀態堪慮，祭司們必須繞路而行，非常麻煩。」

這些祭司（Kohanim，又譯祭司支族），對禮儀上的潔淨狀態有著相當嚴格的要求，一處墓地或躺著一具屍體的地方，都會讓他們受到玷污。[21]西蒙拉比出於一種補救的心態，問道：「有沒有人可以擔保這裡的純淨度？」

換一種說法：如果這個地方過去曾是墓地，那麼當然也沒救了。對祭司們來說，墓地永遠都是禁地。但是，如果問題只是過去有具屍體曾短暫置放在這裡、或被遺忘在這裡過，那這個場地可能還是可以挽救的。

一位老爺爺對他說，「本．札凱曾在這裡採收羽扇豆，並把一部分送給祭司。」這就是西蒙拉比需要的答案。如果，就像老爺爺所說的，祭司過去曾接受這裡出產的羽扇豆，那就代表這裡曾經是純潔的、還可以挽救的。進一步的證明：約哈納．本．札凱拉比自己就是祭司，他根本不可能在墓地裡採摘羽扇豆。

因著這老爺爺的話，西蒙拉比便著手讓這塊地達到禮儀上的潔淨。「只要是硬的地方，」我們讀到，「他都將之純化；只要是軟的地方，他都將之標記。」以警告後人這裡的純度堪慮。

18 還不只有拉比式文化如此，請參見費里尼（Federico Fellini）執導的電影《生活的甜蜜》（La Dolce Vita）。

19〈創世記〉25:27。

20〈創世記〉33:18。

21 據我了解，死亡帶來的鬱悶感受會斷絕與上帝之間的情感聯繫，而在聖殿工作的祭司們身處天堂和地獄的空間，自然會避免視線觸及死亡，這是一種讓自己保持心情愉悅的方式。

關於他採用的方式，仍然是眾說紛紜：他可能將整個不潔的區域封閉起來，或是用神秘手法找出並移除屍體，但無論如何，他還是淨化了這片土地，並為祭司們造出了一條好比捷徑的路。

而捷徑正是一種橋梁。如果你仔細追索，你會發現浴堂和橋梁——他原先詆毀三件事情中的兩件，現在卻被他頌揚了。

然而，這位老爺爺和西蒙拉比的共同點是：他的嘴巴，根本停不下來。老爺爺和西蒙拉比一樣，不知道甚麼時候不應該說話；譬如在這裡，他就發出挖苦的驚嘆，「巴爾．約海已經宣告一塊墓地在禮儀上是潔淨的啦！」

讚美。安靜。譴責。

請在這一幕多駐足一會兒。想像一下老爺爺該怎樣才能激怒西蒙拉比的神經吧！西蒙拉比不只在烈日下長時間工作、以將現場恢復到禮儀上的潔淨狀態，而且這項工作肯定對他有著標誌性的意義：他原先與活死人無異，現在卻得到了新生。他在現場的勞動，是一種順勢自我療法，一種以毒攻毒。這一切已經夠煩了，更煩的恐怕是西蒙拉比已經大費周章將這塊地淨化完成，結果卻聽到老爺爺說出這種話吧！

他對老爺爺的反唇相譏，既優雅又銳利如刀。他告訴老人：

如果你不是一直跟我們在一起，或即使你已經與我們在一起、卻不屬於我們當中的一份子，你這樣說就沒錯了。但現在你和我們在一起、而且屬於我們當中的一份子，人們會說，「就算是娼妓，也會互相幫忙整理頭髮。」

即便是娼妓之間存在著競爭客戶的關係，她們也會為自己的對手美容！這不就表示，學者也應該增益彼此嗎？

出現在西蒙拉比身上的變化是顯著的。現在，出現了另一種修補，超越原先三個必要的修補。在他的開場白中，娼妓和浴堂、橋梁和市集一樣被詆毀，但在這裡卻用一種猶大拉比可能的說法得到褒揚，就像在一個原本渺茫的希望中看到一些機會。

這使得下一刻才要登場的喜劇更為麻煩。

這裡出現了另一位老頭，和帶著兩枝香桃木的人一樣也是個老頭（差點被西蒙拉比給摧毀，最後卻又被赦免）。我們可以抓到這個故事的套路：先是大規模的毀滅（他們注視的每一處地方立刻起火、燒毀了），再來是部分的破壞（每一處艾拉撒爾拉比摧毀過的地方，西蒙拉比都將之復原了），然後是赦免無辜的、正直的人（你瞧，以色列人多麼嚴謹地遵守這些誡命），最後再赦免不那麼無辜的、也沒那麼正直的傢伙。

我們會期待，他已經透過淨化土地這樣一種順勢療法把自己修好了（他也不再只是一座佈滿屍體的墓地）——他會用仁慈的、恢復的目光看著老爺爺。

結果卻是相反：「西蒙拉比凝視著老人，老人的靈魂便離他而去了。」火熱的目光回來了。西蒙拉比又動用了他的老招。

「你們出來是為了毀滅我的世界？」

也許這只是一時失常。畢竟，西蒙拉比已經修復與褒揚了浴堂、橋梁和娼妓。或許，剩下的東西要完全恢復也還有希望。而剩下唯一一個還沒提到的就是市集，順著故事的脈絡，這要在我們這一幕登場。

然後，我們看到了「西蒙拉比出門前往市集」，他將在那裡遇到的人，除了他那口無遮攔的學生、害他流亡十三年的元兇猶大．本．傑林以外，還會有誰？

幸運的是，你在這樣的狀態見過我了。

一方面來說（更好的說法是：透過熊熊妒火的眼睛來看），這十三年狼狽又艱困的懲罰，簡直是可怕的剝奪。但透過慷慨的眼睛來看，那段漫長、可怕的時間，也是西蒙拉比全心投入學習的絕佳機會，而且是前所未有的機會；他不僅得到《光輝之書》內的神秘教義，還發展出許多個人能力。

現在，他與帶來煩惱的元兇面對面了，該如何反應呢？

「這個人竟然還活著！」西蒙拉比感嘆道。在確認他就是猶大．本．傑林後，「他凝視著他，然後把他變成了一堆白骨。」

我們的故事到此便戛然而止。

甚麼都「也是」的男人

Esse est percipi：存在就是被感知。凝視也可以授予生命，或是恢復生命：在平哈斯．本．亞伊爾的關懷眼神下，西蒙．巴爾．約海的傷痛緩緩癒合，他又再度得到了完整。但眼神也是可以殺人的。像西蒙拉比修復過的土地一樣，這個故事本身也是屍橫遍野：猶大．本．傑林、老爺爺，還有西蒙拉比和兒子像恐怖電影中的亡靈走出洞穴那天，正在田地工作的農民們——這些人通通都被眼神的熊熊火焰摧毀了（就連西蒙拉比不幸地引起羅馬政府的注意、生命受到威脅時——要活下去，就得從他們的**視線**中消失）。

正如我前面已經說過的，塔木德一次又一次地預示了山繆．貝克特的作品。例如，貝克特在劇作《美好時光》（*Happy Days*）中，就曾把女主角全身埋在沙裡，只露出頭來。貝克特的小說和戲劇充滿了極端情境裡的人類殘骸，無論是瘸腿的、眼盲的還是心碎的；至於塔木德裡，沒有一個角色比那鴻．以實．甘祖（Nahum ish Gamzu）更帶有貝克特的派頭。

那鴻其實是出身於一個叫金祖（Gimzu）的城鎮。他又號「金祖來的那鴻」（Nahum ish Gimzu），但就好比愛爾蘭文學世界裡的先例、《芬尼根守靈夜》（*Finnegans Wake*）裡的雙關語，他的名字那鴻．以實．甘祖，字面翻譯就是「那鴻，甚麼都『也是』的男人」（Nahum the Man of This Too）。

你可以自己評斷，他適不適合出現在貝克特的舞台上：

> 關於那鴻・以實・甘祖，他們說他雙目失明、雙臂和雙腿都斷了。他全身都泡在滾水中，而他所躺的床，床腳都必須立在水桶裡，才能防止螞蟻爬到他身上。

如果這還不夠糟糕：

> 他的房子搖搖欲墜，當他的學生建議將他的床和所有的家具移出房子外時……

一個人要挽救自己的財產，總要先挽救自己的生命吧。

> ……他對學生們說，「我的孩兒啊，你們就先拿走我的家具、再拿走我的床，最後再把我帶出去吧，如此就能確保我只要還在房子裡，房子就不會倒下。」

就像平凡人不會仰賴奇蹟一樣，崇高的大師似乎也超越自然法則。據那鴻的想法，房子傾頹實屬必然，但只要自己還在裡面，房子就不會倒下，因為他廣博的美德就是一切最牢固的支柱。

他的學生們便按照他的指示：「他們移出了家具，然後再移出他的床」——那鴻當然是連人帶床一起被扛出來，「然後房子應聲而倒。」

學生們對他說：「師父，您既然是個完全的義人，那為甚麼這一切全都發生在您身上？」他回答說，「孩子們，這一切都是我自找的。」

他對他們從頭說起：

有一次，我在前往我岳父母家的途中；我牽著三頭驢，一頭滿載食物、一頭滿載飲料，還有一頭載了各類美味佳餚。有個可憐的人過來了，他就站在我面前，叫著，「大師，請給我食物！」我對他說：「等我先卸下一頭驢子的載貨吧。」但就在我要這麼做以前，他就死了。

我撲倒在地、大哭起來，「我的雙眼對你的雙眼毫無同情，讓他們全盲吧。我的雙手對你的雙手毫無憐憫，切斷他們吧！我的雙腿對你的雙腿毫無惻隱之心，切斷他們吧！」然而，直到我說出這句話後，我的心才冷靜下來：「讓我全身都泡在滾水裡吧！」

那鴻．以實．甘祖理解到，同情的事功始於雙眼。他怪罪自己雙眼沒看清楚，沒有對外界投以同情的眼神。就在攜帶著食物、啼叫著的驢子們之間，他忽視了一個可憐男人就在他面前挨餓。如果他的雙眼可以真切、清楚地看見，那麼他的雙腿就跑向男子，雙手也會給他餵食。

他的學生進來探視他。「我們有禍了，」他們說著，呼應了平哈斯．本．亞伊爾的說法，「我們竟然看到您這樣的慘狀！」至於那鴻則呼應西蒙拉比，回答道，「如果你們沒有看到的話，我就有禍了。」[22]

從猶太教的道德觀點來看，受苦能夠贖罪。用傳統解讀法看待這個故事，那鴻應該是高興地用身體來為他的無心之過贖罪，這樣他才稱得上是完美公義的典範。這樣一來，他就能完美無瑕地進入來世，不至於因為讓一個男子死亡而有所缺陷。

然而，細究故事的內在邏輯，卻會得到不同的解讀法。如果那鴻待在屋裡，房子就能奇蹟般地挺立——自然規律向聖潔的人妥協，[23]那麼把他移到屋外真的沒有任何意義。[24]而他的學生對他的病情，觀察得比他自己更準確——房子隨時都會倒下，他們在千鈞一髮之際趕來救他。這就是他沒有為飢餓的人做到的事情。當時，他看不清飢餓的人的病情，就像在這裡，他看不清自己幾乎致命的嚴重病況一樣。

我們對此並不應該感到太意外。對凶險與世界上的黑暗毫無感受，其實正是那鴻獲得綽號的原因。他們為甚麼叫他那鴻・以實・甘祖，字面意義為「那鴻，甚麼都『也是』的男人」？因為不管發生了甚麼事，他總是說，「*Gam zu l'tova*，這也是好的。」故事是這樣的：

有一次，以色列人想要到羅馬皇帝殿上致贈禮物。在討論到該派誰去的問題時，他們決定推出那鴻・以實・甘祖，因為奇蹟時常發生在他身上。

他們認為，和羅馬當局打交道肯定會需要奇蹟。

他們在他胸口塞滿了寶石和珍珠。途中，他投宿旅店過夜，結果竊賊把他胸口的貴重物品全部偷光，然後用泥土填滿他的胸口。

胸口的重量依舊保持不變，那鴻也不會察覺到胸口裡的寶物不見了。最後，當他總算發

22〈禁食篇〉21a。
23 當我們更仔細檢驗平哈斯・本・亞伊爾的生命時，會很快再遇到這個主題。
24 感謝彼得・貝恩（Peter Bein）提供我這個觀點。

現泥土時，他並不驚慌。「*Gam zu l'tova*，」他對自己說，「這也是好的。」

我們可以推論，他毫無懼意地繼續他的旅途。

> 當他到達並贈送禮物時，羅馬人看到了那鴻的胸口全是泥土，羅馬皇帝氣得想把猶太人全部殺光，因為他們這麼做肯定是在嘲弄自己。

「這也是好的。」那鴻依然泰然自若地說。

我們的老朋友——先知以利亞——這個時候出現了。他偽裝成一名朝中大臣，並對皇帝說，「也許這些泥土和他們的父親亞伯拉罕的泥土是一樣的。當他把土扔到敵人身上時，土就會變成箭矢，敵人的箭矢則成了稻草。」

以利亞引用了〈以賽亞書〉（依撒意亞）的一段作為證明——他的刀殺人，如摧枯拉朽；他的箭射人，使他們像風前的禾稭。[25]——而全場竟然沒有人懷疑，為甚麼皇帝宮殿裡這位沒人見過的朝臣，卻能夠如此流暢地引用希伯來聖經（又一個奇蹟！）。

當時，在龐大的羅馬帝國裡，還有一座城市是他們一直無法征服的。羅馬人便用泥土作為秘密武器，攻陷了那座城市。

> 然後，他們把泥土帶進國庫，再將那鴻的胸口裝滿寶石和珍珠，以最大的陣仗為他送

行。

他無視人性凶險簡直到了天不怕地不怕的程度——回程時，他竟然又在與來時相同的客棧過夜。盜賊們看到他後十分驚訝，不敢相信他還活著。「你把甚麼尊貴的榮耀獻給皇帝，才讓你得到這麼多回報？」他們問。

「不管我在這裡拿了甚麼，」他說，「我都會帶去那裡。」

他們於是認為，自己家鄉的泥土應該也有些神奇特效，所以回家把房子拆了，然後把泥土帶往皇帝的殿堂。糟糕的結果是可以預見的——那鴻手中的泥土會變成強大的武器，在他敵人手中卻成了禾秸。羅馬皇帝當然是把他們全部處決了。[26]

雙重性的符號

這裡受到批評的，是某一種片面性（或者我應該說單面性？）。或許那鴻・以實・甘祖這類人，在任何情況下都會發現各種「也是好的」的元素，可能提升猶大拉比這類人的聲望或是像那鴻自己安全通過有如魯布・戈德堡（Rube Goldberg，意指複雜的狀況）一般的政治陷阱、度過羅馬皇帝與盜賊的關卡，但這快樂的純真也自有其代價與黑暗面：這個人很可

25〈以賽亞書〉41:2。

26〈禁食篇〉21a；〈議會篇〉108b–109a。

能對自己與他人的痛苦無動於衷。那鴻無視飢餓之人所承受的極度痛苦，也同樣無視自己的妄自菲薄。

在上面兩個喜劇與悲劇中，體現了「這也是好的」的雙面性。有趣的是，在西蒙拉比的故事裡，每樣東西似乎都是成雙成對：兩雙眼睛（一雙火熱，一雙似水）、上帝口中說出兩個字、兩枝香桃木、兩位老人、兩個兒子、兩座市集、兩座橋、兩座浴堂、兩名叫作猶大的男子、開場說話的兩個人與保持沉默的兩個人、被囚禁在洞穴裡的兩個人、從洞穴出來的兩個人、兩種文化（羅馬文化，拉比文化）、兩個藏身處（經學院，洞穴）、故事開始與結束各有兩個炙熱的故事，甚至還有兩個「十二」（前十二年，還有後十二個月）。

奔跑之人的出現，將「雙重性」這個主題具體化為敘述中的一個明確元素。有趣的是，他出現在故事的正中心，銜接故事前後兩部，當然，他手持的就是這種雙重性的符號：兩枝香桃木。

一枝對你來說不夠嗎？西蒙拉比問道。

這一刻的喜劇和懸疑，真是高潮迭起：兩個頭昏腦脹的槍手意圖改過自新，在周間有效克制住自己火熱的破壞性，卻在安息日前夕面臨更嚴苛的考驗；從現在起的任何時刻，他們可能動輒就燒死某個可憐蟲——因為這樣的戲劇張力實在太強，以至於我們一不小心就忽略了奔跑之人帶著兩枝香桃木在劇中想要彰顯的主題。

一枝對你來說不夠嗎？西蒙拉比問道。「一」代表的是一種文化、一種存在的模式——無論是拉比式還是羅馬式的、神聖的或世俗的、社會化的或野蠻的、肉體的或精神的、雄性的或雌性的。

但奔跑之人說，不不不，兩枝是必要的。上帝講出一個字，就會被聽成兩種不同話語——「紀念」並「守護」，第一個是正面積極的勸戒，第二個則是反面的勸戒；第一個是行動，第二個是約束；第一個是來自開放流動的愛（卡巴拉稱為「慈愛」，Hesed），第二個則是來自限制的、束縛的愛（卡巴拉稱為「嚴厲」，Gevurah）——妥拉本身以蘊含二元性的單元圖像展開：太初，上帝創造天地。

但是二元性的感覺對西蒙拉比來說卻相當陌生。他不需要天與地。他的妥拉——秘傳的經典《光輝之書》——是經過穴居的屈辱、遠離人類社會之外所得到的，那些時刻幾乎是進入來世的狀態（同時卻又維持著生命）。他和他的兒子都不再適合俗世生活。在第一次潛入洞穴的世界後，他們更像火熱的天使基路伯，而不像人類。只有在他們第二次進入洞穴時，西蒙拉比才有辦法約束自己。但艾拉撒爾拉比卻無法約束自己，長輩只好彌補浮躁的兒子造成的損壞：每一處艾拉撒爾拉比摧毀過的地方，拉比西蒙都將之復原了。

我們兩個就夠了，西蒙拉比對兒子說。我們這樣的二元性——摧毀與復原——對世界已經足夠了，但這是一種對二元性的單向感覺。傳說說書人用更完整的方式勾勒出問題的輪廓：他似乎說著，有一個靈魂和一具身體，這**兩者**必須在聖潔之中為聖者、為上帝服務。靈魂是在俗世的寄居者、從神靈境界被放逐出來的流亡者，一定要紀念安息日；同時，身體則像米示拿所描述的，出生於腐爛的滴液，注定要前往一個充滿灰塵、蠅蛆和蠕蟲[27]的地方，必須維持、保護安息日的傳統。西蒙拉比和艾拉撒爾太過關注靈魂的需求、太過想望天堂，便把平凡的日常世界視為退化和墮落的標誌。為甚麼要憂煩俗世的事情？西蒙拉比問道。是不是一個——一個聖潔的上帝——就夠了？

乾燥洞穴裡的火熱眼睛，澡堂裡似水的眼睛：奔跑的男人已經知道西蒙拉比還要學習的課題。它是簡單的的光學原理：雙目觀測才能看出深度與立體。人類其實就生活在二元性之中，羅馬文明是其正面（他們建立了市集，他們建立了橋梁，建立了浴堂），只為了上天堂而過著苦行生活是其負面（你們出來是為了毀滅我的世界？）。

人類生活在二元性當中：現有的二元極性，延伸到三個空間的維度（上與下、東與西、南與北）、一個時間的維度（過去與未來）以及道德的維度（善與惡，可視為第五個維度）。而存在於這些主要相斥力量——天堂的需求和塵世的慾望——之間的矛盾，其實就像貫穿神聖妥拉律法的兩條紅織線一樣。

兩個古老的拉比智慧學派——希列（Hillel）學派和沙買（Shammai）學派，花了兩年時間互相討論一個至關重要的問題：「人被生下來，到底是好還是不好？」根據傳統的說法，這個問題最早是由所羅門（撒羅滿）王在〈傳道書〉（訓道篇）所揭櫫：「我羨慕那些已經死了的人，他們比活著的人幸福多了；但是，那些未出生的，比上述兩種人都幸運。」

我把這場辯論想像成一種哲學的曼哈頓計劃：最好的人和最聰明的人一起隱居起來，也許分為兩個陣營，但他們要在一件不小的事情上一起達成共識。

這已不是兩個學派之間的第一次交鋒。希列學派和沙買學派曾就哪派的觀點最好而論戰三年之久。漫長的三年接近尾聲時，一道神聖的聲音宣布比賽結果，「這些觀點，那些觀點，都是活生生的上主的話語。」[28]

（我們還是逃不出西蒙拉比的提問。他提出的問題，仍在這場辯論中陰魂不散：一個對你來說不夠嗎？上帝活生生的話語，難道還得有兩種正版嗎？）

儘管如此，社會還是需要一條實際的底線。雖然活生生的上帝話語可能很難揣摩，當它涉及法律、乃至神聖律法，人類只能遵循一種意見，所以為了實際的需求，律法仍將以希列學派的意見為依歸。

為甚麼？

因為希列學派「隨和和寬容，他們會研讀自己的意見及沙買學派的意見，甚至會先提及沙買學派的訓示，再提及自己的訓示。」[29]

兩學派論學形式的迥異，似乎來自創始人的個性。有一個大家耳熟能詳的故事：有位即將改信猶太教的外邦人，希望在單腳站立的時間內學完整部妥拉。對此，沙買的做法是拿起

27〈列祖賢訓〉3:1。
28〈混揉篇〉13b。
29 來源同上。

一根棍子，但外邦人卻感覺受到威脅，便落荒而逃了。為沙買辯護的人說，因為沙買過去是一名建築工，而這棍子只是一條碼尺，他只是想用以充當視覺輔助，來討論通往正義之道的正確比例而已。至於希列只對外邦人說道，「己所不欲，勿施於人，此即妥拉，餘皆論評。爾速去，精進勤學。」[30]

尋找之眼，檢視之眼

被生下來好，還是不被生下來好？這是個值得考慮的問題。據〈傳道書〉的說法，不被生下來是最好的。

就像物理學家探尋新的、陌生的量子一樣，希列和沙買學派探索這個問題長達兩年。儘管在這個問題裡，我們會討論到生命是否愉快，但他們並沒有討論這點。他們的宇宙，其核心是道德的，因此更精確地來講，對他們來說問題是：在一個充滿誘惑和錯誤的世界，這是靈性的沙漠、感官的盛宴，[31]物質性的緻密會輕易地捻熄脆弱的神聖火焰，那麼靈魂還值得冒這個險，穿越黑暗幽谷、冒著染黑的風險，換來提升並照亮物質世界的機會，讓善良、仁慈和憐憫得以在短暫寄居的人類之間得到彰顯（雖然也可能完全不會）嗎？

讓我們大方地面對吧：生命的風險就算沒那麼高，依舊是充滿挫折和傷痕的。[32]而靈魂可以非常輕易地就在仇恨、嫉妒、恐懼、抑鬱和成癮中失去方向。當然，從一個上帝本位的角度來看，風險是遠遠大於獲益的。

在這兩年內，兩個學派仍相持不下。由於無法達成共識，所以他們決定以投票的方式解決：被生下來好，還是不被生下來好？沙買所持觀點較為嚴苛，也獲得比較多的支持。「他們得出結論：不被生下來，比被生下來還要好。」

這對我們大家都有很多好處，但我們所有人都是已經被生下來的，我們可以在結語的但書中，感受到希列派學者倡言的實用性：「但現在，他已經被生下來了，就讓他**尋找**自己的行為吧。」

有些人覺得，這裡的行為代表一個人「過去」的行為。讓他反思自己過去的罪惡，他才可能悔改。另一些人則認為：「現在，他已經被生下來了，就讓他好好**檢視**自己的行為吧。」[33]這裡的行為代表他未來的行為，讓他仔細思考「未來」該怎麼做出善良的行為。

「尋找」和「檢視」的希伯來文幾乎是一樣的（יפשפש 和 ימשמש），簡直就像印刷模糊不清造成的結果。究竟是 יפשפש（讀作 pehs）還是 ימשמש（讀作 mems）呢？這種微小的差異，自然產生出不同的世界。我們似乎可以很清楚看到，哪個版本屬於沙買學派、哪個又是屬於希列學派，因為一個是悲觀地蝸居在不可改變的過去裡，另一個是樂觀展望即將到來的未來。

30〈安息日篇〉31a。
31 傑克遜．布朗（Jackson Browne）等，“Looking East”（Swallow Turn Music, 1996）。
32 譬如說，如果可以選擇的話，誰會想要選擇重回高中的青澀時代呢？
33〈混揉篇〉13b。

在西蒙拉比和洞穴的故事裡，眼睛會尋找，也會檢視。尋找之眼找的是罪惡、失敗、缺點——這就是灼傷與破壞的火熱之眼；而檢視之眼就像醫生的眼睛，具備真知灼見的診斷——就像浴堂裡平哈斯・本・亞伊爾的眼睛，會去探視需要修復的地方，無論是西蒙拉比皸裂的皮膚，還是帶有屍體的土地（試著想像一下，西蒙拉比多麼仔細地**檢視**了那塊土地：無論那裡有多硬，他仍將之純化；無論那裡有多軟，他仍將之標記，以警告後人這裡的純度堪慮）。

尋找之眼也會找出缺點，發現缺陷的應對之道就是炙火與破壞（無論是挪亞的世界，還是羅得〔羅特〕的索多瑪[34]），而檢視之眼發現缺陷的應對之道，則是淚水和修復（上帝醫治憂傷的人，包紮他們的傷口[35]）。尋找之眼屬於沙買學派，而檢視之眼則屬於希列學派；雖然兩個學派都聽取活生生的上帝的話語，但我們現在知道，希列學派是比較優秀的，因為它兼容了反對它的意見。我們已經很清楚，兩道視線才能看出深度；閉上一隻眼、單靠另一隻眼睛，你會暈得昏頭轉向。

謙虛、溫柔、忍耐，這些都是希列學派的特點，也是關鍵。也就是說，在實際的律法方面，希列學派的觀點勝過了沙買學派。這件事告訴我們，「上帝要把自高的人降為卑微，又高舉甘心自卑的人。想要尋找卓越的聲望，聲望就會遠離你。但如果你遠離聲望，聲望就會不求自來。你應該和時間攜手共進，[36]如果你急著與時間賽跑，時間反而會讓你窘迫不堪。」

典型的英雄故事

現在，我們可能會假定西蒙拉比是沙買學派的弟子，但事實並非如此。他師承阿奇瓦（Akiva）拉比，阿奇瓦拉比又師承耶何書亞·本·哈納尼亞（Joshua ben Hanaiah）拉比和艾立澤爾·本·西爾卡努斯（Eliezer ben Hyrcanus）拉比。這兩位拉比的的老師就是約哈納·本·札凱，也就是希列的門生。雖然西蒙拉比堅守希列學派的傳統，但他似乎沒有完全將這些傳統融入自己的生活方式裡。

在我們故事的開始，他對羅馬文明的榮耀就充滿火熱的譴責。十二年的穴居生涯，只加劇了他對世界的不耐。

更糟糕的是：他在為時十二年自我羞辱的懲罰、孜孜矻矻的學習中得到的超凡能力，竟然只讓他有能力恣意毀掉自己所不屑的事物。

這名寬容隨和的希列派學者，到底怎麼了？你可能想知道。

事實上，就在西蒙拉比被任命為拉比的那一刻，他人格的連續性就出現了裂隙：

阿巴（Abba）拉比說：「以前，每個老師都會任命自己的學生成為拉比：因此，約

34〈創世記〉第7章與第19章。
35〈詩篇〉147:3。
36〈混揉篇〉13b。

哈納·本·札凱拉邦[37]任命艾利澤爾拉比和耶何書亞拉比；耶何書亞拉比就任命阿奇瓦拉比；阿奇瓦拉比則任命邁爾（Meir）拉比和西蒙拉比。但是，當阿奇瓦拉比補充說，『讓邁爾拉比坐在首位。』西蒙拉比的臉刷地慘白。阿奇瓦拉比看到後，便對西蒙拉比說，『你的上帝和我都認可你的實力，難道這還不夠嗎？』」[38]

被忽略這件事對西蒙拉比的**自尊自愛**來說，簡直是莫大的苦楚——「來學我的規則，」後來他這麼告訴他的學生，「我的規則，比阿奇瓦拉比最好的規則還要好。」[39]——這苦楚同時也延伸到羅馬人、他的妻子、犁田人與播種人、奔跑之人、老爺爺，以及猶大·本·傑林；其實，只要與他的意志站在對立面，任何人都可以是他針對的對象。

我們的傳說說書人非常清楚地指出，毫無遮攔的怒意會得到甚麼懲罰：根據我們的故事，上帝自己就斥責了西蒙拉比，還把他送回洞穴，度過煉獄般的第十三年。這種反例的教育一樣出現在他遇到奔跑之人與平哈斯·本·亞伊爾時，以及他清理埋有屍體的土地時。他從個人歷史中清理出屍體，這意象派的象徵正是殺害耕田人的贖罪儀式。他必須清理土場，就像模擬耕田人的工作一樣，只是他的工作內容是把生命從場地內帶走、再把新生命帶進去，為他們的死亡洗去罪孽，讓他們事功變得神聖。

這個偉大的贖罪行為同時帶出的問題——這塊地是否只是正好有一兩具遺體被棄置其上？——這個問題也在西蒙拉比心中迴盪。故事發展到這個當頭，他肯定會問關於自己同樣的問題：**他**是否就像一塊墓地，這塊墓地是名副其實、充滿死者的墓地，還是正好有一兩具遺體被人棄置其上？

他是否能像那塊土地一樣，得到救贖、變得純淨？

藉由故事中的事件，他活出了靈魂輪迴的一個完整週期：被天堂的法院判處死刑，在地獄的煉獄之火中淨化自己，最後終於重生。但他改變了嗎？他最後可能澆熄心中的沙買之火，擁抱希列派教導的溫柔和寬容嗎？

巴爾．約海已經宣告一塊墓地在禮儀上是潔淨的啦！——老爺爺感嘆道。我們可以從兩個方面去解讀這樣的感嘆：這可能是讚嘆西蒙拉比奇蹟似地復甦了這塊土地和自己的生命，也可能是酸溜溜的嘲諷句。他以第三人稱稱呼西蒙拉比，意味著是有其他人在場的（這一刻當然足以與以利亞所使用的溫柔語言風格相提並論）。但是，老爺爺究竟是公開地羞辱西蒙拉比，還是當眾褒揚他呢？

同樣的模稜兩可，也模糊了西蒙拉比的學生猶大．本．傑林所講述，讓我們的故事開始發展的故事。猶大．本．傑林的作為，究竟是向當局打小報告、告發西蒙拉比，還是他其實

37 拉比（Rabbi）、拉孚（Rav）和拉邦（Rabban）都是對妥拉教師的敬稱。以色列使用拉比一詞、拉孚則在巴比倫使用，拉邦則用於納西（Nasi）、即猶太議會（Sanhedrin）的主席。

38《耶路撒冷塔木德》〈議會篇〉1:2，19a。

39〈離婚篇〉（Gittin）67a。

是向羅馬暴政吹捧自己心愛老師的無畏精神，幫他在朋友圈子裡提升名譽？

我們不得而知。故事並沒有告訴我們這麼多。我們所知道的是，西蒙拉比對老爺爺和猶大・本・傑林的回應。西蒙拉比用挑剔的眼光看、用挑剔的耳朵聽，自然也就只能聽到批評和背叛。無論是老爺爺還是猶大・本・傑林，他們在語言使用上其實都很像西蒙拉比，這樣的過激言語也許對他來說已是刀刀見骨。西蒙拉比一邊賣力清理過去的墳場，一方面卻又幫人挖好墳墓——老爺爺死了，猶大・本・傑林也變成一堆白骨——西蒙拉比又回到了自己的出發點上，他背叛了獲得重生時所作的許諾。

索福克里斯的戲劇〈伊底帕斯王〉（Oedipus Rex），開頭就是病態城市的意象。底比斯（Thebes）就是那生病的城市，因為它窩藏了一個殺人犯，而且還是亂倫者。底比斯城邦的君王伊底帕斯經過了詳細的搜尋和檢視，才沮喪地發現到，他自己正是那個罪犯。伊底帕斯於是刺瞎自己、放逐自己，悲劇在黯淡的音符中結束，索福克里斯顯然無法用劇本開始時所預期的快樂旋律——恢復健康的城市——來收尾。

從美學的角度來說，這當然是正確的選擇。我們很難想像一個快樂的結局——儘管底比斯解除危機、回復盎然生機，樹葉又長回枝幹上、小麥田也正在萌芽，鳥兒啾啾鳴叫，但瞎了雙眼的伊底帕斯，只能心碎地由他的女兒兼妹妹牽下舞台，踏上自我流亡之途。

西蒙拉比的故事，也由一座生病的城市——受到壓迫的耶路撒冷——開始，而且與伊底帕斯王的故事有個奇異的對稱性。城市問題掉出我們的故事之外，與其說是敘事者的問題，不如說是主角的問題。

我們的故事可以當作典型的英雄故事來讀：一個被自己所屬社會隔離的角色，在曠野中完成了驚人的壯舉，然後帶回一個福音，與整個社群分享。傳說說書人雖然對人性的弱點很是敏感，但是他把太多過於人性化的特質投注在我們的「英雄」身上了。是的，西蒙拉比必須離開他的家和他的家人；是的，他將面臨很嚴厲的審判；是的，他任務期滿回家時，的確帶了一種非凡的力量，可以焚燒他的敵人。但是，他卻沒有用這得來不易的能力造福社群——也就是用來反抗羅馬佔領者——反而是用來對付自己的同胞，解決個人恩怨。

伊底帕斯被這場悲劇給擊碎了，卻也因為這場悲劇而得到昇華、徹底改變了。西蒙拉比試圖進行自我改造，但他最終或多或少還是恢復成原來的自我，並沒有因為他英雄式的追尋或帶回的恩賜而改變。

更糟的是：他整合自己經驗所遭遇的失敗，是表現在自己兒子們的生命裡的。

Chapter 3

邁向兒子們的心

第三個備忘錄A

西蒙拉比之子艾拉撒爾拉比（Rabbi Elazar ben Rabbi Shimon，活躍於希伯來紀年三九一〇年左右／公元二世紀末）

艾拉撒爾拉比是西蒙拉比的兒子，他曾遇到一名偵探，偵探的任務是捉捕竊賊。艾拉撒爾拉比問：「你怎麼知道誰是竊賊？竊賊不是像野獸一樣，夜間四處覓食、白天卻躲起來嗎？你會不會有時候不小心錯抓無辜者，卻漏放有罪者？」

偵探回答：「我還能怎樣？這可是國王的命令。」艾拉撒爾拉比說：「那我來教你怎麼做。你在早上九點進去一間客棧。如果你看到一個人拿著一杯葡萄酒在打瞌睡，那就向別人打聽一下他的背景。他可能是學者，為了讀書而早起；也可能是工人，為了工作而早起。他也可能是半夜需要工作，例如打鐵之類的。但如果都不是的話，他就是賊，你要把他抓起來。」

有人把這個對話報告給國王聽，國王便決定遵循那句俗諺：「讓訊息的解讀者成為訊息的傳遞者。」

西蒙拉比的兒子艾拉撒爾拉比便被派去捉捕竊賊。約書亞·本·柯哈（Joshua ben Korhah）拉比就傳話給他，說：「你這葡萄放爛而生的酸醋！你還要把多少上帝的孩子送去屠宰！」艾拉撒爾拉比回話：「不是，我是來葡萄田拔稗草的。」約書亞拉比回答：「那就讓葡萄田的主人自己來拔稗草吧。」

有天，一個湖邊的漂洗工遇到他，對他說：「你這葡萄放爛而生的酸醋！」艾拉撒爾拉比暗自忖度：「此人如此粗蠻，一定是個重罪犯。」所以他就命令他的跟班：「把他抓起來！」他們便將他逮捕。艾拉撒爾拉比後來冷靜下來，想回去釋放漂洗工，但他無權這麼做。他就提醒自己一個道理：「口舌謹慎的人得以躲避禍患。」跟班們隨後便絞死漂洗工，艾拉撒爾拉比站在絞刑台底下啜泣。他的徒弟們跟他說：「師父，別哭，這個漂洗工跟他的兒子在贖罪日一起強暴了一名待嫁女子。」

聽到這個，艾拉撒爾拉比摸著腹部，感嘆道：「真是可喜可賀啊！比較不確定的案子都得到這種結果，很確定的案子這麼做就更沒問題了！腐壞跟蠕蟲都打我不倒！」

不過，艾拉撒爾拉比還是良心不安。於是，有人給他吃了安眠藥，將他帶進一個大理石房間，剖開他的肚子看看。從艾拉撒爾拉比肚子取出一籃又一籃的脂肪，在搭模斯月和埃波月（Tammuz and Av，希伯來曆四月與五月，公曆六月與七月）時放在太陽下，但脂肪並沒有腐爛。所以艾拉撒爾拉比覺得自己就像聖經說的，「我的肉身安穩自在。」

不過，艾拉撒爾拉比的良心依舊不安。於是他便弄傷自己，即使晚上在他身體下鋪了六十張毛氈，早上仍然有六十盆血與膿從他身體下流出來。他的妻子每天早上給他準備六十種無花果調製成的粥，他吃了便漸漸地恢復了。

但他妻子不准他去經學院，以免哲人們追問與施壓。晚上，艾拉撒爾拉比就歡迎他的痛苦回來，說道：「兄弟朋友們，通通回來吧！」早上，他便對著痛苦說：「走開，別影響我讀書！」

某一天，他妻子剛好聽到了，嚷道：「這些痛苦竟然是你自找的，要醫好你還得浪費我娘家的錢！」就這樣，她拋下一句奚落之語離開艾拉撒爾拉比，回娘家去了。就在那時，剛好有六十個船員在海上。有一波大浪差一點打翻他們的船，他們祈禱說：「艾拉撒爾的上帝，救救我們啊！」結果海上立刻風平浪靜。船員們上岸以後，便送給艾拉撒爾拉比六十個奴隸，每個都帶著一個行囊。奴隸們為他準備六十種無花果調製成的粥，他吃下以後對自己說著那句經文，「妥拉像商船一樣，從遠方運糧來供應自己的家。」

有一天，艾拉撒爾拉比的妻子對女兒說，「去看看妳父親最近吃睡如何，情況怎麼樣。」她到了父親那邊時，父親說：「去跟妳母親說，我們現在還是比她娘家富有。」

他飲食正常，身體也恢復了，於是又回到了經學院。有人給他看了六十份血液樣本，他宣告全部都是潔淨的。哲人們就批評他說：「怎麼可能完全沒有問題？」他回答道：「如果真如我所說，但願這些女人未來產下的孩子全是男孩；如果我說錯了，但願他們產下的孩子當中有一個女孩。」結果這六十個女人生下的孩子全都是男孩，他們都以艾拉撒爾命名。

艾拉撒爾拉比最後一次生病時，不小心露出手臂，他的妻子見狀又哭又笑。她笑了，因為她想到：我真是幸運，我可以跟這麼正義的男人有肉體接觸！但她也哭了，因為她想到：這麼正義的男人，肉體最後也是會變成塵土。

他臨死時對妻子說道：「我知道哲人們在生我的氣，不會參加我的喪禮，所以把我的屍體放在閣樓裡吧，別怕把我放在那裡。」

薩謬爾．巴爾．納賀馬尼（Samuel bar Nahmani）拉比說：「約拿單拉比的母親對我說，艾拉撒爾拉比的妻子跟她說：『他在閣樓超過十八年，但不超過二十二年。我每次上去都檢查他的頭髮；如果有任何一根頭髮掉了，就會有血湧出來。有一天，我看到蠕蟲從他的耳朵爬出來，我非常難過，但他託夢給我，告訴我別擔心。他說：【發生這件事情，是因為我曾聽到有個智者的門徒被眾人輕視，我應該獨排眾議，但我卻沒那麼做。』」

每次有兩方興訟，雙方都會來找他，就站在門邊各自說明自己的立場。閣樓就會傳出一道聲音，說：「某某，你必須承擔責任，某某，你是清白的。」

有一天，艾拉撒爾拉比的妻子跟鄰居吵架，鄰居詛咒道：「妳就跟妳丈夫一樣吧，辦不成像樣的喪禮！」於是，哲人們就說：「既然艾拉撒爾拉比沒有喪禮的消息已經傳開了，就不應該這樣下去。」

其他人說：「西蒙．巴爾．約海拉比向哲人們託夢說：『我有個疼愛的兒子還在你們當中，你們拒絕讓他來到我這裡。』」於是哲人們就著手安排他的喪禮。但阿克貝拉（Akhbera）的鎮民不願意讓他們舉辦喪禮，因為艾拉撒爾拉比長眠在閣樓上的這幾年，不曾有野獸來到他們鎮上。然而，有一天——那天正是贖罪日——阿克貝拉鎮民在忙的時候，哲人們就差人傳話給比瑞（Biri）的鎮民，比瑞鎮民就把艾拉撒爾拉比的棺架取下，然後把他搬到他父親安息的洞穴。洞口有一條蛇蜷縮著躺在那裡。他們對蛇說：『蛇啊，蛇啊，張開嘴，別再咬著自己的尾巴了，讓兒子跟父親團聚吧。』蛇就張開嘴巴讓他們進去了。」

——《巴比倫塔木德》，〈中間之門〉83b-84a

第三個備忘錄B

平哈斯·本·亞伊爾拉比（Rabbi Pinhas ben Yair，活躍於公元第三世紀初）

平哈斯·本·亞伊爾拉比要去解放奴隸，途中來到了濟奈（Ginnai）河。他對河說：「濟奈啊，請為我分開你的水吧，好讓我渡過你。」河答道：「你的旅途是為了完成上帝的意志，但我也是為了履行上帝的意志而流的。你或許會完成你的任務，或許不會。但我確定要完成我的任務。」

平哈斯拉比說：「如果你不分開，我就會頒布敕令，規定再也沒有任何水可以流經你這裡。」河便分開了。有個人帶著逾越節要用的麥子，剛好也在那裡。平哈斯拉比對河說道：「也為這個人分開吧，因為他正在履行一道神聖的誡命。」於是河又分開了。接著，有一個阿拉伯人稍早也跟他們一起旅行，他也在那裡。平哈斯拉比又對河流說：「請也為這個人分開你的水，免得他說：『我們一起踏上旅途，怎麼對我差別待遇呢？』」河流於是第三次分開。

徒弟問道：「我們也可以過河嗎？」平哈斯拉比答道：「如果有人可以確定，自己一輩子都不曾讓自己的同胞蒙羞，他就可以安全過河。」約瑟夫（Joseph）拉孚解釋道：「這個人真是偉大，比摩西以及六十萬希伯來人分開紅海還偉大！當時它只分開一次，現在卻分開三次了！」

平哈斯拉比繼續踏上旅程，來到了一間旅店，有人提供大麥給他的驢子，但牠不願意吃。他們篩過了大麥，但驢子還是不願意吃。他們仔細檢查大麥是否有髒汙，但驢子依舊不願意吃。平哈斯拉比提議：「是不是因為沒有把十分之一交納出來？」於是他們把大麥的十分之一交納出來，驢子就吃了。平哈斯拉比說道：「這頭驢按照上帝的意志踏上旅途，結果你卻想讓牠吃沒有交納十分之一的穀物！」

他的徒弟們就問他：「師父，你不是自己教過我們說，如果有人跟沒有讀過書的人買穀物給動物吃，賣方可以豁免沒有交納十分之一的責任嗎？」平哈斯拉比回答道：「但這可憐的動物想對自己嚴格，我還能怎麼辦？」

瑞比（Rebbi，意為教師）得知平哈斯拉比到了，就出去迎接他，說：「您願意與我共進晚餐嗎？」「當然，」平哈斯拉比回答。瑞比的臉上立刻綻放出愉快的光芒。因此，平哈斯拉比說：「你以為我發誓過不會從以色列的子民得到好處嗎？我可沒有哪。以色列人是神聖的！有些人想要給別人好處，但沒有能力。有些人有能力，但沒有意願。聖經裡不是有『不要吃吝嗇人的飯，貪圖他的美食』之類的話嗎？但是你有意願又有能力。不過，我現在趕時間，必須履行一道誡命。回程時我會回來找你。」

平哈斯拉比回來時，他走進瑞比家院子的門，旁邊剛好有幾頭白色的驢。他說：「死亡天使在這裡，結果我要在這裡吃飯了！」瑞比一聽到平哈斯拉比說的話，就過去對他說：「我會把這些驢給賣了。」平哈斯拉比答道：「你不可以在瞎子前面放絆腳石。」「我會遺棄牠們。」「這會使牠們亂跑，造成傷害。」「那我就切斷牠們的腿筋。」「不可以傷害活著的動物。」「那我就殺了牠們。」「這是肆意毀棄。」

瑞比一直追問，他們之間就出現了一座山。瑞比哭了，說：「他們活著的時候就這樣，更何況是死了以後呢！」

——《巴比倫塔木德》，〈通法〉71a-b；《耶路撒冷塔木德》，〈混種篇〉1:3, 22a

第三個備忘錄C

猶大・本・傑林拉比（Rabbi Judah ben Gerim，活躍於希伯來紀年約三九一〇年／公元第二世紀末）

約拿單・本・阿斯邁（Jonathan ben Asmai）拉比和猶大・本・傑林拉比在晚上向西蒙・巴爾・約海拉比道別。早上，他們又回來，再度跟他道別。

西蒙拉比對他們說：「你們昨天晚上不是已經道別過了嗎？」他們回答說：「師父，您曾教導我們，徒弟跟老師告別後當晚還在城市裡過夜的話，隔天就必須再道別一次。」

——《巴比倫塔木德》，〈小節日〉9a

哈佛大學社會學者曾進行過一項實驗：他們把數額不等的金錢裝入信封，送給世界各地的人。有些信封內的金額較大，有些則比較小。除了錢以外，信封中還有其他指示：有些人得到的指示是把錢花在自己身上，有些人則是要把錢花在別人身上。一天結束後，從每個人自己的報告來看，無論金額大小，把錢花在別人身上的人比較快樂。

雖然有一些例外，但這基本上放諸全世界皆準，[1]而且我認為這樣的結果是很有道理的。我們一出生就有需求：我們需要食物、需要歸宿，也需要愛。而我們剛出生的時候，獲得東西的能力非常之少。至少我們只靠自己的話是如此。如果我們小時候必須靠一些看似很有權力的人給我們食物、歸宿和愛才得以長大成人，那麼當我們後來可以提供愛、食物和歸宿給別人時，我們就會感覺自己有權力、有能力、獨立，甚至**維繫他人生命**。換言之，我們就會感到快樂。

我認為塔木德中對人生的看法是以六個需求領域為主的。傳說說書人似乎提供我們六個備忘錄——六個「上一輪太平盛世的備忘錄」——來提醒我們這六個需求領域。一個完美、神聖、正義的行為，能夠同時滿足這六個領域。

第一個備忘錄提醒我們要留意**天堂**。你可以想像冰箱貼紙條，上面寫著：「記得：要照顧天堂！」塔木德中的世界觀，是上帝本位的世界觀，我們的責任就是每天照顧天堂，

1 http://www.ted.com/talks/michael_norton_how_to_buy_happiness.html

以祈禱、許願、做好事的方式，像看顧花園一樣為天堂澆花。第二個備忘錄提醒我們要照顧**地球**，好好看護我們所生活的星球。雖然最好的情況是我們不被生下來，但既然我們已經出生了，就需要一個生活的地方。我們把地球照顧得越好、就算只是在農業方面，地球就會把我們照顧得越好。第三個備忘錄提醒我們要留意祖先，就是我們的**先人**，他們在無限的因果關係中是前因，而我們則是當中最新的後果。我們的祖先其實就是透過我們而活著，因此我們必須要避免讓他們蒙羞或失去尊嚴。我們對後代也有同樣的責任，而**後人**正是第四個備忘錄的主題。我們必須確保我們的行為對後人有利，而大部分的後人尚未出生（或永遠不會出生），但以現在來說，就是一種可能的存在。畢竟沒有人希望自己的先祖是一個屠殺犯。第五個備忘錄提醒我們要照顧**自我**，第六個則提醒我們照顧**他人**。

如果用立體圖的方式表達這個情況，可能像考爾德動態雕塑（Calder mobile）在受到動態壓力後的情況：上面是天堂，下面是地球，先人在背面，後人在前面，自我在中間，他人則橫跨所有側面外圍區域。

這種由六點所維持的系統是動態的。如果任何地方出現失衡，整個系統就會失衡。身為人類，我們的傳統基礎不管多堅固，我們的知覺意識仍是有限的，我們的處境是短暫的、是瞬間萬變的；因此，我們在生活中不斷應變，自力更生。這種情況就像在職實習，而由於我們懂的有限，我們常會偏好這些備忘錄中的其中一個，而不是每一樣都喜歡。

我們也都認識一些連這些議題的存在都否定的人。驕傲的無神論者否認對天堂的上帝負有責任，貪心的人否定對地球負有責任。宗教狂可能為了執行天堂中上帝的意願而毀滅地球及其所內含物（包括你和其他人）。根據我的經驗，大部分的人的基本模式是只管自我，對他人沒興趣。但我們也都知道，如果某人只關注他人的好處，卻無視**自我**的需求，也會面臨大害。

就如我們在本書故事中所看到的，只要六個當中其中一個失衡，六個就全部失衡。約哈納拉比就是一個例子。約哈納拉比比較重視「天堂」，而不重視「地球」，因此讓拉吉許的心靈超越自己的肉體存在。約哈納拉比對「他人」的關心凌駕於對「自我」的照顧之上，結果就是兩個人都面臨毀滅。約哈納拉比又失去了與「後人」的連結，畢竟拉吉許的兒子（他的外甥）就是家族中的唯一一個男孩子。他也罔顧了對「先人」的責任，他跟祖先的連結出現斷裂，因為在地球上，他已不再像自己的先人一樣行善、發揮慈悲心腸。

約哈納拉比的姊姊比較有智慧也比較漂亮；雖然她在塔木德中只占三四行的篇幅，但她優雅地讓這六項都保持平衡（就憑這點，我認為她是塔木德工程中的無名英雄）。她的行為表現出對「自我」和「他人」齊一而觀的重視。她愛丈夫、又愛兄弟，她的幸福奠基於他們的幸福；她倡導原諒的重要性，對他們三個都好。她的行為也有利於家族支脈的延續，對「先人」和「後人」都有所裨益。拉吉許的兒子需要一個爸爸。他需要一個有愛的、可以指導他的叔叔。我們已經看到了約哈納拉比孤兒的身分，如何影響了他的內心世界。他姊姊最不希望這種心理創傷，一直影響家族的每一代。我們只能想像，她的父母發現兩個孤兒終於找到安穩的家、不受自己死亡所造成的斷裂給影響，會是欣慰的。

約哈納拉比和拉吉許繼續維繫這樣神聖的關係，對天堂也比較好，因為兩個人如此才能一起讀經、一起行善，分別進行反而像雙頭馬車；而且，他們神聖的事功對地球也帶來良善與慈悲。

我們還能看到，透過西蒙．巴爾．約海的目光投射的天堂之火，可以燒毀所有他看到的東西。對他而言，天堂超越一切，但他的基本態度比較接近「自我」而不是「他人」，他對待人生的態度宛如「燃燒吧地球」；他燒掉（有時具體，有時抽象）每個反對他的人：羅馬人、耕田人、老爺爺，甚至是愛聊天的學生。他忽略了對「地球」（耕田人）的責任、對「他人」（羅馬人、自己的妻子）的責任，也忽略了對「先人」（老爺爺以及回溯到希列的所有其他先人）的責任。「天堂」與「自我」好比一種有毒的調酒，而它們正代表西蒙拉比認可的唯二元素，而且我們接下來將會發現，他這種片面、偏見、屢教不改的態度，會對後代造成多麼嚴重的後果。

第一個兒子

西蒙拉比可以說有兩個兒子：和他有血親關係的野蠻兒子艾拉撒爾拉比，以及照社會風俗來說也算他兒子的女婿平哈斯．本．亞伊爾拉比，從他們兩人的人生中，我們能看到西蒙拉比個性上出現裂痕（拉扯的兩端分別是希列式的同情，以及沙買式的判斷力）的後果。

兩個兒子都身受自己的片面性所苦：艾拉撒爾拉比是因為承接了爸爸在世上不時橫發的火焰怒意而受苦，而平哈斯．本．亞伊爾拉比的若楚則是因為他雖善良，卻為他所關心的人帶來痛苦。

我們先看看艾拉撒爾拉比吧。

他年紀輕輕胃口就很大，剛進入塔木德故事就帶著血氣方剛的好鬥氣息登場。

有些趕驢人想要買穀物，於是來到艾拉撒爾的父親家。他們看到艾拉撒爾坐在烤箱旁，他的母親正端出剛烤熟的麵包。艾拉撒爾在母親端出麵包的同時，就不斷地吃著麵包，直到吃完所有的麵包為止。「真是丟人現眼，」趕驢的人說，「這年輕人肚子裡想必是住了條甚麼毒蛇吧。」

當然，這些人是趕驢人而不是營養師，但就算他們不是學醫的，還是覺得艾拉撒爾似乎患了很嚴重的病：「他會讓這地球陷入饑荒！」他們說道。年輕的艾拉撒爾剛好聽到他們的話。艾拉撒爾跟父親一樣，無法接受這種侮辱，在盛怒之下很快就反擊了：

在趕驢人去取貨的時候，艾拉撒爾把他們的驢一一拉抬到屋頂上。趕驢人回來找不到驢，最後抬眼才發現原來牠們在屋頂上。

當趕驢人找上西蒙拉比抱怨時，西蒙拉比問道：「你們可能說了甚麼冒犯他的話吧？」即使如此，從西蒙拉比自己的角度，他自然也是相當生氣的。他對他們喝斥道：

「你們這樣會給他帶掃把星！他吃了你的飯嗎？他的飯錢是你們出的嗎？上帝創造他時，沒為他創造食物嗎？用我的名義去叫他把驢子牽下來，他會照做的。」

第二個「創舉」甚至比前一個還要驚人：艾拉撒爾抬起驢子時，一次能抬一隻，但放下驢子時，他可以一次兩隻。

傳說說書人對於艾拉撒爾有著以掃般的力量這一點，顯然讚嘆有加；但他也不忘向我們保證，這種神力不會延續到他之後的學者生涯裡。「當他開始研讀妥拉時，甚至連自己的披風都拿不起來。」[2]

儘管他可能已經失去了氣力，但他的獸性依然存在。

西蒙拉比似乎不太在意艾拉撒爾的教育，對此我們不用感到意外。因此，這個男孩便生得稚氣又野蠻。尤希拉比這時選擇打破沉默——沒錯，就是當猶大拉比讚頌羅馬文化時，選擇保持沉默的那位尤希拉比。尤希拉比把艾拉撒爾拉到一旁，對他說，「你出身於義人之家，卻還沒有虛心研讀妥拉。」[2]

然後，尤希拉比開始「教他研讀聖經的第一章，然後是第二章和第三章」。最後，尤希拉比將艾拉撒爾帶進學校時，艾拉撒爾的粗蠻外表竟然引起了大家的憎恨，甚至連老師們也不例外：「當瑞比見到艾拉撒爾時，便問尤希拉比，『你把這樣的傢伙帶在身邊？』尤希拉比說，『他出身西蒙．巴爾．約海拉比之家。』」[3]

根據另外一種傳說，說服艾拉撒爾潛心學習神聖律法妥拉的，並不是尤希拉比，而是先知以利亞。艾拉撒爾當時的職業是搬運工；這個段落可以很清楚地看到，一個人的個性是在童年時形成的。

「有一次，先知以利亞化身為一個老人，來到艾拉撒爾面前對他說，『幫我把行李搬到駝獸身上。』」

艾拉撒爾是個專業又周到的搬運工，他便問老人，「您需要把哪些東西搬到駝獸身上？」「這件行李、我的披風，還有我自己，好讓我直接騎乘。」「不管對方是不是先知，艾拉撒爾對賺錢還是比較感興趣，他尋思著：瞧這老頭子弱不禁風的模樣，我根本可以直接扛起他走到天涯海角，但他卻要我『把行李搬到駝獸身上』！」

由於以利亞堅持要騎乘，艾拉撒爾便將以利亞老頭和他的行李扛在自己背上，「翻山越

2〈雅歌拉巴〉5:14:3。
3《坦胡納》（*Tanhuma*）13 #38。

嶺，踏遍原野與荊棘」。

在這裡，艾拉撒爾動物性的天賦展現了優勢，但當先知開始施展擅長的把戲——也就是心智迷幻術——然後把全身的重量壓在艾拉撒爾背上時，艾拉撒爾開始像驢子一樣哀哀叫：「老頭，老頭，輕一點，不然我可要把你甩下去囉！」

艾拉撒爾露出比較善良的一面，讓以利亞休息：「他把他帶到一處田野，放他下來，然後讓他吃喝。進食之後，以利亞請他想一想做這一行的前途何在，並建議他繼承先人的衣缽——也就是研讀神聖律法妥拉、追隨聖道——也許會比較好。艾拉撒爾問以利亞是否可以教導他，然後有些人說，以利亞教導艾拉撒爾讀了十三年的妥拉。」

這個故事的結局，和第一個故事很像：當艾拉撒爾動物性的氣力都花在學習上，「甚至連自己的披風都拿不起來」。[4]

蘆葦與杉木

不過，我猜想他從（動物性的）驢子變成（知識性的）騎師，這樣的轉變進行得不太順利。

雖然他讀經讀了許多年（跟以利亞學了十三年，跟父親在洞穴裡也學了十三年；不過從神祕學的角度來說，這兩段時間可能是同樣的十三年），但艾拉撒爾驢子般的粗俗個性還是沒有得到磨練。但就在我們下一次[5]看到他登場時，他就穩穩地騎著自己的駝獸，克服了自己低俗的本性，神祕地從駝獸轉變成了騎師，只是個性還是很驢。[6]

有一次，西蒙拉比的兒子艾拉撒爾拉比從他的老師位於麥大基突（Migdal Gedor）的住處出來，正要回家。他坐在一頭驢上，沿著河岸騎著。

他感到非常欣喜、而且為自己感到驕傲，因為他已經學習了許多妥拉的知識。就在這時，他在路上遇到一位面貌非常可怖的男子。他對他說，「願你平安，我的老師。」但他並沒有回禮。

因為這段有太多模糊的人稱代名詞——他對他說——因此我們不太確定誰在跟誰說話。這種模稜兩可帶來許多可能的意義。雖然面貌可怖的人一開始稱呼艾拉撒爾拉比的方式像對老師說話（願你平安，我的老師），但到了故事的結尾，他已經反過來變成老師，上了艾拉撒爾拉比一課。根據拉希的說法，這個面貌可怖的男人甚至就是先知以利亞，也就是艾拉撒爾拉比以前的老師；他為了不間斷地繼續教育這位個性像驢一樣的學生，而化身來找他。

4《卡哈納拉乎的篇章解釋》（*Pesikta de-Rav Kahana*）11:22。

5 這是我虛構的情景。在塔木德各個故事中，當然是沒有「下一次」這回事的。

6 在塔木德中，這個故事和那鴻·以實·甘祖的故事被列在同一部分，讓我們了解到「清楚地看到」與「清楚地被看到」之重要性的變化。

艾拉撒爾拉比不像那鴻・以實・甘祖看到快餓死的人的反應，他並沒有立刻下驢。他沒有馬上或慢吞吞地對眼前的這名「他者」施予同情。他反而說：「空者！這個傢伙可真醜呀！你家鄉的人都跟你一樣醜嗎？」

這裡又是一團迷霧，因為我們不知道誰是「空者」，這是艾拉撒爾拉比在自言自語嗎？他似乎不是直接對面貌可怖的人說話。那他是這樣稱呼上帝的嗎？這似乎也不太可能，但這件事情看似確實已經牽扯到上帝了，因為相貌可怖的人回答：「我不知道，但麻煩你去跟偉大的陶匠說，『祢造的器皿真難看！』」

不管怎樣，上帝的確是被詆毀（真是造孽啊）了；就在故事的結尾，說話者的模稜兩可總算得到澄清：「當他意識到自己犯了罪，便從驢背上下來，拜倒在對方面前，說：『我口無遮攔，對你說了不該說的話。請原諒我！』」

但面貌可怖男子的怒意，可不是那麼容易平息的。他回答說：「除非你去對偉大的陶匠說，『祢造的器皿真難看！』否則我不會原諒你。」

艾拉撒爾拉比現在可是進退維谷。艾拉撒爾心態上認為自己高於面貌可怖的男人——不僅是因為他正高高跨坐在馬背上，也因為他剛從麥大基突出來，而這個地名的字面意義是「封閉的塔」（沒有城鎮叫這個名字）；他已經漸漸變得倨傲、邪惡。他意識到這一點以後就後悔了，便將自己降得和地一樣低。

這裡的意象是複雜的：他藉由紆尊降貴，實際上得到了提升（我們還記得希列學派的教誨：上帝會高舉甘心自卑的人）。但面貌可怖的人可不吃這套。他強烈堅持這種輕蔑不是針對他，而是針對上帝，他認為滿腹都是妥拉的艾拉撒爾拉比自滿的程度直達天際，他講這些話污辱了上帝的全能和全知。

這裡的喜劇元素很是豐富。艾拉撒爾被自己的懺悔綁死，被自己的傲慢花火高高捧起，又迫切地需要寬恕。他跟著相貌可怖的男子回到他的城市，見見他所詬病的人——他們都跟你一樣醜嗎？——他們卻紛紛出來迎接他，說：「願你平安，老師，老師，師父，師父！」情節越來越撲朔迷離了。我們不僅不清楚這兩人在對誰說話——也許雙重呼語表示這句話是對這兩人說的，或者這只是傳說說書人為群眾描寫的對話[7]——但由於這句話中變化的字句就是導致紛爭的開端，因此這也可能是人群嘲笑艾拉撒爾拉比。他們也可能不是在嘲笑他，但出於心虛，艾拉撒爾拉比聽了就覺得是在嘲笑他。

最後，面貌可怖的男子問道，「你們對誰『老師，老師』的叫啊？」

（我推測他應該知道這裡的「師父，師父」指的是誰。）

人們對他說，「就是走在你後面的那個人啊。」

「如果那個人是位老師，」面貌可怖的男子說，「希望以色列人當中不要有太多這種人！」

「此話怎講？」

7 然而平心而論，希伯來文中的「你」之詞性格位毫無疑問是陽性單數，因此並不能以英文直譯（you）來理解。

「他如此這般對待我。」

試想一下，艾拉撒爾拉比的悲痛和遺憾被當作自己的陋行，以如此公開的方式暴露在大眾面前，被講得繪聲繪影。但人們聽了面貌可怖的男子的自白後，卻為艾拉撒爾求情。「但請原諒他，」人們說，「因為他是妥拉的博學之人。」

「看在你們為他求情的份上，我會原諒他，」面貌可怖的男子說，「但前提是他得痛改前非，戒掉他這醜陋的劣習。」

艾拉撒爾拉比學乖了，他立即進入經學院，在裡面他說了一句話，「一個人應該像蘆葦一樣永遠保持柔軟的身段，而不要硬如杉木。這就是為甚麼蘆葦配得上做成筆，經文抄寫員用筆寫就妥拉捲軸、護符匣經文和門框經文。」[8] 這三者都是最神聖的聖物。

軟的與硬的、**蘆葦般的與杉木般的**、**靈活的與不靈活的**：我們又再次看到了希列學派和沙買學派之間的差異。

據說，神話就是一件從未發生過、卻又總是發生的事。話是這麼說，但這些故事的時間順序有點錯置，而且艾拉撒爾拉比究竟何時從傲慢和敵意的路線轉向擁抱溫和的「蘆葦路線」，我們也不清楚。我想：這種混亂是他性格的一部分。儘管艾拉撒爾拉比努力遵循希列學派「隨和相忍」的教誨，但我懷疑他一輩子、直到生命結束，都未能躬行這條教誨，因為這對他來說太難了。

我的肉身安穩自在

傳說說書人們將各種類型的故事都收進塔木德中，簡直要把這本書塞滿了，其中包括我們會在這裡見到的，卡繆（Albert Camus）所景仰的小說家達許・漢密特（Dashiell Hammett）風格黑暗冷硬的作品。正如我們會看到的，艾拉撒爾拉比的內心劇場、靈魂中火熱的本性和「蘆葦路線」之間的角力，在兩面手法和陰謀詭計的背景下，緩緩搬上舞台。

在艾拉撒爾拉比的晚年或是中年——我們只知道那時他父親已不在人間——他遇見一名為羅馬政府抓竊賊的偵探。

「你怎麼知道誰是竊賊？」艾拉撒爾拉比問這個傢伙，「竊賊不是像野獸一樣，夜間四處覓食、白天卻躲起來嗎？[9]」而且，他也擔心：「你會不會有時候不小心錯抓無辜者，卻漏放有罪者？」

「我還能怎樣？」偵探說。「這可是國王的命令。」

我們彷彿可以看到對話背後那些無奈的聳肩。

「來吧，」艾拉撒爾拉比說，試著為這可憐蟲解決煩惱，「那我來教你怎麼做。你在早上九點進去一間客棧。如果你看到一個人拿著一杯葡萄酒在打瞌睡，那就向別人打聽一下他的

8〈禁食篇〉20b。

9〈詩篇〉104:20。

背景。他可能是學者，為了讀書而早起；也可能是工人，為了工作而早起。他也可能是半夜需要工作，例如打鐵之類的。但如果都不是的話，他就是賊，你要把他抓起來。」

故事回到了原點。這一幕就像兩面相對的鏡子一樣，映出的畫面正是我們討論的主題：事情並非總像表面看上去的樣子。在光天化日之下，無辜的人可能看起來像是有罪的人，反之亦然；義人可能看起來像個惡人，反之亦然。大白天裡，惡人和義人是如此相似，你很可能無意間就和一名惡人講上話。

譬如說這個偵探。

艾拉撒爾拉比以為這名男子是有德之人，以為他也為皇帝的命令所迫、為高壓統治感到困惱，以為他和自己一樣，擔心這樣做會濫傷無辜。艾拉撒爾拉比想像那人承受的痛苦，於是想出一個計劃，希望可以減輕他的痛苦，同時寬慰他的良心。

然而，事實上，這偵探其實很難表現得理直氣壯。我還能怎樣？這可是國王的命令聽起來不像是無助的哭訴，反而比較像是道德上冷漠的撇清。對於艾拉撒爾拉比的顧慮，他僅僅聳肩以對。他只是拿錢辦事，儘管辦的事情是不道德的行當。他反而不像偵探、更像個告密者，他的任務是把自己人交出給佔領當局處置，而自己同時感覺像個受害者，拒絕承認自己有那麼一點點罪。

艾拉撒爾拉比可不同意這種道德上的選擇性失明。他的道德感是敏銳又清楚的：雖然偷竊是不道德的，政府當局是非法的、欺壓百姓的，替佔領當局工作在道德上是可疑的，而如果不得不為他們服務，依舊必須非常確定嫌犯有罪才能逮捕。如果他的抓賊方案讓人想笑——腳長在人身上，除了客棧以外，難道盜賊在早上九點沒有其他地方可以去嗎？——那也是因為這個方案主要目的不是為了協助偵探捕捉盜賊，而是悄悄地騙他放過無辜的學者和純樸的勞動者。

羅馬人佔領了這麼多年，艾拉撒爾拉比甚麼都沒學到嗎？正如他父親說溜嘴的話被帶進羅馬政府耳裡，現在換成艾拉撒爾拉比遭受一樣的命運。政府的話傳到他耳裡：「讓訊息的解讀者成為訊息的傳遞者。」換句話說：你口口聲聲說你很懂捉賊，那現在換你當偵探來捉看看！

艾拉撒爾拉比便馬上被派去捉賊。

嗯，要分辨善惡絕對是很難的，因為光天化日之下壞人也躲在義人之間！與這名偵探的對話，似乎不再這麼單純了。[10] 這究竟是對話，還是審訊？除了偵探以外，還有誰會把艾拉撒爾拉比的話轉告給羅馬皇帝？

10 讓人想到蘇聯詩人奧西普．曼德爾施塔姆（Osip Mandelstam），他曾因為和一小群朋友聚集在自己的寓所、讀著一首詆毀史達林的詩，而被送到古拉格勞改營。因此，如果他認為自己和當天在自宅聚首的每一位朋友都有著同一種情感的共鳴，那他就錯了。

原來，這兩個男人在互相欺騙對方。艾拉撒爾拉比試圖誆騙偵探，從沒想過他自己才是被誆騙的對象。

他怎麼能如此盲目？深埋的心理問題在這裡逐漸擴散開來：雖然偵探公開宣稱自己既不道德又冷漠，但基於某種原因，艾拉撒爾拉比竟沒有考慮他的話。艾拉撒爾拉比認為自己行為正直是理所當然的，所以也把偵探的正直當作理所當然。艾拉撒爾拉比試圖誆騙偵探，於是就愚昧地中了偵探的圈套；當艾拉撒爾拉比為偵探可能讓無辜者誤入陷阱而感到擔憂時，其實自己也踩入了陷阱。

這畢竟是一個偵探故事，線索都擺在艾拉撒爾拉比面前，但他似乎完全沒看到：除了那句既無奈又冷漠的聲明：*我還能怎樣？這可是國王的命令！*這句話也可能是一種公開效忠國王的輸誠宣言，而艾拉撒爾拉比由於某些緣故，選擇沒有聽到。

由於他的天真爛漫，艾拉撒爾拉比後來才發現，自己在為判父親死刑的佔領當局充當線人。但比這更糟糕的是：除非是罪大惡極，否則妥拉是禁止將同胞交給外來政府處置的，特別是死刑案件。

難怪約書亞・本・柯哈拉比發出一份措辭強硬的訊息給艾拉撒爾拉比。「你這葡萄放爛而生的酸醋！」訊息是這麼說的：「你還要把多少上帝的孩子送去屠宰！」

但艾拉撒爾拉比與偵探不同，他沒有怪皇帝逼迫他進行這種可疑的工作。

「我是來葡萄田拔稗草的，」他這麼回應道，認為自己是為以色列人民除害。

約書亞．本．柯哈拉比反唇相譏：「那就讓葡萄田的主人自己來拔稗草吧！」

關於兒子的故事

有些人（雖然不是所有人）認為，約書亞．本．柯哈拉比是阿奇瓦拉比的兒子（「柯哈」意為禿頭，而阿奇瓦拉比是有名的禿子）。情況若是如此，這一幕背後盪漾著深邃的餘音。一個兒子被羅馬人判處死刑的人，譴責一個父親被羅馬人判處死刑的人，因為後者是羅馬人的奸細。

無論如何，西蒙拉比的幽靈跟著「你這葡萄放爛而生的酸醋！」一語，盤旋在舞台上。他就像哈姆雷特父親的鬼魂，以一種微妙又平淡的方式干擾著這齣戲。

我們的故事仍在繼續：

「有天，一個湖邊的漂洗工遇到他（艾拉撒爾拉比），對他說：『你這葡萄放爛而生的酸醋！』」

古時候的漂洗工，必須將腳伸進浴缸、在深達腳踝的人類尿液中沖刷布料，好去除白布的汙垢、讓其煥然一新（尿液是銨鹽的來源，在羅馬帝國全境都屬課稅商品）。接著布料會被掛在一種叫做拉幅機（tenters）的大架上，然後用架上的鉤子（tenterhooks）固定住——這就是 on tenterhooks 這個說法（意為提心吊膽，緊張到六神無主）的由來——再來用絞織讓布料增厚，最後再用清水沖洗掉惡臭的尿液。

在我們的故事裡，漂洗工的出現看起來像是不祥的預兆。或至少對艾拉撒爾拉比來說很是不祥。漂洗工的到來，是在道德上對他施加壓力。現在，艾拉撒爾拉比棄暗投明的時候到了，這個過程恐怕不會太輕鬆。當然不會輕鬆，而且過程恐怕會經過很多淘洗、擠壓、拉伸，而且還會有很多人類的排泄物。

在塔木德其他地方——真是太巧啦！——約書亞・本・柯哈拉比又說過一句話，「一個人的使者就像他自己一樣。」[11]意思是：使者與派遣他傳訊息的人具有相同的律法地位。卑微的漂洗工藉由複誦他的訊息，實質上代表了約書亞・本・柯哈拉比。但艾拉撒爾拉比除了故意視而不見以外，他也看不清偵探的底細——一個四處徘徊的危險男人；此外他還刻意聽而不見——聽不懂約書亞・本・柯哈拉比透過漂洗工發出的嘲諷裡的弦外之音與訓誡之意，他也無視漂洗工的真性情：

艾拉撒爾拉比暗自忖度：「這人如此粗蠻，一定是個重罪犯！」所以他就命令他的跟班：「把他抓起來！」他們便將他逮捕。

艾拉撒爾拉比就像他父親的前例，認為難以從世俗神聖的正義絞紗中挑出他自己的個人恩怨。他也像他的父親，在摧毀與復原之間走出一條不守常規的路徑。然而，當怒火冷卻以後，艾拉撒爾拉比充滿了自責。他怎能不自責呢？他犯了可怕的罪行，而且這個罪行正是他不希望偵探觸犯的罪：他供出一位無辜的老鄉給外國政府，而這位老鄉除了粗蠻的詆毀以外沒有犯下任何其他罪行。

在極度懊悔中，艾拉撒爾拉比試圖回頭釋放漂洗工，但未能如願。他一時間忘記了自己只是個微不足道的下屬，政府授予他抓捕自己同胞的權力，這權力在體制內卻毫無用武之地。

至少偵探的背叛行為完全被揭露了。艾拉撒爾拉比被騙去犯下一件殺人案。雖然有兩個證人——約書亞·本·柯哈拉比和漂洗工，他卻還是粗蠻地繼續追尋自己的毀滅之路。這人如此粗蠻，一定是個重罪犯。他自己問偵探的問題，聽起來已經成了沉重的諷刺：你如何辨邪除惡？你如何確定無辜的人不會受到不公的對待？

他在自責中提醒自己一個道理：「口舌謹慎的人得以躲避禍患。」[12]

「跟班們隨後便絞死漂洗工，」我們接著讀到，「艾拉撒爾拉比站在絞刑台底下啜泣。」

他的良心隱隱作痛，哭倒在絞刑台下。他心裡肯定是惦記著漂洗工，但一定也在擔心、甚至更擔心自己的靈魂已經染上了因為蠻橫而出現的污點：他進行這些反骨活動已經得到過兩次警告，他不顧一切懇求，結果便是一個無辜的人為他囂張的罪惡付出了生命的代價！

艾拉撒爾拉比的學生試圖安慰他：「師父，別哭，這個漂洗工跟他的兒子在贖罪日一起

11〈婚律篇〉41b。
12〈箴言〉21:23。

強暴了一名待嫁女子。」

這是罪惡的三連勝、甚至根本就是大獲全勝。且讓我們停下腳步回顧這一段：神聖律法禁止父親和兒子與同一個女人發生性行為；與一名待嫁女子發生性行為，被認為是通姦；人們必須避免在贖罪日發生性關係；而根據一些釋經家的說法，這個女子甚至是未成年人，還未滿十二歲半。

這個最新披露的訊息，又將迎來一個可怕的、滑稽的劇情逆轉。也許艾拉撒爾拉比的良心折磨出現得有點為時過早。我們可以想像他的心裡話：與未成年的待嫁女子發生性行為，必當死罪！當然，根據聖經罰則，這種罪行的罰則是亂石砸死。但由於所有被猶太議會（Sanhedrin，古代以色列最高法院）發落判死的死刑犯都是接受絞刑，因此羅馬人的絞刑也許不盡然不恰當。也許，「葡萄園的主人」（也就是上帝）始終只是將他當作清除葡萄園荊棘的剪鉤，畢竟：

聽到這個，艾拉撒爾拉比摸著腹部，感嘆道：「真是可喜可賀啊！比較不確定的案子都得到這種結果，很確定的案子這麼做就更沒問題了！腐壞跟蠕蟲都打我不倒！」

儘管傳說說書人的審美觀看似過於單調，但他卻在此深入了人性的核心。這個故事已經來到了一個複雜的難關，而且帶有一幅瑰麗的道德相對論畫面。艾拉撒爾拉比拒絕聽從約書亞．本．柯哈拉比所提出、讓上帝修剪自己葡萄園的告誡；現在他則利用下面這個概念當擋箭牌。他出於本能甘願充當葡萄園主的工具，以除掉一根邪惡的刺。

然而，艾拉撒爾拉比的良心並不會放過他。如果沒有意外，以他對神聖律法的精熟程度（同時把那過於先入為主的直覺放一邊），他肯定知道，合理化自己對待漂洗工的行為不過只是吹吹牛皮，而且無論漂洗工的罪孽是輕是重，都無助減輕自己的罪孽。

他陷入了一種更難捱的窘境。在這個故事中，艾拉撒爾拉比明顯被當成一個衍生物——精緻可口的葡萄放爛、發酸而成的醋（或者說，西蒙拉比稱得上是精緻可口的葡萄）。漂洗工也有一個兒子，但就在我們可能看到他的地方——哭倒在被吊死的父親的屍體旁——我們卻發現艾拉撒爾拉比，和那被父親遺棄的形象。

艾拉撒爾拉比以兩種形式被父親給拋棄：他成年時父親的去世將他遺落人間，以及父親在他年幼時疏於管教，將他遺落成一個野孩子。而且，艾拉撒爾拉比還必須自行獨力完成明與暗之間、摧毀與修復之間的心理調適，這更是西蒙拉比未能實現的目標。

我的肉身安穩自在

艾拉撒爾拉比非常肥胖。就算他吃下了所有美食，他的心還是覺得不踏實、不舒緩。因為他是一名偵探，他決定用後現代黑色電影的手法來調查自己：

於是，有人給他吃了安眠藥，將他帶進一個大理石房間，剖開他的肚子看看。從艾拉撒爾拉比肚子取出一籃又一籃的脂肪，在搭模斯月和埃波月時放在太陽下，但脂肪並沒有腐爛。

搭模斯月和埃波月是一年當中的酷暑時節。艾拉撒爾拉比用其不腐爛的脂肪當作一種對他的義的指標——或是由於當時情況與條件使然，也可以當作一種科學或醫學證明，因此他才引用〈詩篇〉（聖詠）中的一句來形容自己：「我的肉身安穩自在。」[13]

原文的前後文聽來更是鏗鏘有力：

我頌讚上主，因為他指導我；夜間，我的良知喚醒我……我不至於動搖。所以，我的心歡喜，我的靈快樂；我的肉身安穩自在。

（小提示：希伯來文化並不倡導族群融合，但奇怪的是希伯來曆上卻有幾個月份有著巴比倫名字。「搭模斯」指的是神祇，「埃波」指的是父親。我們可以打個比方，艾拉撒爾拉比好似正在神聖父親的烈光下，搜尋他自己的良心。）

以實邁爾（Ishmael）拉比是艾拉撒爾拉比的一位好友。他和艾拉撒爾拉比一樣，也是個超級大胖子。事實上，我們讀到，因為兩人的肚子都非常之大，當他們以擁抱向彼此打招呼問候時，肚子之間的空隙可以讓一隻牛走過去。[14]他們不僅在愛護彼此的關係裡是一對絕配，在其他方面也是門當戶對：他們都有一位顯赫的父親——以實邁爾拉比是沉默的尤希拉比之子，而且以實邁爾也曾身居偵探之職，為羅馬政府服務，工作也是告發自己的同胞。

先知以利亞也不例外地對以實邁爾拉比加以斥責。「你還要把多少上帝的孩子送去屠宰？」以利亞重複了約書亞．本．柯哈拉比的話，而以實邁爾拉比則一字不改地以偵探對艾拉撒爾拉比說的話作為回應：「我還能怎樣？這可是國王的命令！」

但先知給以實邁爾拉比的回應，比艾拉撒爾拉比給偵探的回應更好、更直接。「你的父親逃亡到阿西亞（Asya），」他對他說，「你則應該逃亡去老底嘉（Laodicea）。」

傑克遜．布朗（Jackson Browne）有句歌詞是這樣唱的：在一條若明若暗的街上，兒子重蹈了父親的覆轍。[15]

這一刻像是艾拉撒爾拉比兩幕激情之舉之間的中場休息，以實邁爾拉比和先知以利亞概括了我們故事的一些主旨——一個兒子無奈地重蹈父親生命的覆轍——是忐忑生活在佔領當局陰影下，所做出的不完美變通方案。此外，這一刻還揭櫫了一個新的問題：既然先知以利

13〈詩篇〉16:9。
14〈中間之門〉84a。
15 傑克遜．布朗（Jackson Browne），"Lawless Avenues"，收錄於專輯 Lives in the Balance中（Elektra/Asylum Records, 1986）。

亞偶爾會**未經化身**而直接顯靈、提供幫助和指點，那為甚麼他老是在艾拉撒爾拉比前**化身**？

換句話說：為甚麼艾拉撒爾拉比一定要「受騙」才能得到心靈成長、將事情看得更透徹呢？騙過他的人所在多有，年邁的旅人、相貌可怖的男人、在他父親自囚的洞口輕聲耳語的人、偵探，甚至連那漂洗工也騙過他。雖然故事沒有明確透露，但這些當然是出自先知的斑斑鑿斧。

西蒙拉比不懂得遏制自己烈焰般的責難，這與尤希拉比不同；相似的是，艾拉撒爾拉比除了一頭栽進鬥爭以外，其餘的幾乎是啥也不會，這和以實邁爾拉比也不相同。艾拉撒爾拉比和自己的父親如出一轍，情緒馬上就激動起來。他有一頭熱的激情與衝動，而且很依賴肚裡（毫不誇張）的膽量。這種行為幾乎必然為他帶來反省和遺憾的麻煩。這和尤希拉比一族的冷靜頭腦和平靜心海是截然不同的。尤希拉比一族都相當矜持，寧願選擇沉默、被放逐或八面玲瓏，而不是公然剖白自己，或參與動盪不安的政局。這種氣質有些反動，而這樣的人生雖也會犯些小錯誤，但修正問題的方式也是溫溫和和的。

只要與以利亞見面，人們總是能得知真相。他的顯現潔淨了感知的大門。考慮到這一點，我認為我們可以說：以利亞並非只在以實邁爾拉比面前以真面目顯現，對艾拉撒爾拉比卻以化身顯現。以實邁爾拉比在以利亞顯現時，就認出他是先知了。而艾拉撒爾拉比卻是截然不同的一種人，他必須經過糟糕的選擇、累犯錯誤、妄自行動、口無遮攔、過於直言、過於聒噪以及過於頻繁的失言，才能學到教訓。如果一個人的人生是如此浮躁——而且還重蹈父親覆轍——那這樣的人生是需要反省、而且是充滿遺憾的。唯有透過反省，艾拉撒爾拉比才會確實了解到自己真的遇上了先知；也唯有透過反省，他才會看到上帝的手伸進了他的煩惱和痛苦之中。

雖然艾拉撒爾拉比接受的「手術」獲得巨大的成功——他的內臟脂肪在夏季炎熱的大太陽下沒有腐爛，但他的良知仍繼續對他絮絮嘮叨著（我們簡直可以想像，你這葡萄放爛而生的酸醋！像副歌一樣在他耳邊迴盪）。他有過，而且他自知有過。他就是上帝葡萄園中一根棘手的刺。他奪走一條生命，但羅馬法庭沒有審判他、拉比法庭也未判其有罪，更沒有劊子手將他處死：

於是他便弄傷自己，即使晚上在他身體下鋪了六十張毛氈，早上仍然有六十盆血與膿從他身體下流出來。他的妻子每天早上給他準備六十種無花果調製成的粥，他吃了便漸漸地恢復了。

每天晚上，艾拉撒爾拉比便開始自我貶低的儀式，試圖淨化自己的靈魂；他想體驗漂洗工的切身之痛，於是從自己體內搗出六十張毛氈也鋪不滿的體液。雖然傳說說書人並未明確說明這點，我們還是可以假想一下，艾拉撒爾拉比原先腦滿腸肥、自我感覺良好，但現在正慢慢變成一個瘦弱的棄世者、罪惡感深重的隱士。

「但他妻子不准他去經學院，以免哲人們追問與施壓。」（無巧不巧，「施加壓力」的概念，在法庭審問或洗衣工作裡都會出現。）

與父親一樣，艾拉撒爾拉比逃離經學院、躲進洞穴般的藏匿處，只是這一次，追問（他之於宿敵羅馬人的關係）的一方是他的同儕拉比們，而不是羅馬人向他施壓。雖然他現在是靠一名女人、而不是一棵角豆樹提供庇蔭和食物，但他就和當年與父親一同穴居時一樣，過著長時間祈禱、讀經、禁慾三者交替的生活：

晚上，艾拉撒爾拉比就歡迎他的痛苦回來，說道：「兄弟朋友們，通通回來吧！」早上，他便對著痛苦說：「走開，別影響我讀書！」

儘管他可能自覺孤單，實際上他可是完全不孤單，因為還有痛苦陪伴著他呢。兄弟朋友們，通通回來吧！他對著痛苦說。

（多麼美妙的轉化：他的痛苦、也就是這些新的兄弟朋友們，已經取代那些一直讓他感到心虛的兄弟朋友們。）

某一天，他妻子剛好聽到了他的叫嚷。對她來說，別人迫害她的丈夫不是新聞，她的丈夫迫害自己才是新聞。

「這些痛苦竟然是你自找的！」她說，而且「要醫好你還得浪費我娘家的錢」。她指的是醫治好他、額外的供餐以及毀損的衣物與被褥，都要花上許多錢。

於是，她在盛怒之下丟下他，回到娘家。

偵探故事的結尾

當她踏出家門時，天堂向艾拉撒爾拉比展示了一道戲劇性的支持：

就在那時，剛好有六十個船員在海上。有一波大浪差一點打翻他們的船，他們祈禱說：「艾拉撒爾的上帝，救救我們啊！」結果海上立刻風平浪靜。船員們上岸以後，便送給艾拉撒爾拉比帶著六十個奴隸，每個都帶著一個行囊。奴隸們為他準備六十種無花果調製成的粥，他吃下以後對自己說著那句經文，「妥拉像商船一樣，從遠方運糧來供應自己的家。」[16]

他的贖罪似乎開始發揮作用了。或者，他至少知道：這樣想，也不無道理。如果他的妻

16〈箴言〉31:14。

子冀望，艾拉撒爾拉比會看在過去她做的無花果粥的份上喚她回來，那她就大錯特錯了。她要女兒去探視父親，艾拉撒爾拉比說：「去跟妳母親說，我們現在還是比她娘家富有。」因此，他已經不需要她了。

他推定上天已經原諒了他、他也完成了贖罪，於是他便正常飲食，身體也漸漸復原。他回到了經學院。現在，他又恢復了正常作息，而且從事另一種不同類型的偵探工作：「有人給他看了六十份血液樣本，他宣告全部都是潔淨的。」

六十份血液樣本？

這裡需要一些解釋：根據神聖律法，一個女人如果月經來潮，便不能與丈夫同床共眠。而有五種色調的血被認為是不潔的，其他的色調則都是潔淨的；這需要像艾拉撒爾拉比這樣的專家來鑑定。

六十名女性、六十份血液樣本、六十個「潔淨」的宣判：因為宣判結果以統計學角度看來太過一致，他的同事拉比們便質問他：「怎麼可能完全沒有問題？」

（質疑是本章的老命題：你怎麼知道誰是竊賊？你難道不可能有時錯抓無辜者，卻漏放有罪者？）

「如果真如我所說，」艾拉撒爾拉比表示，「但願這些女人未來產下的孩子全是男孩；如果我說錯了，但願他們產下的孩子當中有一個女孩。」

然後我們已經知道：「這六十個女人生下的孩子全都是男孩，他們都以艾拉撒爾命名。」

又是一個見證艾拉撒爾拉比廉正的奇蹟！然而，正如我們將在第四章看到的，律法已經不再是天堂專屬的特權了。天堂可能擁有一票、但沒有否決權，在冷酷、現實的律法面前，奇蹟無法讓有罪者豁免其罪。他們的領袖瑞比代表哲人們說道，「有多少子民在這段邪惡的期間」——在艾拉撒爾拉比身為告密者的期間——「在以色列殞落了！」

換句話說：六十件對的事情，還是抵銷不了數不清的錯事。六十個名為艾拉撒爾的新子民，也無法免除告密者的罪。

哲人們並**不會**原諒他。

這種**道德對峙**，一直橫貫到艾拉撒爾拉比生命的盡頭之外。他臨死時對妻子說道：「我知道哲人們在生我的氣，不會參加我的喪禮。」他希望能葬在父親旁邊，但他的同事們認為他當之有愧。[17] 而他是這樣告訴妻子的，「把我的屍體放在閣樓裡吧，別怕把我放在那裡。」

時光飛逝，哲人們看起來是漸漸遺忘了他，敘事又變得撲朔迷離；而剩下的故事來到我們眼前，只成為一連串謠言：

薩謬爾．巴爾．納賀馬尼拉比說：「約拿單拉比的母親對我說，艾拉撒爾拉比的妻子跟她說：『他在閣樓超過十八年，但不超過二十二年。我每次上去都檢查他的頭髮；如果

17 這是尤瑟夫．哈因（Yosef Hayyim）的塔木德釋經集《本．耶和雅達》（*Ben Yehoyada*）中的想法。

有任何一根頭髮掉了，就會有血湧出來。』」

艾拉撒爾拉比雖然死了，但似乎還沒有腐爛。事實上，他甚至還能判案：

每次有兩方興訟，雙方都會來找他，就站在門邊各自說明自己的立場。閣樓就會傳出一道聲音，說：「某某，你必須承擔責任，某某，你是清白的。」

最後，據說他的妻子曾這麼說：

「有一天，我看到蠕蟲從他的耳朵爬出來，我非常難過。但他託夢給我，告訴我別擔心。他說：『發生這件事情，是因為我曾聽到有個智者的門徒被眾人輕視，我應該獨排眾議，但我卻沒那麼做。』」

他最終還是做了懺悔的告解。在這漫長的偵探故事結尾，罪魁禍首終於被找到了。艾拉撒爾拉比經過二十多年，終於發現了自己的罪行：發生這件事情，是因為我曾聽到有個智者的門徒被眾人輕視，我應該獨排眾議，但我卻沒那麼做。

他就像卡夫卡的作品《審判》中的一個角色。他不知道自己被懷疑有罪，他一人進行自己的審判，自導自演所有的角色：探子、罪犯、原告、檢察官、證人、法警和法官。他開自己的腸、剖自己的肚想找出的蠕蟲，其實就藏在他的頭腦裡。難怪，漂洗工的貶謫之語——你這葡萄放爛而生的酸醋！——會讓他積怨難消。雖然他被要求達到更高的禮儀標準，但他依舊犯了同樣的罪行：貶低一名妥拉學者（如果他如此粗蠻，那他一定是個重罪犯！）。漂洗工犯過一個秘密的罪，艾拉撒爾拉比也犯過一個秘密的罪，他自己甚至也不知道（你怎麼知道誰是竊賊？他們不是白天都躲起來嗎？你難道不可能有時錯抓無辜者，卻漏放有罪者嗎？）。

事過境遷，物換星移，哲人們終於同意艾拉撒爾拉比可以下葬了。有人說，這一天的到來，是因為某次艾拉撒爾拉比的妻子與鄰居爭吵時，遭到鄰居的咒罵：「妳就跟妳丈夫一樣吧，辦不成像樣的喪禮！」哲人們聽聞此事，便說：「既然艾拉撒爾拉比沒有喪禮的消息已經傳開了，就不應該這樣下去。」也有人說，是西蒙拉比託夢給哲人們使然。「我有個疼愛的兒子還在你們當中，你們拒絕讓他來到我這裡。」他對哲人們說。

不過，事情還是不好辦。提伯利亞北方的阿克貝拉（Akhbera）鎮民反對他們舉辦喪禮，因為當艾拉撒爾拉比「長眠於閣樓之中」時，不曾有野獸侵襲他們的城鎮（不就像野獸一樣夜間四處覓食嗎？），所以阿克貝拉鎮民希望可以繼續維持現狀，不要改變。

偷與騙——我們的老題材又出現了。等到贖罪日當天，阿克貝拉鎮民都忙得不可開交，聖人便傳話給阿克貝拉北方的比瑞鎮民，要他們從閣樓取出艾拉撒爾拉比的棺材，然後把它送到山洞與父親合葬。

在那裡，他們發現一條蛇像一條防疫線般圍著洞穴，而蛇嘴正咬著自己的嘴巴。「他們對蛇說：『蛇啊，蛇啊，張開嘴別再咬著自己的尾巴了，讓兒子跟父親團聚吧。』蛇就張開嘴巴讓他們進去了。」[18]

老師，老師；師父，師父；蛇啊，蛇啊：多麼有趣的疊詞啊。暫且不論這裡的「蛇」是呼應伊甸園的那條蛇，還是心理學家榮格所提的「銜尾蛇」（Ouroboros）概念（有人認為這是一種自我反射，也有人認為是大自然萬物循環的特性），這兩種解釋都有其合理性；但在這裡，蛇的意象對我來說代表毒死自己的高度危險性。西蒙拉比和艾拉撒爾拉比在他們的洞穴再次重逢了，那裡太火熱、太刺骨，對俗世生活而言破壞性太大了。

第二個兒子

這就是艾拉撒爾拉比結束生命的方式。

如果，艾拉撒爾遺傳了西蒙拉比晦暗的不羈性格，那西蒙拉比的女婿，那個體現耐心、治療、關懷等更崇高特質的平哈斯・本・亞伊爾又會有甚麼遭遇呢？

他該如何在以色列和猶太平原間安身立命呢？

平哈斯・本・亞伊爾拉比不像艾拉撒爾拉比，是個迷人的人物，除了同輩讚譽有加以外，後人也推崇備至：

翟拉（Zeira）拉比以拉瓦・巴爾・哲米亞（Rava bar Zemina）的之名說道，「如果我們前幾代都像天使的兒子，那我們就像人類的兒子。如果我們後幾代都像人類，那我們就像驢子——而且不是哈尼納・本・多沙（Hanina ben Dosa）拉比和平哈斯・本・亞伊爾拉比的驢子，只是普通的驢子！」[19]

我們已經看到，驢子的記號如何縱橫於艾拉撒爾拉比的生命裡，體現他卑劣、原始的本性。但平哈斯・本・亞伊爾卻是完全相反：

平哈斯・本・亞伊爾拉比要去解放奴隸，途中來到了濟奈河。他對河說：「濟奈啊，請為我分開你的水吧，好讓我渡過你。」[20]

濟奈河並不想答應平哈斯的這個請求。這條河既虔誠又飽含神學精神，他告訴平哈

18〈中間之門〉83b–84a。
19〈安息日篇〉112b。
20〈通法〉7a–b。

斯・本・亞伊爾拉比，「你的旅途是為了完成上帝的意志，但我也是為了履行上帝的意志而流的。你或許會完成你的任務，或許不會。但我確定要完成我的任務。」

「如果你不分開，」平哈斯拉比對濟奈河說，「我就會頒布敕令，規定再也沒有任何水可以流經你這裡。」

這似乎是個可信的威脅。總之，河流服從了。而且，就在我們聯想到摩西裂紅海時，傳說說書人就把另一個人叫上舞台：「有個人帶著逾越節要用的麥子，剛好也在那裡。」（逾越節是紀念希伯來人在摩西的帶領下出埃及的故事）

「也為這個人分開吧，」平哈斯拉比對濟奈河說道，「因為他正在履行一道神聖的誡命。」這人揹著小麥，是要磨成麵粉製作無酵麵餅的。

於是濟奈河又分開了。

接著，有一個阿拉伯人稍早也跟他們一起旅行，他也在那裡。平哈斯拉比又對河流說：「請也為這個人分開你的水，免得他說：『我們一起踏上旅途，怎麼對我差別待遇呢？』」

河流於是第三次分開。

平哈斯拉比的學生們跟著他來到河邊，他們問，「我們也可以過河嗎？」

平哈斯拉比對他們說：「如果有人可以確定，自己一輩子都不曾讓自己的同胞蒙羞，他就可以安全過河。」

由於故事並沒有告訴我們河流是否真的分開了、學生是否順利過河了，因此我們可以假設他們沒有過河。誰敢冒這種風險？因為羞辱你的同胞，是一件非常容易犯下的罪。

有個約瑟夫拉乎，像希臘劇中的合唱隊一樣，以旁觀者的身分評論這一點：「這個人真是偉大，比摩西以及六十萬希伯來人分開紅海還偉大！當時它只分開一次，現在卻分開三次了！」

（**三次**：這是另一個跡象、也許更是決定性的跡象，平哈斯拉比的弟子們不敢貿然渡過濟奈河，因為這條河流可能已經非常不爽了。[21]）

而與摩西的對照與比較並非偶然，特別是當我們還記得，儘管摩西很偉大（或正因為他的偉大），他仍被留落在尼波（乃波）山上，眼巴巴地看著他不能進入的土地[22]以色列。

21 平哈斯・本・亞伊爾拉比將水分離的次數是否多於摩西，引發了釋經家之間的小小論戰。其中一個說法是：平哈斯拉比只將水分隔了一次，但分為三個步驟。「最初，可能只有上半部的水分離了，下半部的水依然流動著、而且高度可達平哈斯拉比的頸部，但已無滅頂之虞，平哈斯拉比可以安全渡河。他接著下令河水進一步分離，其他人才得以讓自己肩上背著的小麥保持乾燥，安心渡河。儘管如此，這個水深依然足以讓阿拉伯人的商品泡湯，於是平哈斯・本・亞伊爾拉比又下令河水完全徹底分開，這名阿拉伯人才有辦法帶著他的貨物渡河。總之，河流只分開了一次。」參見《生活方式》（*Toras Chaim*），羅希・尤瑟夫（Rosh Yosef），〈通法〉7a。

22 〈申命記〉34:4。

我們之後會再行討論這點。

禁慾的驢子

平哈斯拉比預示的驢子，終於登場了：

平哈斯拉比繼續踏上旅程，來到了一間旅店，有人提供大麥給他的驢子，但牠不願意吃。他們篩過了大麥，但驢子還是不願意吃。他們仔細檢查大麥是否有髒汙，但驢子依舊不願意吃。平哈斯拉比提議，「是不是因為沒有把十分之一交納出來？」

也就是說：給祭司的那一份還沒有分納出來。

於是他們把大麥的十分之一交納出來，驢子就吃了。平哈斯拉比說道：「這頭驢按照上帝的意志踏上旅途，結果你卻想讓牠吃沒有交納十分之一的穀物！」

他的學生，不知甚麼時候也涉水而過，追上來問道：「師父，你不是自己教過我們說，如果有人跟沒有讀過書的人買穀物給動物，賣方可以豁免沒有交納十分之一的責任嗎？」平哈斯拉比回答道，「但這可憐的動物想對自己嚴格，我還能怎麼辦？」

多麼有趣的對比：平哈斯．本．亞伊爾的表兄弟艾拉撒爾拉比被描繪成一頭驢、揹著先知以利亞一路上下顛簸，他的驢卻像啟蒙老師，藉由禁慾提升了自己。平哈斯拉比本人已經戴上某種精神的枷鎖：「據說，平哈斯．本．亞伊爾從來不曾在不屬於自己的麵包前祈禱」——他不接受他人的好意，只接受上帝的賜予——「而且就在他成年那天起，他甚至連自己父親的桌子也不碰。」[23]

換句話說，他藉由無可挑剔的生活模式洗鍊了自己動物性的本能。我們記得，他不僅是十一步自我完善程序：帶領靈修者從熱情到起死回生——熱情帶來考究，考究帶來潔淨……——的作者，而且從以下兩個故事來看，他已經完成了所有步驟。

首先是熱情與考究：

當平哈斯拉比住在城南時，有兩個可憐男子過來找工作。他們帶著兩大袋的大麥，借放在平哈斯拉比處，但他們忘了這兩袋大麥就走了。於是，平哈斯拉比年復一年播種大麥，收成以後將這些大麥存放在糧倉中。七年過去了，這兩個人回來了，問起他們的大麥的下落。平哈斯．本．亞伊爾拉比認出了他們，便說：「把駱駝和驢子們都帶來，然後接收你們的店鋪吧。」[24]

23〈通法〉7b。
24〈申命記拉巴〉3:3；《耶路撒冷塔木德》〈混種篇〉1:3, 22a。

然後是起死回生：

有一個故事是這麼講的。有一名虔誠男子原本是挖蓄水池和坑洞的，這些池子和坑洞可以容納水體，讓人們取來飲用。然而，他的女兒在赴往自己婚禮的途中，正要穿越一條河，卻被沖走了。所有的人都來到了虔誠男子的家安慰他，他卻不肯接受安慰。即便平哈斯拉比都來弔問，他也拒絕了。

拉比平哈斯問人們，「這位就是你們口中那位虔誠的人嗎？」而人們回答說：「師父啊，這名男子一直都在做這樣的善事，沒想到卻天外飛來橫禍！」平哈斯拉比說：「該不會是上帝用水懲罰用水榮耀祂的人？」就在這時，有個謠言在城市裡傳開來了：某某的女兒回來了！有人說，當她落水時，其實被一棵滿是荊棘的樹叉搭住了。也有人說，是天使化身為平哈斯．本．亞伊爾拉比的模樣過來救了她。25

他崇高的禁慾主義剛在我們故事裡探頭探腦，就面臨嚴峻的考驗。當猶大族長、納西（Nasi，猶太議會領袖）兼世代領袖——簡單說就是「瑞比」——風聞平哈斯．本．亞伊爾拉比路經本鎮，便出去迎接顯赫的稀客。

「您願意與我共進晚餐嗎？」瑞比說。

根據我們對他的了解，他甚至從十三歲起便不曾與父親一起同桌吃飯；我們完全可以想像他會婉拒邀請，但平哈斯拉比卻回答說：「當然願意。」

瑞比的臉上立刻綻放出愉快的光芒。

平哈斯拉比看到這樣的表情，便說：「你以為我發誓過不會從以色列的子民得到好處嗎？我可沒有哪。以色列人是神聖的！」但他還解釋道，「有些人想要給別人好處，但沒有能力。有些人有能力，但沒有意願……但是你有意願又有能力。不過，我現在趕時間，必須履行一道誡命」——把俘虜贖回是一道神授的誡命——「回程時，」平哈斯向瑞比保證，「我會回來找你。」

平哈斯拉比的名譽，似乎比他本人還重要。從他們對話中的內心話來看，瑞比已經聽到他發過誓「不會從以色列的子民得到好處」。瑞比臉上（多麼美麗的人臉啊）的喜悅透露出：平哈斯拉比為他破例一次，讓他多麼地開心。慣例不就是給人破除的嗎？瑞比是族長，是納西，是一個世代的領袖，還是米示拿的主編。他是以色列最傑出的子民後嗣與學生，還常與羅馬皇帝安東尼一起吃飯。

當然，平哈斯拉比小心提防不與沒有學問的人（或如他所說，希望榮耀聖人卻沒有能力兌現的可憐蟲）吃飯，是有道理的。但是就如平哈斯本人所指出的，瑞比既有意願也有能力（而且他其實還挺有錢的），兩人也是一樣虔誠。

25 來源同上。

儘管如此，誓言就是誓言。細讀平哈斯拉比的獨白後，你就會發現，平哈斯問了一個問題（你以為我發誓過不會從以色列的子民得到好處嗎？）並做出一系列聲明（以色列人是神聖的……有些人想要給別人好處，但沒有能力。有些人有能力，但沒有意願。而你有意願又有能力）後，他最終只答應拜訪瑞比，並沒答應與他吃飯（回程時我會回來找你）。

這是個奇怪的一刻。為甚麼平哈斯・本・亞伊爾不直接向瑞比開誠布公？或許他擔心這麼做有損瑞比的面子，或是讓他難堪。我們還記得，服從平哈斯拉比之命的那條河，就是他從未羞辱他人的明證。或許就在那一刻，他與瑞比用餐的意願，遠遠超過他這麼做的能力——這也得歸因於他那句誓言。

不管怎麼樣，他回程時還是實現了自己的諾言。他前往瑞比家。然而，就在他進入瑞比的庭院時，他看到裡面站了兩頭白色的驢子。

「死亡天使在這裡，」他叫道，「結果我要在這裡吃飯了！」

拉希曾對這直白文本的弦外之音做過注釋，平哈斯拉比將那兩頭驢子稱為死亡天使，是因為白驢踢人會造成永遠無法癒合的傷口。

瑞比還是一樣親切如初，立刻提議把違規的牲畜給賣了，但平哈斯拉比卻持反對意見。「你不可以在瞎子前面放絆腳石。」[26]他引用聖經說道，這句話的意思是不能把危險的動物賣給不知情的人。

「我會遺棄牠們。」瑞比說。「這會使牠們亂跑，造成傷害。」這是另一條禁令。

「那我就切斷牠們的腿筋。」

「不可以傷害活著的動物。」

「那我就殺了牠們。」

（我們或許可以聽到瑞比急火攻心的話音。切斷驢子的腿筋當然很痛，何況是劃破牠們的喉嚨？）

平哈斯拉比說：「這是肆意毀棄。」

這兩個如此相像的男人，退化成他們所爭論的白驢子：危險且冥頑不靈，不斷互踢互咬，他們已經完全癱瘓了彼此。他們不能像脫韁的野馬，擺脫他們自己所放在身上的、神聖韁繩的束縛。他們也不能放棄他們彼此，也不得不迫使對方感到痛苦、浪費各種機會（共進晚餐的機會、接待嘉賓的機會、受到榮耀的機會，以及在對方陪伴下得到喜悅的機會）。

我們隨後看到，「瑞比一直追問，他們之間就出現了一座山。」不過這只是比喻還是真有此山，還很難說。雖然這座山很可能只是一個比喻，但我們必須記得的是，這個故事開場時就有一條會說話的河流。也許，在故事的結尾，一座真正的山會來支援平哈斯拉比（書擋又發揮功效了：當河水不再是一道障礙時，山卻不知從哪兒冒出來，變成另一道障礙）。

「這可憐的動物想對自己嚴格，我還能怎麼辦？」

26〈利未記〉（肋未紀）19:14。

平哈斯拉比雖是問到自己的驢，但他可能也問自己同樣的問題。那使他能夠奇蹟似地跨越天然屏障的高度虔誠，卻也在他和他的同事之間，設下一道天然屏障。雖然平哈斯．本．亞伊爾要完成一項贖回俘虜的使命，但這兩個男人的頑固是無法救贖的。平哈斯拉比無法把他們兩個從那句綁住他們的誓言裡解救出來。

雖然在靈性精煉方面，平哈斯拉比與艾拉撒爾拉比截然相反，但平哈斯似乎也同樣是片面的。他被自己的善良給綁死，儘管這種善良（我只是猜測，沒想抱怨善良的意思，畢竟善良是這個世界罕見的美德）或者說像摩西一樣，他的善良讓自己在山頂上遠離了以色列人，宣告一切從此結束。

當大山將他們兩人分開時，瑞比流下了眼淚。「他們活著的時候就這樣，」他哭喊道，「更何況是死了以後呢！」

這句話很神秘，又符合慣用語的特性，可以任意解讀。一般的解釋是，如果這些德行高深的大師在塵世可以實現這麼多的聖潔，真不敢想像物質世界不再侷限他們時，他們會完成多好的事功。

這肯定是從信仰虔誠的觀點去解讀，而且也是很荒謬的。在塔木德的世界觀裡，死者無法完成好的事功。雖然瑞比可能為平哈斯．本．亞伊爾的聖潔由衷讚歎地哭泣，但他也可能為如此偉大的德行所需的可怕的非人道成本而感到戰慄。

「如果，聖人在世時，就完全放棄世俗享樂，」我們可以看到，「他們死後覺得被剝奪的程度將會多大呢？」[27]

這種解讀方式讓人有種感覺，因為根據在《耶路撒冷塔木德》的聲明中，「在來世裡，一個人將被要求解釋生前見過任何好的、但沒吃下去的東西。」[28]

偉大永遠是片面的，而傳說說書人似乎在告訴我們，偉大與聖潔是所費不貲啊。一座山將這兩名男子分開：瑞比從一段不可跨越的距離外，看見平哈斯．本．亞伊爾拉比。誠然，平哈斯拉比在凡俗世界裡，做出超凡的善舉。他的靈性體操辛勤地耕耘，期待著一次次的豐收。他從羅馬政府手中贖回俘虜、還讓死者重生——無論是他在浴堂的岳父，或挖水池男子那在洪流中的女兒。不過，我不禁感慨起那為了虔誠而放棄與父親同坐一桌的小男孩；那花費數年時間，認真栽植大麥直至收成的成年男子、而大麥的主人那段時間卻不聞不問；以及那位不讓自己被納西宴請的流浪聖人。

瑞比的願望，是讓這樣一個人吃幾口飯，是照顧他，是為他奉上食物和飲品，然後和他有一晚盡興歡愉的交談。我對他的願望很感到同情。但瑞比在自己的啜泣中理解到，平哈斯．本．亞伊爾拉比就像西蒙拉比在自己的洞穴裡一樣，遠在天邊，高高走在自己創造的荒野上，在不可逾越的山口中遠遠不能企及。

27〈通法〉7a–b；《耶路撒冷塔木德》〈混種篇〉1:3, 22a。

28《耶路撒冷塔木德》〈婚律篇〉4:12。

華麗的失敗

「如果，上帝給以色列妥拉時，我也站在西奈山上，」西蒙拉比宣稱，「我會請上帝為人創造兩張嘴巴，一張嘴用來處理妥拉律法，另一張嘴滿足其他所有需求。」後來，經過比較縝密的思考後，他改口使用比較保守的說詞：「如果，一個人只有一張嘴，世界卻快要承受不了這麼多舉報、告發的情事，真不敢想像如果人有兩張嘴，會怎麼樣呢！」[29]

西蒙拉比鄙視犁田者、播種者、羅馬人、嘮叨的男人，但他對那些與羅馬政府合作的人也是「一視同仁」——無論是收稅人還是通敵者——而他對告發自己同胞者尤為不齒。

正如我所說，在西蒙拉比慷慨激昂地譴責羅馬占領者之後，猶大·本·傑林不管是直接向當局告發他的老師，還是不帶惡意地拿這件事到處與親朋好友們說嘴（甚至帶著頌揚的語氣），話都已經傳出去了，駟馬難追啊。

也許，猶大·本·傑林的父母對當局說了些甚麼。這是我的猜測。傑林（Gerim）一詞是「皈依一神教」的意思，猶大·本·傑林（Judah ben Gerim）全名就是「猶大，皈依者之子」的意思。也許，本·傑林的父母認為，在這危險的時代貿然投效異族，是有點風險。也許，本·傑林的父母正如西蒙拉比所擔心自己妻子會遭遇的情況，屈打成招供出一切。

雖然有些釋經家稱猶大·本·傑林為「惡意的無知者」，但我認為這樣的特徵描述似乎不太合理，因為這麼說，絕對是忽略了他與西蒙拉比之間的故事。在塔木德的其他章節，猶大被描繪成一位學識淵博的學者，深受他的老師西蒙拉比寵幸。

在他們之間的關係急轉直下以前，兩人其實是私交甚篤的：

> 約拿單・本・阿斯邁拉比和猶大・本・傑林拉比在晚上向西蒙・巴爾・約海拉比道別。早上，他們又回來，再度跟他道別。西蒙拉比對他們說：「你們昨天晚上不是已經道別過了嗎？」他們回答說：「師父，你教我們說，徒弟跟老師告別後當晚還在城市裡過夜，隔天就必須再道別一次。」[30]

這樣的姿態讓西蒙拉比印象十分深刻，他不僅稱猶大・本・傑林和他的同伴為「翩翩君子」，還建議他的兒子艾拉撒爾拉比去找他們並受祝福：

> 他們對他說，「你在這裡做甚麼？」他對他們說，「我的父親對我說，『去找他們，他們可能會給你祝福。』」他們對他說，「願上帝要你播種但無法收穫，願上帝要你帶入不帶出、帶出不帶入。願你的房子被毀，長居旅店；願你桌身不穩，等不到新的一年到來。」

29《耶路撒冷塔木德》〈祝禱篇〉1:2。

30〈小節日〉9a。

艾拉撒爾聽完以後大驚失色，惴惴不安地回頭去找他的父親。「他們沒給我祝福也就罷了，」他抱怨說，「還讓我聽了十分痛苦！」

「那他們對你說甚麼？」西蒙拉比感到好奇。

「他們對我說了這些和那些。」

西蒙拉比解釋說：

這些通通都是祝福。你播種卻無法收穫，表示你會生兒育女，而且他們將不會死。帶入不帶出，表示你將擁有兒媳婦，而且你的兒子們將不會死，這樣兒媳婦們才不會離去。帶出不帶入，表示你將生育女兒，而她們的丈夫將不會死，這樣你的女兒們才不會回到你身邊。願你的房子被毀、長居旅店：今世比喻為一間旅店驛站，來世則喻為房子。願你長久用不到你的墳墓、也就是你在今世的房子，而願你長居在你的旅店、也就是你來世的房子。桌身不穩代表許多兒女在你餐桌附近玩得不亦樂乎。願你看不到新的一年，表示願你的妻子不死，免於另娶他人。[31]

學生就像知識層面的兒子，而西蒙拉比和猶大・本・傑林的關係顯然相當密切。兩人相互尊重，其實是說著同一種語言。他們了解彼此的謎語。很難想像，猶大・本・傑林會故意舉報他德高望重的師父——但事情就是發生了，而且也無法挽回了。同樣很難想像的是，西蒙拉比對奸細的痛恨或多或少解釋、或證明了自己在市集中瞥見猶大・本・傑林時，會在盛怒之下將他毀滅成為一堆白骨。

當然，西蒙拉比被自己經常性的過激言論弄得盛怒，當他看到一名年輕人吹噓自己老師的剛猛言語、害得自己必須逃亡，想必也是感到無奈的。但我想：事情其實更複雜。他的名字其實就已透露了一切。猶大・本・傑林——原生於猶太地（Judea，猶大的另一拼法）的外地人（Gerim）——他是一名同時生活在兩種文化框架下的男子。從某種意義上說，他是一座橫跨兩種文化的橋梁，更貫穿我們故事的主軸：他是羅馬人和猶太人之間的橋梁；或更巨觀地說，他們和我們之間的橋梁。

這座橋對西蒙拉比而言，無疑是過於遙遠了。故事情節中，西蒙拉比多次被問到要不要過橋，但他全部拒絕了；他所做的事情，卻是把橋梁給燒了。西蒙拉比剛為祭司們從墓地中闢出一座橋，立刻原形畢露，在兩種不同文化間擔任橋梁的猶大・本・傑林反而被他化為墓地，以及一堆森森白骨。

當然，西蒙拉比這麼做，就非常類似於他鄙視的羅馬政府：壓迫學者，處死異己，一切都必須為當局服務。

這是一場華麗的失敗。他無法修復這種內心的分裂，於是將癒合傷口的事情留給下一代

31〈小節日〉9a–b。

的兒子們進行，而我們就看到這件事情把他們帶向甚麼樣的結局。平哈斯．本．亞伊爾「青山我獨行不必相送」；艾拉撒爾拉比在一座通風閣樓中被凍結在生與死之間的鴻溝裡，而猶大．本．傑林則化為森森白骨，鏘鏘鐺鐺地沉入土壤中。

Chapter 4

破碎的心扉

第四個備忘錄A

耶何書亞・本・哈納尼亞拉比（Rabbi Joshua ben Hanaiah，活躍於希伯來紀年三八五〇至三八九〇年／公元九〇至一三〇年）和艾立澤爾・本・西爾卡努斯拉比（Rabbi Eliezer ben Hyrcanus，活躍於希伯來紀年三八三〇至三九四五年／公元七〇至一八五年）

經學院內正討論著阿克乃烤爐（oven of Akhnai，以陶器碎片拼起的烤爐）禮儀上到底是否潔淨。艾立澤爾拉比認為它是潔淨的，但大部分哲人則認為是不潔淨的。艾立澤爾拉比就他的立場提出了幾條證據，但均不被其他學者所接受。最後，他就說：「如果律法如我所說，就讓這棵角豆樹證明吧。」結果這棵樹就將自己連根拔起，走了一百腕尺的距離。

他們說：「角豆樹不能當證據。」

他說：「如果律法如我所說，就讓水來證明吧。」結果溪水就開始向上流。

哲人們說：「水也不能當證據。」

他說：「如果律法如我所說，就讓經學院的牆壁證明吧。」結果牆壁就開始傾頹了。耶何書亞拉比就訓斥牆壁道：「學者之間在爭論律法，你怎能干涉？」

牆壁為了向耶何書亞拉比致敬，並沒有完全傾覆，但它也向艾立澤爾拉比致敬，因此它也沒有回正，到現在還是歪斜的。

艾立澤爾拉比就說：「如果律法如我所說，就讓上天證明吧。」結果，一道神聖的聲音宣布：「你們為何與艾立澤爾拉比爭論？在每個議題上，律法都如他所說。」耶何書亞拉比站起來說：「律法不是懸在天空上的！」

耶瑞米亞（Jeremiah）拉比解釋，人類已在西奈山上得到了妥拉，無須再理會來自天上的聲音，因為聖經上說，人必須順從多數。

拿單（Nathan）拉比遇到先知以利亞，便問他：「那時候，應當稱頌的上帝，祂做了甚麼？」以利亞回答：「祂說，『我的孩子們已經推翻我了，推翻我了啊！』」

那天，先前被艾立澤爾拉比認定在禮儀上潔淨的物品，全都被丟進火堆中燒毀。然後他們表決通過將驅逐艾立澤爾拉比，接著他們說：「誰要去通知他？」「我去通知吧，」阿奇瓦拉比說。「否則，不合適的人去通知他的話，會導致整個世界毀滅的。」

阿奇瓦拉比身著黑衣前去艾立澤爾拉比處，坐在他前面四腕尺的距離外。艾立澤爾拉比問道：「阿奇瓦，今天與其他日子有些不同，為甚麼？」阿奇瓦拉比答道：「師父，您的朋友們恐怕要跟您分開了。」聞訊，艾立澤爾拉比撕裂自己的衣服、脫掉鞋子，坐在地上痛哭。同時，世界上三分之一的橄欖收成、三分之一的小麥收成與三分之一的大麥收成都染上疾疫，甚至有人說：女人手中正在和的麵，在那一刻馬上就壞掉了！

當天發生了很嚴重的打擊。艾立澤爾拉比所見之處都著火了，甚至連當時在海上旅行的伽瑪列拉邦，也遇到突然興起的大浪，差點翻船。伽瑪列拉邦就說：「我看這應該是因為艾立澤爾．本．西爾卡努斯拉比的事情所造成的。」接著他就站起來大聲說道：「宇宙的主人，您知道我不是在保護自己或自己家族的榮譽，而是為了您的榮譽，好讓爭議不至於在以色列人當中持續擴散。」海聽到這句話，便停止興風作浪。

艾立澤爾拉比的妻子伊瑪．沙洛姆（Ima Shalom）就是伽瑪列拉邦的妹妹。從那時候起，她不讓艾立澤爾拉比伏地祈禱。有一天，她誤以為是不用背誦〈懺悔詩〉（Tahanun）的朔月，但其實她把望月跟朔月搞混了。有人說，有個窮人站在她的門簷下，她就拿麵包出來給他。總之，她後來就看到艾立澤爾拉比伏地祈禱。

她就對他說：「起來啊，你竟然殺了我的哥哥！」同時也有人說，伽瑪列拉邦真的死了。當艾立澤爾拉比問她如何得知會發生這件事情，她便回答：「我父親家有一個傳統：『當天堂的門都關上時，破碎的心扉仍然是敞開的。』」

——《巴比倫塔木德》，〈中間之門〉59b

第四個備忘錄B

亞夫內的伽瑪列二世拉邦（Rabban Gamliel II of Yavneh，活躍於希伯來紀年三八五〇至三八七五年／公元九〇至一一五年）

曾經有學生來問耶何書亞拉比：「晚禱是選擇性還是義務性的？」他答道：「選擇性的。」他再去找伽瑪列拉邦，問他：「晚禱是選擇性還是義務性的？」他答道：「義務性的。」學生就對伽瑪列拉邦說：「但耶何書亞拉比跟我說是選擇性的。」伽瑪列拉邦答道：「那就等拿盾牌的人進經學院吧。」

當拿盾牌的人進經學院時，就有人問同樣的問題：「晚禱是選擇性還是義務性的？」伽瑪列拉邦答道：「義務性的。」他就對哲人們說：「我們當中有人不以為然嗎？」耶何書亞拉比回答說：「沒有。」伽瑪列拉邦就跟耶何書亞拉比說：「但是，有人說你主張晚禱是選擇性的！耶何書亞，站起來，讓他們指證吧！」

耶何書亞拉比站起來，說：「如果我活著但他死了，活人就可能反駁死者的話；但既然他和我都還活著，活人總不可能反駁活人的話吧？」

於是伽瑪列拉邦繼續坐著講道，耶何書亞拉比也繼續站著，直到大家都開始交頭接耳，然後向通譯赫茲皮（Huzpit）喊「停！」——然後他就停了。人們說：

「伽瑪列拉邦還要繼續侮辱耶何書亞拉比多久呢？去年元旦，他侮辱過他！當時乍多克（Zadok）拉比的頭胎公牛事件，他也侮辱他！現在，他還是在侮辱他！來吧！我們把他革職吧！我們該指定誰繼任呢？耶何書亞拉比嗎？他是當事人，所以不行。阿奇瓦拉比嗎？伽瑪列拉邦可能會讓阿奇瓦拉比受到懲罰，因為後者沒有義人祖先的優勢。還不如任命艾拉薩爾·本·阿扎爾亞（Elazar ben Azaryah）拉比，因為他睿智、又富有，而且他與文士以斯拉（厄斯德拉）剛好隔十代。他睿智：如果有人問他問題，他有辦法回答。他富有：如果有人需要與羅馬皇室打交道，他可以處理。他與文士以斯拉正好隔十代，這代表他有義人祖先的優勢。」

因此他們就找艾拉薩爾·本·阿扎爾亞，說：「師父想要成為經學院院長嗎？」他答道：「待我先回家與家人溝通。」於是，他回家和妻子商量此事。妻子對他說，「也許他們也會把你革職。」他答道：「就算使用寶貴的杯子一天，隔天就破了，也沒關係的。」她又說：「你的鬍子沒有半撮白鬚。」

艾拉薩爾·本·阿扎爾亞拉比那天剛滿十八歲。奇蹟出現了：他的鬍子出現了十八道白色的條紋。當艾拉薩爾·本·阿扎爾亞拉比說出「我像七十歲的人」，他指的就是這件事情——因為他說的不是「我是七十歲的人」。

那天，他們請門房離開，放所有的學生進來。在那之前，伽瑪列拉邦規定：

「任何表裡不合的學生都不得進經學院！」那天增加了許多張凳子。約哈納拉比說：「約瑟夫·本·多斯泰（Joseph ben Dostai）阿巴和其他拉比們不同意此事。有人說增加了四百張，有人說增加了七百張。」

伽瑪列拉邦覺得沮喪。他說：「或許——但願上帝阻止——我限制了以色列人接觸妥拉！」

他就夢到白色水壺裡面有灰燼，但事實並非如此；夢中見到這個，只是為了讓他放心。

在艾拉薩爾·本·阿扎爾亞拉比就任納西的那天，他們擬定了當時所有懸而未決的法條。連伽瑪列拉邦也一度現身經學院之中。我們已經看到了：那天，一名想要皈依的亞捫（阿孟）人猶大，來到了經學院。他問他們：「律法怎麼說？我可以藉由娶以色列女子為妻來皈依嗎？」伽瑪列拉邦回答：「你不可以加入聚會。」耶何書亞拉比則回答：「你可以加入聚會。」

伽瑪列拉邦對他說：「聖經不是寫『亞捫人或摩押人不得加入上主的聚會』嗎？」耶何書亞說：「但亞捫人和摩押人還在原來的地方嗎？亞述王西拿基立（Sancheiriv）很久以前不是打亂了所有民族嗎？」……他們就馬上允許猶大加入集會。

伽瑪列拉邦說：「既然如此，我就去平息耶何書亞拉比的怒氣吧。」

到了耶何書亞拉比家的時候，他看到房子裡面的牆壁都是黑色的。他對耶何書亞拉比說：「看你房子的牆壁，你似乎是鐵匠或製造木炭的。」

耶何書亞拉比對他說：「你帶領的世代真可憐啊！因為你完全不懂妥拉學者的謀生方式，對他們養成的方式也一竅不通！」

伽瑪列拉邦說：「我對你說了太重的話，請原諒我啊！」

但耶何書亞拉比不理他。

伽瑪列拉邦說：「那看在我父親的名譽份上，請原諒我吧！」

耶何書亞拉比就息怒了。

他們說：「誰去通知哲人們？」有一位漂洗工對他們說：「我會去。」耶何書亞拉比便派他去學院傳達訊息：「就讓慣穿長袍的人穿長袍吧。如果一個不習慣穿長袍的人跟慣穿的人說：脫下你的長袍給我穿，這樣合理嗎？」

阿奇瓦拉比對哲人們說：「把門鎖起來，以免伽瑪列拉邦的僕人來騷擾拉比。」

耶何書亞拉比說：「我最好自己去找他們。」

他便過去敲門。他對他們說：「就讓灑水人和灑水人的兒子來灑水吧。如果一個人既非灑水人、也非灑水人的兒子，卻來到面前對他們說：你灑的水是洞窟裡的死水、你灑的灰是煤渣，這樣合理嗎？」

阿奇瓦拉比對他說：「耶何書亞拉比，這樣你息怒了嗎？我們這麼做，除了為了你的名譽之外，沒有別的理由，對吧？你我明天要到伽瑪列拉邦的門前。」

他們納悶：「該怎麼做到呢？我們該革除艾拉薩爾．本．阿扎爾亞拉比的職銜嗎？但按照神職傳統，我們只能升職、不降職，因此還不如每位師父輪流講道一個星期。但這樣會滋生嫉恨。所以應該讓伽瑪列拉邦講道三個星期，艾拉薩爾．本．阿扎爾亞拉比講道一個星期。」

而說出這句話的學生，是西蒙．巴爾．約海拉比。

——《巴比倫塔木德》，〈祝禱篇〉28a

在這本關於塔木德的寓言故事書籍中，我想應該是提過夠多搖滾樂了——雖然很難判斷甚麼時候才叫「夠多」——不過，容我再提一下喬治．哈里森（George Harrison）的〈人事皆非〉（All Things Must Pass）吧。那張專輯是哈里森在「披頭四」解散後單飛的首張專輯，是由三張唱片組成的經典，還包括〈是不是太可惜〉（Isn't it a pity）一曲的兩種版本。

在那些日子裡（那時是一九七〇年，很古老了，我知道），黑膠唱片（與光碟片不同的是它兩側都讀寫資料，現在看起來相當古樸）和聽音樂的行為，其實大幅改變了音樂的戲劇性結構。譬如說，黑膠唱片第一面的最後一首歌曲結束時，通常會有一段好比中場休息的過渡片段，是給聽者翻轉唱片時聽的；而第二面（以哈里森的那張專輯來說是第四面）的倒數第二首歌、在終曲以前的那首歌，通常則擔綱整張專輯的高潮。

這兩個曲目可說是唱片的黃金地段，也正是哈里森收錄〈是不是太可惜〉的兩個版本的地方。〈是不是太可惜〉（版本一）在專輯的第一面充當激昂的結尾曲，〈是不是太可惜〉（版本二）則是其倒數第二曲（不含第三張唱片的樂器即興演奏）。

這首歌的兩個版本有幾個差異。版本二比較精簡、曲長也比較短，而版本一則超過七分鐘，尾聲則是歌手們逐漸增強的音量，令人聯想到「披頭四」的〈嘿，裘德〉（"Hey Jude"）結尾。事實上，從歌曲倒數第一分二十秒左右（這時，尾聲大約已唱了一半），歌手的合唱狡猾地引用了〈嘿，裘德〉的「吶吶吶—吶—吶」基調作為副旋律。

這是一種巧妙的音樂互文性。正如所有披頭四死忠歌迷所知道的，有段傳聞指出，在

〈嘿，裘德〉一曲中，哈里森本來想用他的吉他配樂回應演唱者的嗓音，但這首歌的作曲者兼演唱者保羅・麥卡尼（Paul McCartney）卻一口否決了這個想法。

麥卡尼此舉惹惱了哈里森，之後的分歧又讓哈里森想起了上述的不合：麥卡尼再次干涉哈里森的演奏細節（在電影《隨它去吧》〔Let It Be〕中有提到這個問題），哈里森一度氣得暫時退團。

〈是不是太可惜〉的兩個版本，都是哈里森對麥卡尼的回答。〈是不是太可惜〉（版本一）痛陳（我們總是讓彼此傷心，造成對方的痛苦）中帶有的〈嘿，裘德〉結尾，使我們完全聽出了歌手心上人何在；而在版本二中，歌手唱出的每句話都有吉他高雅又拘謹的配音，美麗又微妙地超越了麥卡尼過於簡略的〈嘿，裘德〉。

哈里森用這首歌的兩種版本，以最溫和的方式向麥卡尼訴說並展現（也對我們展現），麥卡尼的音樂選擇是多麼短視和錯誤。

一個喜劇，一個悲劇

每天進行兩次〈懺悔詩〉的祈禱中，祈禱者祈求的是：如果自己脆弱不支而倒，也要倒在上帝充滿憐憫的懷抱，而不是倒進人類有限憐憫的懷中。大家都知道，人類往往很容易讓一同生活在地球上的人陷入地獄；而哈里森似乎也已經知道，我們最親密的戰友，有時卻會成為最大的敵人。

在塔木德中，有一個三人組合恰恰演繹出類似的基調：伽瑪列二世拉邦、耶何書亞．本．哈納尼亞拉比和艾立澤爾．本．西爾卡努斯拉比。他們在經學院裡兩個麻煩故事中登場。一個故事是喜劇，另一個則是悲劇。

現在，根據著名編劇奧森．威爾斯（Orson Welles）的看法，喜劇和悲劇的區別就看你在哪裡結束你的故事。世界可能被撕裂、財富或得或失、希望若即若離；在喜劇中，結局充滿秩序、事物或多或少恢復到原有的樣子；而在悲劇中，一切都是破碎的，而且處於一種「熵」[1]的狀態。

對威爾斯而言，你從哪裡**開始**一個故事似乎並不重要，原因很簡單：所有故事的開始，都是純真的喪失、現狀的破壞以及角色的立足點開始搖晃，敘事中唯一真正重要的問題是：純真有可能找回來嗎？[2]

這裡我說的「純真」並不是「天真」的新意涵。我說的是一種**懂事**、**聰慧**的純真，一種基於經驗的純真（還真弔詭）。悲劇中，累積的是知識；而在喜劇中，累積的是智慧。悲劇通常是令人心碎的；而在喜劇中，心已經記取了過去破碎的經驗，知道如何更完整、更明智地去愛。

（這裡我指的是喜劇，而不是諷刺劇。諷刺劇中，無論角色學到了多少，觀眾仍然是比角色更聰明的。）

至今，我們仍不清楚，這兩段經學院故事先發生的是喜劇還是悲劇，這多少是肇因於傳說說書人模糊的年代感。從他們的情緒語調來看，我感覺喜劇先於悲劇。話是這麼說，艾立澤爾拉比在悲劇中被放逐、又在喜劇中缺席，兩者似乎又是完全背道而馳的。

我們現在面臨一種格奧爾格・畢希納（Georg Büchner）所著的《伍采克》（*Woyzeck*）的時刻。畢希納是德國小說家和劇作家。當他於一八三七年去世時，他最有名的劇作《伍采克》不僅尚未完成，而且稿紙還散落在他的桌子上，沒有一個特定的排序。編輯和導演們試圖拼湊整齣劇的樣貌，但並非找出它的最終形式（好比沒有單一解法的拼圖）；而每種不同的排法都帶出不同的戲劇意義、都成了一齣不同的戲劇，也都多少側重某個特點。這裡，情況也是一樣：各個劇目攤平擺放在你的桌上，你可以自由發揮，看要用哪種方式排列它們。而且不管你選擇哪種排列方式，你都有充分理由捍衛你的選擇。

所以，該先上哪一幕呢？兩個故事都是關於純真的喪失，但哪個喪失是主要的、哪個才是次要的？

我會採用悲喜交錯的方式。我會先用悲劇開頭，中間突然踩煞車轉往喜劇，最後再以悲劇告終。

---

1 譯注：表達系統混亂程度的函數。

2 對我來說，這是生命中唯一重要的問題。且引用葉慈之詩：「一切仇恨被驅逐散盡，靈魂恢復了根本的天真，終於得知它是在自娛自樂、自慰自安，自驚自嚇，它自己的美好願望就是天意。」（傅浩譯，《草叢中的風：葉慈詩選》）

蛇盤繞的烤爐

最早的歷史迷霧裡我們就能看到，一條盤繞的蛇始終是純真的喪失以及得到知識（如果不稱之為智慧的話）所帶來的痛苦的預兆。這種說法，最起碼適用於聖經中的人類（也就是七日造物中的最終成品）。因此，就讓我們先從一條盤繞的蛇開始說起吧。

按照傳統[3]，阿克乃烤爐——蛇盤繞的烤爐——得名的理由不是因為它屬於某個名為阿克乃的人，而是因為當它被引入經學院時，四周圍觀的哲人們簡直就像一條盤繞的蛇。他們面前橫陳著一個再明顯不過的大問題：

這爐能夠得到淨化、達到可供祭儀的標準嗎？

正如美國最高法院大法官判案一樣，每宗哲人審理的案件日後都會成為神學律法的判例。在這裡，我們可以推測，要不是這個烤爐出了些狀況使之達不到禮儀上的潔淨標準，就是這個烤爐是否潔淨可供祭儀是個難以判斷的問題，必須上達拉比位階的最高級才能定奪。經學院裡的意見，一如既往地出現分歧。

由於這個爐子以個別的粘土圈做成，每圈互相交疊，各圈之間又有沙粒，因此艾立澤爾拉比認為它不是一體成形的器具，所以不會發生禮儀上不潔淨的問題。其餘的哲人們則不同意：烤爐外的塗料由砂漿和水泥構成，因此每圈黏土結合成一體成形的器具，所以有禮儀上不潔的可能。

（從更深的層面，我們瞭解到，哲人們正在討論的東西，對他們而言，在當下非常重要：個人與其所處社會之間的關係。我們來重新描述問題吧：一個單一的部分不純，對整體的純淨度是否會產生威脅？）

試想一下艾立澤爾拉比的無奈。

據他的老師，約哈納．本．札凱拉邦的說法，「如果將以色列所有哲人放在天平的一端，艾立澤爾．本．西爾卡努斯拉另一端，艾立澤爾的智慧將比天平另一端還要重。」[4]（連經常出入天堂[5]的摩西，也曾聽聞上帝念誦艾立澤爾拉比編制的法條，而對這名猶未出世的學者印象深刻，便要求上帝讓艾立澤爾拉比成為自己血脈的傳人。[6]）

不過，雖然艾立澤爾拉比用盡世界上所有的論點（故事的確是這樣講的），他的觀點還是無法說服自己的同事。最後，出於沮喪，他大喊道，「如果律法如我所說，就讓這棵角豆樹證明吧！」

經學院外的角豆樹應聲連根拔起，還移動到一百腕尺（也有人說四百腕尺）外的地方。然而哲人們還是無動於衷。

3 這是猶大拉乎引用塞謬爾的意見。
4〈列祖賢訓〉2:10。
5 米大示中有提到，但聖經中並未提及。
6〈民數記拉巴〉19:7。

「角豆樹不能當證據。」他們對他說。於是艾立澤爾拉比便加倍努力：

他說：「如果律法如我所說，就讓水來證明吧。」結果溪水就開始向上流。哲人們說：

「水也不能當證據。」

艾立澤爾拉比的火氣似乎開始上升：

他說：「如果律法如我所說，就讓經學院的牆壁證明吧。」結果牆壁就開始傾頹了。

這一刻就像參孫（三松）陷入非利士（培肋舍特）人的重重包圍，而你也許還記得，這三個要素——一棵角豆樹、水和庇蔭，也出現在西蒙·巴爾·約海拉比和兒子的穴居生活中。活命的最基本條件似乎都快無法滿足，而容納他們所有人的經學院，也行將土崩瓦解。耶何書亞拉比走上前來責備牆壁。「學者之間在爭論律法，你怎能干涉？」他對牆壁這麼說道。

現在陷入了僵局：牆壁為了向耶何書亞拉比致敬，並沒有完全崩垮；但牆壁也為了艾立澤爾拉比的面子，並沒有完全豎直。事實上，我們知道，這牆壁直到今天仍是這副歪歪斜斜的樣子！

（容我再次打斷故事的進度：經學院那堵永遠要倒不倒的牆壁，這情況不但象徵了哲人們的房子，還象徵了上帝的房子，也就是聖殿。我們的故事場景發生在羅馬人包圍耶路撒冷的時期，因此哲人們擔心聖殿被毀、逃到港口城市亞夫內後，心中對聖殿的印象仍是永遠傾頹著、也永遠在重建中的。至今，這種想法仍是拉比思想的中心。）

回到我們的故事：艾立澤爾拉比袖子裡似乎還藏了一張牌。「如果律法如我所說，」他說，「就讓上天證明吧！」

結果馬上就有一道神聖的聲音宣布：「你們為何與艾立澤爾拉比爭論？在每個議題上，律法都如他所說。」

這真是令人印象深刻——你可能會用戲劇性、權威、決斷等等其他詞彙形容這一刻。畢竟，哲人們全在討論一個天賜律法制度在俗世的應用，天賜的律法制度正是由上帝在雷電交加的西奈山頂、吹著公羊號角[7]透過摩西賜予人類的。

然而其實不是如此。

耶何書亞拉比再次登場——他直挺挺地站著，用白話的方式聲明，「律法不是懸在天空上的！」

這句話出自聖經〈申命記〉第三十章第十二至十四節。精確地說，這段是先知摩西給以

7〈出埃及記〉19:14–20:18。

色列子民的勸戒：

我今天須佈給你們的誡命不難遵行，也離你們不遠。這誡命不是懸在天空上；你們不必問：「誰要替我們上天把這教訓帶到地上來，好讓我們聽見而實行呢？」這誡命也不在海的彼岸；你們用不著問：「誰要替我們渡海把這教訓帶來，好讓我們聽見而實行呢？」其實，這誡命離你們不遠，就在你們心裡，就在你們口中。

耶瑞米亞拉比（他是稍微後期的拉比，但仍屬元老拉比之一）[8]此時闖入我們的故事搶言道，西奈山上交到人類手上的律法，此時已不再是天堂專屬的了；哲人們必須加以解讀、應用。

這一切都很好，雖然耶瑞米亞拉比這話似乎不像是對妥拉讀者而說、更像是對上帝而說；但上帝已是無所不知，我們可以想像祂不需要這樣的提示。

耶瑞米亞拉比解釋說，我們之所以不注意天上神聖的聲音，是因為上帝已經在西奈山給了我們神聖律法，裡面寫著「人必須順從多數」。

耶瑞米亞拉比在這裡可是引經據典。勤奮的學生們，讓我們翻到〈出埃及記〉第二十三章第三節，我們會發現，那段經文的意思與他引用的完全相反。經文這麼寫著：「不可附和多數作惡。」[9]而根據動詞——第二人稱單數，就以英文翻譯來說也很隱晦——這句話是對個人、而不是對集體而說，是為了勸他勇敢抵抗踏上歧途的多數。

可以想見，這完全是艾立澤爾拉比覺得自己正面臨著的情況。（耶何書亞拉比引用〈申命記〉的段落，動詞同樣也是第二人稱單數，也是對個別的人物說話。總之，這兩個段落可能要告訴我們：不要屈服於暴徒。忠於自己。這沒有那麼複雜。）

不管怎樣，讓我們來看看事實吧。要反駁全世界上所有的論點、還加上前文提到的四個神奇的證據，耶何書亞拉比該怎麼做？首先，他有一段開放解釋的經文（律法不是懸在天空上的！）也有一個神奇的證據（經學院牆壁服從他的話，與對艾立澤爾拉比一樣恭敬），還有眾人的力量，更有相隔七代的後人耶瑞米亞拉比的筆記（他覺得自己和耶何書亞拉比一樣，可以任意解讀聖經、甚至翻轉原意）。

（畢竟，如果**真的**不能附和多數作惡、卻**必須**附和多數行善，而對一般人來說這樣的「善」反而是惡，這還合乎邏輯嗎？）

我必須說，哲人們看來顯得缺乏自信，有一種狐疑感瀰漫在故事的邊緣。事實上，我們

8 耶何書亞拉比和艾立澤爾拉比屬於第二代的「傳道」（tannaim）賢士；耶瑞米亞拉比則屬於第三和第四代的「詮者」（amoraim）。傳道賢士共有六代，傳道時期為公元十年至二二〇年；詮者時期也有六代，時間介於公元二一九年至五百年。

9〈出埃及記〉23:2。

已經知道，接下來的事情是這樣的：拿單拉比遇到先知以利亞，便問他：「那時候，應當稱頌的上帝……祂做了甚麼？」這裡的「那時候」指的是耶何書亞拉比和艾立澤爾拉比用「魔法」互槓的時候。

根據以利亞的說法：「上帝說，『我的孩子們已經推翻我了，推翻我了啊！』」

聽起來真是太有決定性了，既權威又有說服力。但如果你仔細檢查，你會發現一個可怕的諷刺意味在這裡發揮作用：艾立澤爾拉比的論點和他的魔法不管用了，在挫折中他向天堂求助，天堂的回答大家都可以聽到：艾立澤爾拉比的立場一向都是正確的。雖然耶何書亞拉比已經宣布過，天堂的聲音在律法上並無效力，但故事中又把上帝搬上舞台，讓祂對耶何書亞拉比做出同樣的宣布——雖然耶何書亞拉比已經說過，天堂的宣布對艾立澤爾拉比並無效力。

更糟糕的是：天堂傳來的神聖聲音被所有人聽到了，而上帝微笑的默許已是第三手報導：我們的匿名敘事者表示，拿單拉比聽到從先知以利亞帶來上帝的話語……

一般認為，舊約裡的上帝是很「嚴厲」的；但在這裡，我們卻看到一個面帶笑容的上帝允許祂的孩子們出現一些錯誤的想法。儘管如此，你還是會納悶：現在這是怎麼回事？魔法被用來反駁魔法；天上的聲音先被認定為無效，出現後又被認定為有效。聖經被當作一個權威性的來源，卻又被引用，解釋成相反的意涵。

這些哲人們有多確定自己的意見是正確的？有多確定自己是有德的？由於神聖的律法

管轄道德的範疇，那麼如果他們沒有道德，他們是否就可能會在附和多數作惡時**犯錯**呢？

目前還不清楚接下來究竟會發生甚麼事情。或者說，還不清楚到底為甚麼會發生事情。學術界和拉比界的學者都猜測過，艾立澤爾拉比的犯罪內涵是服膺於沙買學派的裁決，或甚至是加入一個新的異端組織，參與他們的秘密狂歡儀式。[10]

無論他們如此反對艾立澤爾拉比的原因為何，就像人有了一些可疑企圖時會做的事情，哲人們開始變本加厲了。他們決定將艾立澤爾禁教——畢竟烤爐的其中一圈不潔，就會汙染整個烤爐。因此，他們用炙熱的激烈手段進行這件事：

> 那天，先前被艾立澤爾拉比認定在禮儀上潔淨的物品，全都被丟進火堆中燒毀。然後他們表決通過將逐出艾立澤爾拉比，接著他們說：「誰要去通知他？」

「我去通知吧。」阿奇瓦拉比說。

阿奇瓦拉比是艾立澤爾拉比和耶何書亞拉比的學生。他是他們最心愛的學生，實際上，

10 Peter Schafer, *Jesus in the Talmud*（Princeton, NJ:Princeton University Press, 2007）, p. 11.

他顯然相當憂心這種躁進舉動會掀起的腥風血雨。

「否則，」他說，「不合適的人去通知他的話，會導致整個世界毀滅的。」

我們必須清楚地明白這一點：這些人都有權有勢，是卓越的知識分子，他們之間的共同淵源，是很深厚的。現在，他們之間出現了糾紛，這背後潛藏的情緒波動（阿奇瓦拉比倒是坦承有這麼回事了）已經變得很黑暗，似乎要變得更黑暗，可能會把他們捲入激情又不理性的漩渦。畢竟，艾立澤爾拉比就像推倒柱子的參孫，願意把經學院的牆壁毀掉，和在場的每一個人一起毀了自己（非利士人！我們可以想像他心中暗叫）。

只有阿奇瓦拉比似乎意識到了危險：整個世界——或者說**他**的整個世界——已經受到威脅。

涇渭分明

目前故事看到這裡，我們也許不是很清楚，耶何書亞拉比和艾立澤爾拉比是多年來最忠實的朋友。他們都是約哈納·本·札凱拉邦的學生，他們對彼此都有一種明顯的愛，他們會稱彼此為「我的主人」或「我的兒子」，這取決於誰向誰提出問題。他們是非比尋常的和諧、親密，像鹽巴和胡椒一樣互補互足，我們在這些故事中不斷看到這種配對。雖然他們是合作夥伴、一起學習，一同講學，但從他們個人的過去來看、從他們研讀神聖律法的方式來看，沒有比鹽巴和胡椒更適合比喻他們了——他們是涇渭分明。

譬如說，耶何書亞拉比相信智慧是從頭腦來的，而頭腦是才智、想像力和推理的中樞；而艾立澤爾拉比卻認為這些能力來自心臟，心臟才是記憶的寶座。耶何書亞拉比有著各種先進的思想，有點仇女的味道；艾立澤爾拉比則恰恰相反，他的生活範圍內充滿堅強的女性。[11]耶何書亞拉比很窮，而艾立澤爾拉比不僅來自一個富裕的家庭，成年後還變成一個有錢人——雖然他的父親一度中斷了兩人的父子關係。而且他長得十分俊美。我們已經知道，當他教導妥拉時，臉上綻放著太陽的光輝，頭髮竄出閃耀的光束，就像他的先人摩西一樣。然而，耶何書亞拉比卻是如此地醜陋，當他與羅馬皇帝的女兒見面時，後者也忍不住說出：

「多可惜啊！」她說。「這樣輝煌偉大的智慧，卻擺在這麼難看的器皿裡！」

他展開了復仇。

「我的孩子，」耶何書亞拉比對她說，「妳爸爸用何種器皿放他的酒啊？」

「陶器。」

「普通人才用陶器放酒，」他告訴她。「像你們這麼顯要的人，應該用銀器或甚至金器存放自己的酒。」

女兒跑去將這事轉告她的父親，他便立刻將他的酒改放到銀器與金器裡，結果裡面的酒全都變酸了。

11〈創世記拉巴〉17:8。

羅馬皇帝立即追回耶何書亞拉比問個仔細。「為甚麼你這樣建議我女兒？」

「我只是問和她問我一樣的問題而已。」

「但是，有沒有人生得俊美、卻不學無術？」

「有的，」耶何書亞拉比告訴他。「但是，如果這些俊美的人長得醜，那他們會更加博學。」[12]

耶何書亞拉比從小就在妥拉中長大。一位年長的哲人甚至回憶說，耶何書亞拉比的母親從前會將他的搖籃帶到經學院；這樣一來，他雖然仍是個嬰兒，雙耳卻提早適應了經學院裡的聖言。[13]至於艾立澤爾拉比，他的雙親並沒有投身於神職，成為拉比的道路走來也不簡單。他的父親對他的期望甚至恰恰相反：他禁止艾立澤爾成為妥拉學者。

這個故事有點像灰姑娘：

艾立澤爾拉比二十八歲時，還未曾研讀妥拉。當他的兄弟翻耕父親的耕地時，他只能犁多石的田地。他坐下哭了起來。他的父親問他：「你哭甚麼？因為你得到的是堅硬的土地，所以你不開心？到目前為止你耕種的都是堅硬的土地，但現在你有沃土可以耕犁了！」但是，當艾立澤爾開始在沃土上工作時，他又坐下哭了起來。他的父親問他：「你為何啜泣？是不是因為你不喜歡在堅硬的土地上耕種？」艾立澤爾：「不，沒這回事。」他的父親：「那你到底在哭甚麼？」艾立澤爾：「我哭，只是因為我很想學妥拉。」西爾卡努斯：「你想想，你也二十八歲了，還想學妥拉？去找個女人結婚、生幾個小孩，然後把小孩送去上學還差不多！」

過了一段時間後，艾立澤爾對他父親說，「我要去耶路撒冷，向約哈納．本．札凱拉邦學習妥拉。」他的父親：「除非你犁出一道完整的深溝，否則你將不會嘗到食物的味道。」第二天早上，艾立澤爾起了個大早，就為了犁出深溝，但就在他做完時，他的牛跌了一跤，腳摔跛了。他心想的是：「這件事的發生，對我來說是大幸，現在我要逃往耶路撒冷，去找約哈納．本．札凱拉邦。」

因為他實在沒東西可吃了，所以在途中他吃了地上的土塊。當他到達約哈納拉邦的學院時，他坐倒在他面前哭泣。約哈納拉邦問他為何而哭，艾立澤爾告訴他，「我的願望就是學習妥拉律法。」拉比便問他。「你從沒學過嗎？」答案是沒有。於是，約哈納拉邦從最基本的東西開始教起，如「聽啊！」（Sh'ma）、祈禱、飯後禱告，以及每天研讀兩條律法。

現在，貧困定義了艾立澤爾的生活（而不是財富）：

在安息日那天，艾立澤爾會反思自己學到了甚麼，並且加以咀嚼、吸收。由於他實在

12〈禁食篇〉（Taanit）7a–b；〈誓言篇〉50b。

13《耶路撒冷塔木德》〈轉房婚〉1:6，3a。

很窮，已經八天沒吃東西了，他口中也發出陣陣難聞的氣味。約哈納拉邦注意到了這一點，就問他：「吾兒艾立澤爾，你今天吃過東西了嗎？」艾立澤爾保持沉默。約哈納拉邦再問一次同樣的問題，但艾立澤爾依舊沒有回答。約哈納拉邦便宣佈，「以我們的名譽起誓！今天，你要和我一起吃飯。」艾立澤爾開口了，「我在我的住處已經吃過東西了。」約哈納拉比下令他的學生，「以你們的生命起誓，好好徹查此事！」

他們踏遍耶路撒冷的大街小巷，也問了所有的旅店老闆，「你的房間裡住著一名學生嗎？」答案總是否定的。後來，他們問到了一名女人，她回答說，「是的。」他們問道：「那他有留甚麼東西在妳這裡嗎？」她告訴他們，「他有個袋子，他總是把頭埋進袋裡吮吸，就像吸葡萄酒袋裡的酒一樣。」他們要求她做給他們看，她立刻照做了。他們探頭往袋裡望去，只看到一些土。他們便問她，「艾立澤爾一整天下來，有沒有和妳共進任何一餐呢？」她回答說：「我還以為他與他的老師吃飯呢。」

他們把這些消息轉告約哈納拉邦，約哈納拉邦哭了出來，「禍哉，艾立澤爾，你的命運在我們當中被忽略了，但我現在告訴你，你的口中傳出一股難聞的氣味，因此未來你的口中將會傳出妥拉的香氣，擴散到天涯海角。」約哈納拉邦定期給他食物，他很快就完全康復了。

艾立澤爾拉比與約哈納拉邦一同學習了三年。同時，他家中的兄弟，就像繼母帶來的邪惡姐姐，正暗中策劃著如何讓父親與他斷絕父子關係：

他們對父親西爾卡努斯說，「看看您的兒子艾立澤爾對您做的好事！在您年老時，他棄您而去，遠走耶路撒冷。您就去那裡宣誓，聲明他絕不會繼承您的任何財產。」西爾卡努斯聽了他們的話去了。

老西爾卡努斯去的雖不是舞會，但既然這個故事帶有灰姑娘的味道，他去的當然是一場慶典活動：

碰巧，西爾卡努斯抵達的那天，正好有一場約哈納·本·札凱拉邦的慶祝活動。這塊土地上所有最偉大的人物都是他的座上賓，其中包括本·紀吉特·哈卡賽特（Ben Zizit Ha-Kaset）、納克迪蒙·本·古瑞昂（Nakdimon ben Guryon）和本·考巴·薩武亞（Ben Kalba Savua）。當約哈納拉邦聽說老西爾卡努斯來了，他便讓他落座於這些重要的人物之間。西爾卡努斯感到不安。

（也許他擔心的是：在達官顯貴之間，就會被要求捐贈錢財。）

約哈納拉邦盯著艾立澤爾，對他說：「開始說吧。」艾立澤爾推辭了。「我不能；我就像一座蓄水池，給出的水無法比倒進的水還多。所以，關於妥拉我也無法說出除了你教我之外的話。」約哈納拉邦大聲說，「不，我的兒子，你更像一道不斷湧動的噴泉，會帶出自己的水。」

他督促他開始說話，他的同學們也頻頻催促。於是，他站了起來，開始說話。他闡述了大家以前從未聽說過的學習科目！他的臉綻放太陽般的光輝，光束從他的頭髮竄出，就像摩西的頭一樣。大家都如獲至寶，沐浴在他的學問之中，沒有人注意到現在是白天還是黑夜。

然後約哈納拉邦站了起來，吻了艾立澤爾的頭，說：「亞伯拉罕、以撒、雅各，你們是有福的，因為你們的腰間出了這樣一個後代！」

西爾卡努斯問道，「他用這種方式在講誰啊？」他們告訴他，「在講艾立澤爾，也就是你的兒子。」他聲明道，「那他不應該這樣子講話。他應該這麼說，我有福了，因為我的腰間出了這樣一個後代！」

西爾卡努斯站上一張長凳，並對在場的耶路撒冷人大喊，「我的大師們啊，原本我來到這裡是為了宣誓剝奪我兒艾立澤爾的繼承權。但是，現在我所有的財產都將歸他所有，他的所有兄弟將甚麼也得不到！」

如果是格林兄弟編輯這段故事，這些壞心兄弟的雙腳可能會被切掉。不過，寬恕與忍讓還是古老的拉比道德：

艾立澤爾拉比對他說：「如果我向應當稱頌的上帝要求的是地產，祂一定會給我的，因為聖經上寫著：『地上和其中的萬物都屬於主。』如果我向上帝要求金銀，祂也一定會給我的，因為聖經上寫著：『世上所有的金銀都是我的。——上主，萬軍的統帥這樣宣布。』[14] 但我唯一向上帝要求的事情，是研讀妥拉。[15]」

創新者與傳統者

艾立澤爾拉比和耶何書亞拉比的不同背景，可能說明了他們不同的治學態度。

耶何書亞拉比還是嬰兒時，就被放在經學院裡，好像經學院是幼兒園似的，因此耶何書亞拉比勇於對神聖的律法進行創新：洛德（Lod）的鎮民在修殿日（Hanukah）擅自進行齋戒，是違反拉比律法的行為。耶何書亞拉比從艾立澤爾拉比處得知此事，便停止齋戒、起身沐浴（這是齋戒日所禁止的行為），然後對人們說，「大家即刻起開始齋戒，這是在修殿日齋

14〈哈該書〉（哈蓋）2:8。
15 請見《艾立澤爾拉比賢訓》1；〈拿單拉比長老篇〉6；〈創世記拉巴〉42:1；《坦胡納》（*Tanhuma*）；《亞卡達傳說之書》（*Sefer Ha-Aggadah*）〈要去篇〉（Lekh Lekhah）10。

戒的懲罰！」[16]

艾立澤爾拉比反而三十歲才成為初學者，因此他自認非常保守：他聲稱從來沒有傳授過任何一句不是從自己老師親口講出的話（不過我們的故事似乎又證明，這並非實情）：

他們對艾立澤爾拉比說：「你教授的，真的都是親耳聽到自己的老師說過的話嗎？」他回答：「你這樣是逼我講出不是我老師講過的話。我在經學院的每一天，都沒有人能夠比我早到經學院；我從來不在經學院裡睡覺，不管是躺下睡覺還是打瞌睡；而且我每次都是最後一個離開經學院。我不曾花言巧語、輕佻放肆，我也不曾講過任何一句沒有親耳聽過我老師說過的話。」[17]

奇妙的是，他的這些聲明幾乎完全就是仿效他的老師約哈納‧本‧札凱拉邦。據說，約哈納拉邦是這樣子的人：

他的言語從來不輕佻，走路、散步都要讀妥拉，而且總是穿戴護符匣經文。他從來不在不潔淨的巷子裡冥想。沒有人能夠比他早到經學院，他從來不在經學院裡睡覺，無論是躺下睡覺還是打瞌睡；……他每次都是最後一個離開經學院的……如果不是他從自己的老師聽來的話，他也從來不說。[18]

當然，勇於創新的耶何書亞拉比，需要保守的艾立澤爾拉比。每位音樂家都知道，沒有鮮明的主旋律，就沒有變奏的可能。耶何書亞拉比似乎也了解這點。

譬如說有一次，「耶何書亞拉比來到經學院時，馬上開始親吻艾立澤爾拉比所坐的石頭。『這塊石頭就像西奈山，』他說，『坐在上面的人則像約櫃。』[19]」

艾立澤爾拉比的椅子是不能動的，僵直如頑石。它**就是**石頭。根據耶何書亞拉比的看法，艾立澤爾拉比講道的地方對信仰的意義就像西奈山一樣。「對以色列而言，你比太陽的光環更有價值，」耶何書亞拉比會這麼告訴病榻上奄奄一息的艾立澤爾拉比。「太陽的光環只對今世有益，而您，我的師父，卻是對今世和來世都有助益。」[20]

他們的共同點和不同點，都巧妙地通過兩則近乎是雙生的個人信條描繪出來：

艾立澤爾拉比說：「我從妥拉學到的東西很多，多到如果所有的海洋都成為墨水、所有蘆葦都成為筆、天地都是捲紙、所有的文士都幫我寫下，仍不足以寫完。但我統整我的所學，又少到一個人用筆沾一下海水就能寫完。」

16《耶路撒冷塔木德》〈誓言篇〉81(40d)。
17〈住棚節篇〉28a。
18 來源同上。
19〈雅歌拉巴〉1:3 #1。
20〈議會篇〉101a。

耶何書亞拉比：「我從妥拉學到的東西很多，多到如果所有的海洋都成為墨水、所有蘆葦都成為筆、天地都是捲紙、所有的文士都幫我寫下，仍不足以寫完。但我從我的老師們所學到的，又少到只把筆沾進墨水管裡就能寫完。」21

艾立澤爾拉比的形象，就是一名清理自己的筆的人；而耶何書亞拉比的形象，則是準備書寫的人。傳統主義者在事情的結尾才插手，但創新者從一開始就接手了。傳統和創新在拉比文化中，是兩顆悠久而卓絕的聯姻石；但在阿克乃烤爐的故事中，我們卻看到了它們分道揚鑣。雖然這兩個摯友多年來始終互敬互愛、教學相長，但創新者現在卻把傳統主義者踢出家門，他們之間，原本細緻平衡的互利關係也變了調。

被放逐的拉比

每一次，當他們的社會結構受到威脅時（無論是正面還是負面的），阿奇瓦拉比的發言，都能使情況平靜下來。他從一名粗陋無文的暴力狂，轉型成聰明又善良的哲人（我將在第五章更充分地闡述），過程是緩慢、得來不易的。他體現了一種弔詭的典型：大塊頭的傢伙可以輕易把你掐死，但卻不想這麼做。

阿奇瓦拉比非常清楚，通知艾立澤爾拉比關於禁令的事情會很危險，因此他像拆炸彈般採取各項預防措施，就像當時先知以利亞在洞口將特赦令婉轉地傳達給西蒙拉比一樣。

阿奇瓦拉比做了甚麼呢？傳說說書人問道。「阿奇瓦身著黑色服裝，把全身包在黑衣之中」——他穿上弔喪的斗篷，符合受拉比禁令處分者的穿著——「並在（艾利澤爾拉比）前面四腕尺的距離外坐著」，這是禁令的另一個限制。

他穿著陰鬱的衣服坐在地上，遠遠保持距離：阿奇瓦拉比用如此委婉又視覺化的方式，告訴艾立澤爾拉比驅逐令的殘酷事實。

也許阿奇瓦正在服喪，我們可以想像艾立澤爾會這麼想。阿奇瓦該不會受限於某些禁令吧？艾立澤爾拉比看到阿奇瓦拉比一身黑衣，心中升起了關懷與同情，這些情緒從他心中冷靜的那一面被挑起，這些冷靜情緒，平息了他原本大有理由發出的憤怒與傷害念頭。

「阿奇瓦，今天與其他日子有些不同，為甚麼？」他問。

這問題就像逾越節晚餐上，開始講述故事的楔子，其實充滿了引經據典的意義。艾立澤爾拉比希望解開束縛、重獲自由？難道他擔心在沙漠流亡、流浪四十年？

「師父，」阿奇瓦拉比解釋道，「你的朋友們恐怕要跟您分開了。」

請注意，這是用溫柔緩慢的方式來接近事件的苦澀核心。他恭恭敬敬地對艾立澤爾拉比講話，像對待自己的老師，並用模糊的被動主體性回答他：雖然艾立澤爾拉比已被暴力地排擠出他們的圈子，但對阿奇瓦拉比來說，哲人們卻彷彿自己脫離了圈子的中心。

---

21 阿奇瓦拉比講解的含義更深，「我不可能跟我的老師講的一樣，因為我的老師的確從其中帶走東西，而我只不過就像拿起一顆檸檬來聞一下——檸檬並不會因此而減損甚麼。」（雅歌拉巴1:3:1）

透過阿奇瓦拉比的預告，艾立澤爾拉比溫馴地接收了這個可怕的消息。他順從規定，接受了禁令，而且顯露出哀悼的跡象：「艾立澤爾拉比撕裂自己的衣服、脫掉鞋子，坐在地上痛哭。」

世界雖然沒有遭到完全的毀滅，卻仍然損失慘重：

同時，世界上三分之一的橄欖收成、三分之一的小麥收成與三分之一的大麥收成都染上疾疫，甚至有人說：女人手中正在和的麵，在那一刻馬上就壞掉了！當天發生了很嚴重的打擊。艾立澤爾拉比當天所見之處都著火了。

多虧我們的兩個故事在時間上連結得不夠完美，我們現在必須離開悲劇、重拾喜劇（我們之後會再回到這條線）。在喜劇裡，就像我所指出的，艾立澤爾拉比從經學院消失了，所以故事在他被放逐以後開始是合理的。也許艾立澤爾拉比就像耶何書亞拉比和伽瑪列拉邦之間的緩衝人，而他的缺席，就使這兩個男人之間的關係緊繃到了一個極點：

曾經有學生來問耶何書亞拉比：「晚禱是選擇性還是義務性的？」他答道：「選擇性的。」

就我的了解，這句話是正確答案。神聖律法規定，晨禱與午禱都需要與至少九個人一起進行；但基於種種因素，晚禱沒有這麼規定，原因之一是晚上很危險，古代的晚上比現代危險得多。儘管如此，根據一種拉比式美麗的超越性思考，一個人如果很常**選擇**進行晚禱，就能將晚禱變成適用於自己的**義務**。

你可能認為這件事已經解決了，但結果是同一名老鄉「去找伽瑪列拉邦，問他：『晚禱是選擇性還是義務性的？』」伽瑪列拉邦答道：「義務性的。」

「但耶何書亞拉比跟我說是選擇性的。」那名學生說。

伽瑪列拉邦必定感受到了威脅，馬上做出了一個軍事性的比喻。他含沙射影暗指哲人們，對學生說道，「那就等拿盾牌的人進經學院吧。」

三個支柱

現在，補充一點背景故事可能有所幫助。

我們要面對一個假設性的問題：如果世界的三分之一屬於艾立澤爾拉比，這三分之一是用他的意志和他在聖人圈中的地位所維持的，那麼阿奇瓦拉比想要用他的溫柔保護的剩下的三分之二，這個部分究竟屬於誰？

當然是屬於耶何書亞拉比和伽瑪列拉邦了。

這三人結合在一起，有著他們悠久的歷史和三角聯盟，是他們共享世界的必要支柱。

在聖殿被毀以前形成的這種三角關係，是在當時的混亂和無秩序中凝結成的（正如我剛才所說，經學院牆壁的傾頹，是一種對聖殿崩毀的視覺呼應）。這三個男人被混亂和崩潰的時代牽在一起，他們的性命是互相依賴的。

希伯來紀年三八二八年（公元六十八年），耶路撒冷已被維斯帕先（Vespasian）領軍的羅馬軍隊圍困了三年半。約哈納．本．札凱拉邦是希列學派最後倖存的弟子。他的侄子本．巴提亞（ben Batiah）已出盡他的猶太教狂熱信徒（Zealots），相信在上帝的幫助下，可以戰勝羅馬的優勢兵力。

有三個有錢人——也就是參加艾立澤爾拉比的灰姑娘晚宴的那三個人：納克迪蒙．本．古瑞昂、本．考巴．薩武亞和本．紀吉特．哈卡賽特，已經存放了可供整座城市維持二十二年的生活必需品。不幸的是，他們讓本．巴提亞負責管理糧倉，而本．巴提亞卻用火把糧倉夷為平地，希望藉由這種方式，激發人們破釜沉舟的決心，與羅馬人一決死戰，以便得到食物。

當他的叔叔約哈納．本．札凱拉邦風聞此事，大嘆道，「禍哉！」他的反應傳到了本．巴提亞那邊。「你叔叔哭嘆著『禍哉！』」人們對他說。本．巴提亞便把他叔叔帶到面前。「你為甚麼要哭嘆『禍哉』？」他說。這是一場審訊。約哈納．本．札凱拉邦意識到了這一點。既然侄子把倉庫燒得一乾二淨，那表示他甚麼都幹得出來。幸好，約哈納拉邦反應很快。「我沒有哭嘆『禍哉』，」他說，「我說的是『哇嗚！』，這表示贊同。」

「那你為甚麼要叫『哇嗚』？」本．巴提亞想知道。

「因為只要糧倉依然完好，」約哈納拉邦告訴他，「人們就不會想要冒險戰鬥。」

（這裡有段奇妙的教訓：要隱瞞真相，最好的方式就是將它隱瞞在真相本身裡面！）

就像傳說說書人告訴我們的：「在『禍哉！』和『哇嗚！』之間，約哈納．本．札凱拉邦死裡逃生。」[22]

人們當然不會起而反抗囉——因為他們沒有氣力了。他們正在挨餓呢。最後，可能連本．巴提亞都餓昏了，他也失去了狂熱。他的叔叔問他，「這種方式你還打算維持多久，我是說讓城裡的人餓肚子？」

本．巴提亞已經深陷自己的意識形態無法自拔，他只能可憐兮兮地問：「我能做些甚麼？無論我說甚麼話，別人都會宰了我。」

約哈納．本．札凱拉邦看輕自己的存在、更重視律法的存在，他向侄子求援，詢問如何溜過守衛城門的猶太教狂熱者。

「也許有一些機會，」他說。

侄子似乎也得到了一些他叔叔狡猾的真傳。他告訴他，「我們已經明確規定：沒有人可

22〈淫婦篇〉9:14。

以離開城市，除了死人以外。你就先裝病，讓人們來探望你；再找個很難聞的東西來，並讓那味道重到讓人掩鼻難耐，這樣人們會說你已經死了。除了你的學生以外，別讓任何人把你抬出去，這樣守衛才不會發覺你很輕（因為死者很重），從而察覺你還活著。」

約哈納．本．札凱拉邦將他侄子的計劃執行到滴水不漏。這回，本．巴提亞的謀略生效了。艾利澤爾拉比提著約哈納．本．札凱拉比的棺材前端，耶何書亞拉比抬著後端，本．巴提亞起了個假名「西克拉（Sikra）阿巴」，帶頭走在前面。

當他們到達城門時，猶太教狂熱者守衛問他們，「這是甚麼？」

「一個死人，」他們告訴他。「你難道不知道耶路撒冷禁止將屍體放到隔夜？」

守衛非常狂熱且熱心，他建議用長矛刺入棺柩，好確定裡面裝了一具屍體。西克拉阿巴阻止了他：「這樣羅馬人會說，『他們刺死了自己的老師。』」守衛建議可以把屍體扔到地上，但西克拉阿巴又表示反對。「這樣羅馬人會說，『他們殺了自己的老師，將他的身體往下扔。』」

守衛顯然未經過塔木德爭議中與各種學者吹毛求疵的訓練；在進退兩難之下，他讓送葬隊伍通過了。

接下來約哈納．本．札凱拉邦還經歷了許多困難，但他最終仍得以站在維斯帕先面前，因為正確地預言了他將晉升皇帝大位而贏得了屬於自己的尊榮。

現在，維斯帕先掌管了羅馬帝國，充滿感恩之意的他準備離開耶路撒冷，對約哈納拉邦說，「我要離開這一區了，但另一個人會來接替我。如果你向我要求東西，我有求必應。」

於是約哈納・本・札凱拉邦要求他放耶路撒冷一馬。「向我要求別的東西吧。」維斯帕先說。

後來，他總算確保耶路撒冷的東門、也就是彌賽亞將臨的大門保持完好，而且公民得以不受干擾地離開，到了第四個小時，約哈納・本・札凱拉邦說出一句名言，「把亞夫內那裡的哲人們交給我，還有伽瑪列拉邦的後代。」

艾利澤爾拉比和耶何書亞拉比已經讓約哈納・本・札凱拉邦得到安全；現在換約哈納拉邦保障伽瑪列拉邦的生命安全。當城市在他們身後淪陷時，他們的世界——哲人們的世界——卻已被贖回。被贖回的世界，將落在艾利澤爾拉比、耶何書亞拉比和伽瑪列拉邦這三個支柱的肩膀上；他們三人結合起來具備的能力，正是我們將很快就會發現的領導力特質：財富、智慧和優良血統。他們三人當中，沒有人全數具備這些特質。

在這個新世界的開始，他們三人合作無間、彼此間達到完美的平衡，每個人都朝著同一個高遠目標而努力，都為了高風險的目標將生死置之度外，不成功便成仁；每個人也都認知到我們備忘錄中所有六個提醒：每個人的行為都必須完美地滿足**天堂**、**地球**、**自我**、**他人**、**先人**和**後人**的需求，才能達到平衡。

雖然俗世無法與聖域相提並論，但以前面提過的「披頭四」來比喻的話，有一則軼聞其實是非常相近的，那就是在一輛利物浦的雙層巴士上層，保羅・麥卡尼把他年輕的朋友喬治．哈里森介紹給自己的作曲搭檔約翰．藍儂（John Lennon）。

「去吧，去吧，」麥卡尼催促哈里森。「把你的吉他拿出來。」哈里森應要求打開了吉他盒，接受試音。他馬上漂亮地彈出當時一首流行搖滾的樂曲〈不修邊幅〉（"Raunchy"）。「歡迎入團！」麥卡尼回顧這一刻時說。

那年是一九五八年，二戰甫結束十三年，英國大多數地區仍是一片荒涼的廢墟。[23]

再一次侮辱

在約哈納．本．札凱拉邦的領導下，哲人們重修了亞夫內那飽受戰火摧殘的大門。亞夫內遍地都是難民，但哲人們卻花十五年投入一項不可能的任務：重新整合因戰火而滿目瘡痍的社會，以及將聖殿的災難性毀損重新復原。

雖然，表面上來看耶何書亞拉比擁有優越的心態，這要歸咎他優良的血統（他出身希列學門）；但約哈納．本．札凱拉邦過世（希伯來紀年三八三四年，公元七十四年）時，伽瑪列拉邦的後裔卻被任命為納西、經學院負責人，而耶何書亞拉比則擔任法庭長（Av Beit Din）也就是納西的副手。

現在，在我們故事開頭，在亞夫內經過了近十五年的日子，伽瑪列拉邦致力投身於把他們的社會帶回到原本的正軌——研讀聖經與每日靈修——在這些情況下，晚禱似乎還真是一項該死的義務啊！

回到故事本身：

當拿盾牌的人進經學院時，就有人問同樣的問題：「晚禱是選擇性還是義務性的？」伽瑪列拉邦答道：「義務性的。」他就對哲人們說：「我們當中有人不以為然嗎？」耶何書亞拉比對他說，「沒有。」

情況到目前為止都還算好，因為每個人對每件事都有一致的看法。

但伽瑪列拉邦卻將戰事升級。

「但是，有人說你主張晚禱是選擇性的，耶何書亞！」他對他這麼說，直接、明顯地省略了他的頭銜：「站起來，讓他們指證吧！」

耶何書亞拉比站起來，說了一句奇怪的話：「如果我活著但他死了，活人就可能反駁死者的話；但既然他和我都還活著，活人總不可能反駁活人的話吧？」

我猜他是在自言自語——因為在場所有人都一聲不吭，不過我們不清楚他所指的人是誰。也許他指的是身份尚不清楚的學生，若是如此，如果他可以的話，他絕對會想用謊言擺脫這種尷尬局面。更有可能的是：當下，伽瑪列拉邦成了眾矢之的。我想，我們都能克制

23 請見二〇一二年由馬丁．史柯西斯（Martin Scorsese）執導的電影《喬治哈里森：活在物質的世界》（George Harrison: Living in the Material）。

自己不要輕易地在公眾面前夸夸而談，但我們卻都隱約猜得出來耶何書亞拉比心中的長期目標：活得比伽瑪列拉邦還久，然後推翻他的各項裁決。

在經學院，如果有人已經站起來，就必須得到納西的許可後才能坐下。伽瑪列拉邦此刻誤判了情勢，逼耶何書亞拉比繼續站著，進一步羞辱他：

於是伽瑪列拉邦繼續坐著講道，耶何書亞拉比也繼續站著，直到大家都開始交頭接耳，然後向通譯赫茲皮（Huzpit）喊「停！」——然後他就停了。

在此稍作說明：古代的老師都備有一名通譯擔任助手，其作用有點像擴音器，必須用洪亮的聲音重複他講的每一個字，好讓一大群與會者每個都能聽到老師的發言。伽瑪列拉邦的通譯被稱為赫茲皮——我們會在第五章再次見到他，不過戲份少很多——當拿盾牌的人背叛了伽瑪列拉邦，轉而捍衛可憐的、受辱的耶何書亞，大喊道「停！」，落井下石的赫茲皮才停止說話。

這是個激動人心的一刻。這一刻確實讓伽瑪列拉邦啞口無言了。

「伽瑪列拉邦還要繼續侮辱耶何書亞拉比多久呢！」拿盾牌的人很想要知道。「去年元旦，他侮辱過他！當時乍多克拉比的頭胎公牛事件，他也侮辱他！現在，他還是在侮辱他！」[24]

接下來又是一些倒敘的背景知識補充。

且讓我們先來看看猶太新年（Rosh Hashanah）這天發生的事件：納西領導高等法院的職責之一，是每年在兩位可靠證人提供天文資料的基礎上，確立該年度的日曆。而伽瑪列拉邦的父親（還有他父親的父親）留給他一個傳統：月亮在消失和再現之間，有時會以短路線、有時則以長路線移動，因此他能接受某一年證人提出的不合理與不科學的資料：同一天早晨的天空出現朔月、晚上卻出現望月。

在對文本和經學院內的評論中，其他哲人都將這樣的決定斥為荒謬。伽瑪列拉邦的同輩賢士多撒．本．哈爾及納斯（Dosa ben Harkynos）拉比不解地問道，「他們怎麼能證明，一名女人在生產後第二天，肚子仍然是腫脹的？」至於耶何書亞拉比同意並擁護的想法是：月相的盈虧之間，至少要隔二十四個小時。

這些想法的差異可是非同小可。根據耶何書亞拉比的觀點，第一個月的假日（包括猶太新年與贖罪日，後者更是一年中最神聖的一天）比伽瑪列拉邦的荒謬計算還要晚一天。追隨納西的裁決的話，最起碼就表示要在錯誤的日子進行贖罪日的強制性齋戒。但**沒有**在正確的日子進行齋戒，是更嚴重的罪過。

24〈祝禱篇〉27b。

當伽瑪列拉邦得知，耶何書亞拉比已經同意多撒．本．哈爾及納斯拉比的反對意見，便對他發出以下的訊息：「耶何書亞拉比，我勒令你帶著你的部屬和錢財，在你算出的贖罪日那天來見我。」

我們可以想像伽瑪列拉邦的理由：即便國家擺脫了聖殿傾頹的陰影，他們依舊不可能接受兩種曆法。人們不能任意選擇自己想要的贖罪日來齋戒！一名納西和他的副手也不能各懷鬼胎，雖然終極的權威可能是錯誤的，但為了政治連貫性起見，兩人都必須與權威並行。

耶何書亞拉比飽受這形勢變化造成的要命煎熬。月亮縱有陰晴圓缺、月相固然多變，但是這只不過是與太陽相較看起來較為不同而已。月亮的變化有固定規律、並非隨意變化，無論執政當局有多迷信、多專權，維護這種想法都是與事實相違背的。[25]更嚴重的是，贖罪日這天是禁止處理財務、攜帶金錢以及旅行或移動的。耶何書亞拉比怎能褻瀆這最神聖的一天呀？

他最心愛的學生——阿奇瓦拉比——此刻過來拉他一把：

> 他問道，「師父，您為甚麼如此哀慟？」耶何書亞拉比說：「阿奇瓦，那廝的報應該是在病床躺個十二個月，而且根本不該有機會發布這種命令！」阿奇瓦拉比告訴他，「我可以證明伽瑪列拉邦做的所有事情都是有效力的，因為經文上說，你們要宣布，下列的指定節日是上主的節期，你們要聚集敬拜上主。」

你們要宣布下列的指定節日：阿奇瓦拉比分析這節妥拉經文時，將重點放在宣布的行為上，彷彿上帝說的是：「無論這些節期的日期是否正確，我的節日不過就是這些而已。」[26]

耶何書亞拉比聞訊，便帶著他的部屬和錢財，在他算出的贖罪日那天去亞夫內找伽瑪列拉邦。伽瑪列拉邦見到他時，馬上從椅子上起身，吻了耶何書亞拉比的頭，對他說，「平靜地過來吧，我的師父兼我的學生——在智慧上你是我的師父，因為你接受了我的決定，所以你也是我的學生。如果一代人之中，顯赫的人能夠服從沒沒無聞的人，[27]那麼這一代人是有福的。」

我想說「結果好就一切都好」，但後來又發生了乍多克拉比事件，最後證明又是對可憐的耶何書亞拉比的另一種羞辱。

乍多克拉比擁有一隻頭胎公牛。這種動物如果外觀無瑕，就能當作聖物獻祭，祭司必須把牠當成聖殿上的祭祀品。如果牠被移交給祭司後受到損傷，祭司可以自行吃掉。

乍多克拉比的小牛張開雙唇吃著大麥，那些大麥用剝下的柳樹皮編織成的籃子裝

25 我會想到哥白尼和伽利略，兩人對地球在宇宙中位置的看法，和天主教廷產生嚴重的摩擦。
26〈利未記〉23:4。
27〈新年篇〉（Rosh Hashana〉24b–25a。

著——剝下的柳樹皮幾乎和布一樣柔軟——如此一來這隻小牛便不適合獻祭。[28]但另外一種可能是：經調查後發現動物的主人可能自行對牛隻外觀製造缺陷。乍多克拉比是祭司階層中的一員、也是一名學者。他問耶何書亞拉比是否可以行使自己的權威，以祭司的身分將小牛宰來吃。這麼問，是因為他是博學之人，大家也信任他誠實匯報小牛的缺陷。

耶何書亞拉比答應他的請求。身為一名學者，乍多克拉比是深受信任的；作為一個祭司，也是夠資格的。但不知為甚麼，乍多克拉比又跑去問伽瑪列拉邦，就和故事開始時那名學生的發問一模一樣。

伽瑪列拉邦於是又唱了一次反調。伽瑪列拉邦從乍多克拉比處獲悉，耶何書亞拉比已經允許他吃小牛，便說，「那就等拿盾牌的人進經學院吧。」

接下來的情景，很像歹戲拖棚的肥皂劇：被迫站著的耶何書亞拉比，想知道活人會如何頂撞另一個活人；同時伽瑪列拉邦愉快地坐著講學，直到經學院裡所有的學者忍無可忍、向通譯赫茲皮嚷道「停！」通譯赫茲皮才住口。[29]

唯一的區別是：第二次發生這種情況時（第一次是晚禱是選擇性還是義務性的），在經學院的學者們憤怒到決定廢黜伽瑪列拉邦。

黑如灰燼的內在

下一個問題自然是，他們打算安排誰來取代他的納西職位呢？

不是耶何書亞拉比：他本人就是當事人。也不是阿奇瓦拉比：他沒有義人祖先保護的優勢，可能會招致伽瑪列拉邦在盛怒之下的致命懲罰。

那麼，艾拉薩爾．本．阿扎爾亞拉比怎麼樣？

艾拉薩爾．本．阿扎爾亞拉比是個不錯的人選。他聰明、富有，更是文士以斯拉的第十代後裔[30]（智慧、財富、優良血統：這些都是古代拉比世界中個人權力的來源）。艾拉薩爾．本．阿扎爾亞拉比憑自己的智慧，就有能耐回答律法問題。他的財富，使他能像伽瑪列拉邦一樣，夠格與羅馬皇帝和當局進行談判。他的優良家世可以抵抗任何伽瑪列拉邦可能密謀的報復。

（最後那道預防措施，後來證明是不必要的。哲人們將他們自己的〔或者耶何書亞拉比的〕怨恨投射到伽瑪列拉邦身上，但伽瑪列拉邦很明顯不是一個記仇的人。）

他們便將問題拋給艾拉薩爾．本．阿扎爾亞拉比。「師父想要成為經學院院長嗎？」他告訴他們，「待我先回家與家人溝通。」這裡的家人指的其實就是他的妻子。

28 在我們故事的時空背景下，聖殿已經被毀，因此無法舉行祭典。儘管如此，小牛還是要經過祭司才能贖回或是交易。

29〈頭生篇〉（Becoros）36a。

30 據〈以斯拉記〉（厄斯德拉上）和〈尼希米記〉（厄斯德拉下）的記載，文士以斯拉流亡巴比倫歸來後，成立「大公會」（Great Assembly），邀集學者和先知將妥拉重新帶進耶路撒冷。套一句加拿大歌手科恩（Leonard Cohen）的歌詞，他就是那「寫聖經的小猶太人」。

妻子對他說，「也許他們也會把你革職。」

「就算使用寶貴的杯子一天、隔天就破了，也沒關係的。」

他的妻子似乎有些冷淡，而且比他更謹慎。她又說：「你的鬍子沒有半撮白鬚。」

他只有十八歲，但一道奇蹟出現了，他的鬍子於是出現十八道白色的條紋（順帶一提，這就是為甚麼他每年在逾越節傳說中出現時，引述他說的話並不是「我是七十歲的人」，而是「我**像**七十歲的人」）。

此前，伽瑪列拉邦有一條規定：「任何表裡不合的學生都不得進經學院！」但新的納西上任後，哲人們著手推動經學院的民主化：那天，他們請門房離開，放所有的學生進來。

效果是顯著的：為了容納大批新生，必須添放新凳子。有人說增加了四百張，有人說增加了七百張。

那伽瑪列拉邦呢？我們覺得他這一天會在哪呢？是獨自在某個地方生悶氣，還是密謀復仇計畫？其實都不是，他還在經學院看著同事們搬進四百張、或七百張新的凳子。這股新的能量似乎刺激了他，使他沮喪地進行了一次自我審視。「或許——但願上帝阻止——我限制了以色列人接觸妥拉！」他自言自語道。

為了抑制這些憂慮，外觀雪白、內部卻滿是煤煙渣的水壺便在他的夢中顯現。他將自己的夢解釋為：雖然這些學生外表看起來白白淨淨——你敢信嗎！——內在卻是黑如灰燼。

傳說說書人通常是一名隱形的解說員，但在這裡，他硬生生闖進了故事中，罕見地發言了。「但事實並非如此，」他告訴了我們。「夢中見到這個，只是為了讓他放心。」

然而，經學院現在可是生氣勃勃。「在艾拉薩爾・本・阿扎爾亞拉比就任納西的那天，他們擬定了當時所有懸而未決的法條。」伽瑪列拉邦也加入混戰──「連伽瑪列拉邦也一度現身經學院之中」──和耶何書亞拉比激辯，最終還是輸給了他的剋星：

那天，一名想要皈依的亞捫人猶大，來到了經學院。他對他們說：「律法怎麼說？我可以藉由娶以色列女子為妻來皈依嗎？」[31] 伽瑪列拉邦：「你不可以加入聚會。」耶何書亞拉比則回答：「你可以加入聚會。」……他們就馬上允許猶大加入集會。

世界的新秩序讓伽瑪列拉邦認命了、甚至可說很高興無須再承擔他的職銜帶來的負擔。他做出了一個重大決定。「既然如此，」伽瑪列拉邦自忖，「那我就去平息耶何書亞拉比的怒氣吧。」

黑色的牆壁

「雪白的水壺裡，卻滿是煤煙的灰渣。」雖然我們的故事並沒有強調細節──傳說說書

31 請見〈申命記〉23:4。

人提供了自己對夢的解讀，然後又在字裡行間消失了——伽瑪列拉邦在到達耶何書亞拉比的家以後，在清醒的狀態下見到他夢中的圖像：「到了耶何書亞拉比家裡的時候，他看到房子裡面的牆壁都是黑色的。」

伽瑪列拉邦便妄下結論：「他對耶何書亞拉比說：『看你房子的牆壁，你似乎是鐵匠或製造木炭的。』」[32]

黑色的牆壁是象徵耶何書亞拉比的貧窮，而不是他的行當；這些牆壁在故事中的功能就像羅夏墨跡測驗（Rorschach inkblot），好比夢中的形象，伽瑪列拉邦並沒有做好精確解讀的準備。當時，他誤讀了自己的夢，因為上天希望伽瑪列拉邦可以放心；此刻，出於位居上流社會的自滿感，他又誤讀了牆壁。

但是，情況已經不一樣了。在這一刻，我們的兩個死對頭完全站在平等的立足點上，這是前所未見的。我想，耶何書亞拉比雖然是納西的副手，但他的重要性甚至高過現在的伽瑪列拉邦。

無論如何，耶何書亞拉比都不再需要用禮節的雪白門面來隱瞞他灰暗的感受。養尊處優、冥頑不靈的伽瑪列，不但在錯誤的日期宣布贖罪日，還深怕自己的權威不夠穩固，使得自己褻瀆了這最神聖的節日；而且從來沒有好好觀察月相，一味盲信他顯赫的先人，認為月相盈虧是忽快忽慢、以不同路線變化的；他一如往常地用愚蠢的方式觀察，也一如往常地做出愚蠢的結論。現在，這樣的伽瑪列站在耶何書亞拉比面前，耶何書亞拉比已經忍無可忍。

他發自內心，用自己的刻薄回答了伽瑪列拉邦。

「你帶領的世代真可憐啊！因為你完全不懂妥拉學者的謀生方式，對他們養成的方式也一竅不通！」

在這些故事中，很常有深淺兩色的雙生矛盾，與鏡中的自己衝突。伽瑪列拉邦其實也並不是他表現出來的那個樣子。他也像個雪白水壺，裡面充滿煤煙的灰渣。雖然他擁有領袖的各種外顯表徵（財富、優良血統），但他缺乏內在的慧根。

其實，伽瑪列的行為據說是這樣的：

這是伽瑪列拉邦的行為：當他走進經學院時，說「問」，就是已被事先告知，這裡將沒有鬥智的場合。但是當他進入經學院時，並沒有說「問」，表示他已被事先告知，將會有一場鬥智。[33]

難怪他過度補償、特別是針對耶何書亞拉比，因為耶何書亞拉比正好與他相反，智力上勝任納西一職，但財力上或家族背景上卻不適合。

32「或製造木炭的（人）」一語，來自拉希的注解。但我已將細節加進了對話中，因為我喜歡讓這兩個細節更凸顯伽瑪列拉邦的特色。

33〈申命記釋經集〉（Sifre Deuteronomy）#16。

儘管他們有這麼多的相異之處，他們還是在這一刻、至少也算是在同一個地方，相遇了。伽瑪列拉邦可能過於養尊處優，也可能由於漠不關心或太過遲鈍，因而無法深入了解耶何書亞拉比的生命、進而同情他，但耶何書亞拉比卻能完全看穿伽瑪列拉邦。正因為他看穿了伽瑪列拉邦，所以他對受苦中的加害者完全沒有絲毫的同情。

他們在情感上相持不下，然後伽瑪列拉邦做了一件事情。這件事情就我所知，在塔木德故事裡和現實生活中都一樣罕見：他道歉了。

「我對你說了太重的話，」他對耶何書亞拉比說。「請原諒我啊！」

耶何書亞拉比不理他。

伽瑪列拉邦則堅持要道歉。「那看在我父親的名譽份上，」他請求，「請原諒我吧！」

他指的是他的曾祖父希列，或是他的父親、也是前任納西、更是耶路撒冷十烈之一西蒙·本·伽瑪列拉邦。他優良的血統不但是他的王牌，而且一直都是。在這一刻，我們可以立刻見證這種拉比權力帶來的影響：耶何書亞拉比的怒意緩和下來了。

他們和解以後，問道：「誰去通知哲人們？」

我們的老朋友——漂洗工——又再次亮相了，而且出現的時間點可真巧。漂洗工自願充當他們的使者來到經學院，給哲人們帶來了一條奇怪的消息：

「就讓慣穿長袍的人穿長袍吧。如果一個不習慣穿長袍的人跟慣穿的人說：脫下你的長袍給我穿，這樣合理嗎？」

也許，這則關於長袍的訊息出自一個洗衣工之口（有洗好的衣服要送回給客人嗎？我想像哲人們互相詢問），沒有人搞得懂這是甚麼意思。世界顛倒過來了，革命派反倒成了反動派。雖然，在經學院民主化的過程中，他們已經拔除門房的角色，但現在：

阿奇瓦拉比對哲人說：「把門鎖起來，以免伽瑪列拉邦的僕人來騷擾拉比。」耶何書亞拉比說：「我最好自己去找他們。」他便過去敲門。

他捎來的消息也一樣奇怪，可能是為了說服他們，第一條消息確實也是他傳達的：

他對他們說：「就讓灑水人和灑水人的兒子來灑水吧。如果一個人既非灑水人、也非灑水人的兒子，卻來到面前對他們說：你的水是洞窟裡的死水、你灑的灰是煤渣，這樣合理嗎？」

這格言般的消息，現在看來，是針對對艾拉薩爾・本・阿扎爾亞拉比的，也就是針對柯亨（Kohen，也就是祭司）的。耶何書亞拉比似乎要表達：既然祭司的職務（將祭品的鮮血灑在聖殿牆上）[34] 是世襲的，那麼納西的職務也該是如此。儘管伽瑪列拉邦有許多不足之處，但他出身納西世家；如果宇宙是原子，那麼我們的經學院就是原子內部的核心，經學院不該恢復其長久以來的秩序嗎？

阿奇瓦拉比再一次站在門邊。他年輕時就是一名彪形大漢，因此現在他擔任保鏢也是有道理的。

「耶何書亞拉比，」他說，「你怒息了嗎？我們這麼做，除了為了你的名譽之外，沒有別的理由，對吧？你我明天要到伽瑪列拉邦的門前。」

引發整個事件的人

漂洗工在這一刻來到故事裡，並非偶然。哲人的世界就像身上的服裝，穿久了色澤會變得暗沉，長期下來也會磨損；它需要洗滌、擠壓、猛踢、甩抖、拉伸並增厚，就像在漂洗過程中使用人尿一樣。我們甚至可以說，哲人們需要對他們自己的小團體集體小解，這是使其回復過往榮光的一個過程。

這個故事是喜劇：瞬間四分五裂的世界在得到一些改善後，多少恢復成原來的樣貌。經學院已經民主化、規模也擴大了，洋溢著熱鬧而嶄新的生命力（皈依者亞捫人猶大是為代表）。伽瑪列拉邦和耶何書亞拉比在他們的故居，兩顆心再次重歸於好——至少從外表來看是如此。現在只有一個問題：他們該怎麼除去艾拉薩爾·本·阿扎爾亞拉比？

「但按照神職傳統，我們只能升職、不降職。」

儘管艾拉薩爾・本・阿扎爾亞拉比的妻子很擔心降職一事，但艾拉撒爾・本・阿扎爾亞拉比已經高升至納西之職，是不可能再被降職的。更糟糕的：如果伽瑪列拉邦和艾拉薩爾・本・阿扎爾亞拉比輪流講學一周，是否會導致彼此間心生嫉妒？（經學院一度被騷亂喚醒，現在又懶洋洋地睡著了；哲人們幸福地沉沉入睡，忘記了其實並沒有任何一條聖規能阻止他們罷免伽瑪列拉邦，也忘記了伽瑪列拉邦的專制才是嫉妒之源、也是導致他們大規模反抗的導火線，而非集體共治。）

不過，最終大家還是達成協議：艾拉薩爾拉比將在四周內講課一周，伽瑪列拉邦則負責其餘三周。[35]

奇怪的是，傳說說書人等到所有麻煩都已結束、經學院的世界又恢復了長久以來的和平，才提出那個一直沒有人提出的問題：「那麼，引發整個事件的學生，」也就是問晚禱是義務性還是選擇性的傢伙，「是誰呢？」答案是：年輕的西蒙・巴爾・約海拉比。他現在是個火爆浪子（未來也將會是），看官可能會記得，他未來有一天會被略過一個想要的職位，而一個他認為無法勝任的同事[36]卻得到了那個職位；也可能記得他後來得到了超能力，卻寧

34〈利未記〉1–5。
35 完整故事請參見〈中間之門〉59b。
36 請見第二章。

可拿來報復本族內部的私仇，也不要拿來對抗佔領他們土地的外族羅馬當局。同樣的模式在這裡似乎也在運作著。

正如我說過的，我們讀到的這兩個故事並不完全契合，伽瑪列拉邦的喜劇罷黜或艾立澤爾拉比的悲劇驅逐，何者為先、何者為後，我們也無法判斷。當然，我們可以想像，作為保守派、耶何書亞拉比的「神聖同伴」的艾立澤爾拉比，曾擔任耶何書亞拉比和伽瑪列拉邦之間的和事佬，而他的缺席自然也讓兩人間的緊張局勢達到頂點。

當然，艾立澤爾拉比的缺席在這喜劇中扮演了一個角色——我們可以假設他已被禁——但同時他感覺似乎**也**不在這裡，不存在於其他人物的回憶中。他的鬼魂似乎也沒有縈繞在舞台上。也沒有人表現出擔心的樣子，例如在驅逐艾立澤爾拉比後，他們正藉由繼續罷免伽瑪列拉邦來摧毀他們世界的結構。

喜劇的雪白水壺內充滿了悲劇煤煙的灰渣，外觀看似喜氣洋洋，內部其實隱藏著黑暗。我們都知道，忘記過去的人注定要重蹈覆轍。先賢在歡樂地罷黜伽瑪列拉邦期間，完全忘記了艾立澤爾拉比，這增加了故事的悲劇性：雖然在喜劇的結尾，他們的世界似乎暫時得到恢復，但他們其實是在撕裂這個世界。最後事實證明，儘管拿單拉比講述了先知以利亞關於笑著的神祇被自己孩子們推翻的畫面、儘管所有的哲人提出各種反證和論述，他們的良心依舊不安。而且正如我們所見，哲人們驅逐艾立澤爾拉比的那天，他們的世界有三分之一差點冒出熊熊火焰——沉入海底：

當時在海上旅行的伽瑪列拉邦，也遇到突然興起的大浪，差點翻船。伽瑪列拉邦就說：「我看這應該是因為艾立澤爾．本．西爾卡努斯拉比的事情所造成的。」接著他就站起來……

（這個意象又出現了。）

……大聲說道……

（對著據說是高興地看著浪頭打翻船隻的神祇說。）

……「宇宙的主人，您知道我不是在保護自己或自己家族的榮譽，而是為了您的榮譽，好讓爭議不至於在以色列人當中持續擴散。[37]」

37〈中間之門〉59b。

律法可能不再懸於天空上，但似乎有高人一同協助艾立澤爾拉比防禦。然而，伽瑪列拉邦動用了他優良的血統，撫慰了不羈的心靈，海水也停止肆虐的念頭。

他一如往常地扮演納西的角色，為整體利益著想。而我們從哲人們辯論納西的潛在繼任者可能獲得的功勳時，已經可以瞭解到，納西是一個危險的職業。除了財富和智慧，還需要義人祖先超自然的保護才行，在世的親屬也能提供保護。雖然伽瑪列拉邦在天堂之手掀起巨浪潑灑在他身上時，有辦法制止天堂之手的蹂躪，但最後我們可以看到，當他的妹妹無法保護他時，一個簡單的祈禱就把他給毀滅了。

伽瑪列拉邦和艾立澤爾拉比的關係，就像約哈納拉比和拉吉許的關係，兩人是表兄弟。艾立澤爾拉比娶了伽瑪列拉邦的妹妹，也就是伊瑪．沙洛姆，這個名字的意思是「和平之母」。但當她的兄長驅逐了她的丈夫以後，要維繫家庭的和平，其困難是可想而知的。她的忠誠必須像雙頭馬車，分開進行。我們可以清楚地看到這一點：從她丈夫被禁的那一刻起，伊瑪．沙洛姆便阻止他背誦一篇名為〈懺悔詩〉的祈禱詞。〈懺悔詩〉既是祈禱詞，也是內心的呼喊。背誦〈懺悔詩〉時，必須低頭，好像在疲憊狀態下做出懇求。它的部分內容如下：「我非常難受，希望我的仇敵全都感到羞愧、陷入一團混亂。他們會後悔自己所做的事，而且會立刻感到羞恥！」[38]

在多數日子裡，都要背誦〈懺悔詩〉，但總有幾天例外。有些人認為，伊瑪．沙洛姆搞錯了日期，也有些人認為她在這關鍵時刻被一個乞丐的敲門聲弄得心煩意亂。無論是何種情況，她的戒心降低了，她讓她的丈夫獨自祈禱，而且由於無人監督，他禱告的內容是〈懺悔詩〉，這是他被禁教以來的第一次。

伊瑪．沙洛姆回來時，發現艾立澤爾拉比低著頭。她瞬間明白了一切。「起來啊，」她嚷道：「你竟然殺了我的哥哥！」

她的話音剛落，便有一道聲音從伽瑪列拉邦家傳出來：納西死了！

「妳怎麼知道會發生這種事？」艾立澤爾拉比愣住了，向妻子問道。

「我父親家有一個傳統，」她告訴他。

這裡的「父親家」，指的當然是伽瑪列拉邦的父親家，也就是那個空有顯赫家世卻迷信荒謬月相的家族。耶何書亞拉比正是看在這個家族份上而原諒伽瑪列拉邦，海上的波濤也是看在這個家族份上而大發慈悲安份下來。

「當天堂的門都關上時，」伊瑪．沙洛姆向丈夫解釋道，「破碎的心扉仍然是敞開的。」

臨終獨白

儘管耶何書亞拉比和艾立澤爾拉比的爭論導致了後者被驅逐，但兩人對彼此的愛似乎沒有減少，直到盡頭：

38《希伯來祈禱書》（*Hebrew Prayerbook*）。

艾立澤爾拉比病倒了，阿奇瓦拉比一行人前來探望他。艾立澤爾拉比坐在一張有頂棚的四柱床上，阿奇瓦拉比一行人則坐在離他四腕尺的距離外。

這是為了遵守拉比禁令。

他們出現在這裡，並不是甚麼好兆頭。艾立澤爾拉比似乎不知道他病得有多重，他質問訪客是為了知道自己的病況。

「你們怎麼來了？」他問他們。

「我們是來學習妥拉的。」他們說。

向一名被禁教的異端學習妥拉？

「那你們以前怎麼不來？」

「以前我們沒有時間。」他們告訴他。

我們沒有時間。死亡的主題巧妙地進入了談話之中。然而，艾立澤爾拉比仍舊看穿他們溫柔的騙局。死亡的念頭明確地盤據了他的腦海。

「我不知道你們能否像我這樣平靜地死去。」他大聲對他們說道。

羅馬當局的統治正在變本加厲，艾立澤爾拉比可能是他們這一小群人當中，唯一一個在床上安詳死去的人。就像族長雅各（雅各伯）在〈創世記〉結尾的臨終前，他的兒子們圍繞在病榻旁，艾立澤爾拉比似乎也得到了預言能力。[39]他告訴他過去的學伴，自己可以預知大家臨終的景況。

「我的死亡會是甚麼樣子？」阿奇瓦拉比問。

「你的死會比他們的殘酷。」他回答。

艾立澤爾拉比將雙臂捂在心上，哀號道，「唉！我的胳膊啊，你們就像兩隻妥拉捲軸，即將被卷起來放在一旁了！」

還有一段淒美（而且也很奇特）的臨終獨白如下：

我學了許多妥拉，也教授了許多妥拉……但我向我的老師學到的東西，頂多和一隻狗在海中舔起來的水一樣多……而我的同學們向我學到的東西，頂多和漆棍從漆管裡撈出的油漆一樣多。而且，我研究過如何讓皮膚變得明亮的三百條律法，但從來沒人向我問起。尤有甚者，我還研究過三百條用魔法種植黃瓜的規則，但除了阿奇瓦·本·尤瑟夫以外，不曾有人過問。有一次，他和我一起走在路上，他對我說，「我的師父，請教我如何用魔法種植黃瓜。」我只說出一個字，我們身邊的所有田地都長滿了黃瓜。然後他說：「主人，您只教我如何種植它們。現在，請教我怎麼採摘它們。」我只說出一個字，所有的黃瓜就匯於一處了。

39〈創世記〉49章。

在他最後一次與同事們分離的前夕，他的朋友們都圍繞在他床邊守夜祈禱。他們問他關於禮儀的潔淨與不潔的律法，這也正是導致他被驅逐的主題，也是他第一次與他們分離：

艾立澤爾拉比一直不停地對不潔淨的東西說「不潔淨」，一直對潔淨的東西說「潔淨」，直到他說出潔淨一詞，他的靈魂才離開。

耶何書亞拉比將這一幕當作一個信號，一個艾立澤爾拉比以屬靈上潔淨的狀態去世的信號。他站起來，感嘆道：「禁令解除了，禁令解除了！」

艾立澤爾拉比在安息日前夕去世了。由於安息日不能旅行，因此哲人們便在艾立澤爾拉比的鎮上過夜。當阿奇瓦拉比從該撒利亞（凱撒勒雅）返回呂大（里達）次日，便見到艾立澤爾拉比的棺材，他在悲痛中撕裂了自己的衣服。這是一種傳統的哀悼表現，但阿奇瓦拉比撕完衣服繼續撕自己的皮肉，直到一片血肉模糊，他才倒在血泊裡。他一邊抽泣一邊呻吟著，「禍哉、哀哉，我失去了您，我的老師，您將一整代人拋下了，我們失去了父親啊！」[40]

阿奇瓦拉比是他那一代的代表性哲人之一，他對一個被懷疑為異端、在禮儀上又有爭議的不檢之人做出這些同情的發言，是有點奇怪的。這人的死亡等同於失去父親，但一整代人失去父親的那一刻，其實就是從他被禁教的那一刻啊！

敵意的元素

目前為止，故事還是存在許多矛盾的疑點。在這個故事中，一切都是內部充滿煤渣、外觀卻雪白剔透的水壺：沒有任何東西是表裡如一的。這就好比，團體中一名神學觀念最保守的教友，「從來不曾說過一句沒從他的老師那裡聽來的話」，卻突然發現自己被禁教、成了異端？

我不喜歡陰謀論，而且我當然也無法證明耶何書亞拉比用艾立澤爾拉比當武器殺死了伽瑪列拉邦，儘管這聽起來很是高雅俐落。然而，這兩個故事中許多看似沒道理的事情，用上面的觀點解讀卻能展露出一些道理來。耶何書亞拉比對納西的敵意是長期醞釀的，不僅充分具備方法、動機和機會等元素，而且證據確鑿。

容我提醒讀者，他在被伽瑪列拉邦公開羞辱後，對自己嘟囔的話：如果我活他死，我就能推翻他的裁決，因為活人可以反抗死人。

關於動機

耶何書亞拉比嚥下他的傲氣（雖然這不常發生，但他的確這麼做了），與伽瑪列拉邦的大權妥協；但當人民的利益和社稷的福祉沒有大礙時，他似乎就變得有點桀驁不遜，對伽瑪

40〈議會篇〉68a；〈拿單拉比長老篇〉25。

列拉邦也顯得輕蔑。

例如有一次，在伽瑪列拉邦的兒子舉辦的筵席間，艾立澤爾拉比、耶何書亞拉比和乍多克拉比都臥躺在沙發上（多不協調的畫面啊），而且納西還為他們端茶送水：

他給艾立澤爾拉比一杯飲料，但是艾立澤爾不想接受；然後他再拿了一杯飲料給耶何書亞拉比，耶何書亞接受了。艾立澤爾拉比便對他說，「我們怎麼能讓這種事情發生，耶何書亞？我們大剌剌地坐著，而我們的長輩[41]伽瑪列，卻站著服侍我們，給我們端茶送水！」耶何書亞拉比說：「在聖經中，我們可以找到一位比他更偉大的服侍者。亞伯拉罕是他那一代最偉大的人，而關於他是這麼寫的，『他（在樹下）站在他們旁邊。』」[42]

這是〈創世記〉第十八章講述的：身為族長的亞伯拉罕看見有客人前來（雖然他們是天使的化身），認為他們是阿拉伯商人，便跑去服侍他們用餐。耶何書亞拉比於是下了結論：「伽瑪列拉邦不也該站在我們身旁，端著我們的飲料嗎？」[43]

乍多克拉比——或許還在為失去頭胎小牛難過？——在此趁勢而入：

你們關心的是上帝所造之物的名譽，但你們何時才會關心無所不在的上帝應得的榮耀？上帝讓風徐徐吹起、雲霧上升、降下甘霖、大地發芽，還在我們每個人面前設了一張桌子。就算伽瑪列拉邦是我們的長輩，不也該站在我們身旁，端著我們的飲料嗎？

雖然耶何書亞拉比和乍多克拉比的狡辯聽來盡是自私自利，但我必須同意艾立澤爾拉比。縱使根據神聖律法的一種比較牽強的解讀，猶太議會（Sanhedrin）的主席得以放棄一些他應得的榮耀，但他這樣做當然還是顯得有些不合時宜。當兒子不尊敬父親、拉比不尊敬納西時，事情似乎有些不對勁了。

耶何書亞拉比對伽瑪列拉邦的敵意，還有一個更微妙的案例：伽瑪列拉邦有一個心愛的奴隸，名叫托比（Toby，這名字的意思是「最好的」或是「我的天啊」）。托比雖然是一介奴隸，但他本身其實是一名學者；而事實上，當他死時，伽瑪列拉邦違反了神聖律法，正式哀悼他，而且以他的名義接受眾人弔唁：

他的學生對他說，「我們的師父啊，您不是教導我們不可以因為失去奴隸而接受弔唁嗎？」他對他們說道，「我的奴隸托比可不像其他的奴隸。他是一個君子。」

41「長輩」即希伯來文的Berabbi，是一個榮譽頭銜。
42〈創世記〉18:8。
43〈婚律篇〉32b。

伽瑪列拉邦無法在不違反神聖戒律（「這些人可以作你們的產業，你們可以把他們留給子孫」[44]）的前提下釋放托比，對性格溫文的他來說已經相當困擾；然而，根據另一道戒律，如果一個人不小心弄瞎他奴隸的眼睛，奴隸便能獲得自由。[45]

這還真的發生了。有一天，伽瑪列拉邦弄瞎了托比的眼睛，他為這快樂的意外感到十分慶幸！他跑到耶何書亞拉比那裡對他說，「你知道我的奴隸托比快要獲得自由了嗎？」

「怎麼做到的？」耶何書亞拉比感到好奇。

「我不小心弄瞎了他的眼睛。」伽瑪列拉邦說。

我們似乎可以聽到伽瑪列拉邦的嗓音流露出的激動與喜悅，也幾乎可以聽到耶何書亞拉比搖著頭。

「你的這段自白，」他對伽瑪列拉邦說，「在律法上是完全無效的，因為沒人代表奴隸作證。」

也許我想太多了，但他對伽瑪列拉邦說的這句話在我聽來，有點惡作劇的味道，就像逮到機會在伽瑪列拉邦頭上狠狠潑了一盆冷水。畢竟，伽瑪列拉邦也拒絕接受乍多克拉比在沒有證人的情況下，關於頭胎小牛所說的證詞；這裡不過是以其人之道還治其人之身。但為甚麼一名「神聖同伴」的話，過去顯得牽強，現在卻具有十足的律法意義？

雖然伽瑪列拉邦可能希望能對律法上的文字細節視而不見，而耶何書亞拉比雖力主創新裁決，但他可不覺得良心上有必要牽就伽瑪列。伽瑪列拉邦最終仍需要支付罰款，至於可憐的托比——根據一名優秀學者和一名義人的說法，他還是一名奴隸（而且半瞎）——到他死時仍是如此。[46]

關於方法

說到塔木德中戲份最多的大騙子，耶何書亞拉比絕對首當其衝。在書中，他被描述為一個精明的人，陰險又狡猾，任何事情都想占上風，無論對方是哈德良皇帝、亞歷山大城市民，或是雅典六十聖賢。他是冰雪聰明的人，在這些故事中他都以創造性的智慧化身登場，就像高級棋手，是能正確無誤地預測接下來三步、四步甚至五步的陰謀家。

「從來沒人可以佔我便宜，」他聲稱，「除了一個女人、一個小男孩和一個小女孩以外。」換言之，只有他低估對方[47]、放下戒心時，對方才能佔他便宜。

有個故事特別明顯：一天早上，有名客人來訪，耶何書亞拉比給這名男子食物和飲料。到了晚上，他把這人帶上他的閣樓就寢。耶何書亞拉比離開時，沒先知會這人就把通往閣樓的梯子移走了。當天半夜，男子起身將屋內樓頂值錢的東西搜刮殆盡，然後藏在他的斗篷

44〈利未記〉25:45–46。
45 參見〈出埃及記〉21:26。
46〈第一道門〉74b。
47〈混揉篇〉53b。

內。接著男子打算偷偷溜走，於是想找出梯子放在哪裡。結果他跌了一大跤，摔斷了他的鎖骨。第二天早上，耶何書亞拉比起床，發現男子躺著的地方四周全是準備盜走的贓物，大概能裝滿一個斗篷。

「你這一無是處、頭腦空空的笨賊！」耶何書亞拉比吼道。「你這類人的行為，難道都像你這樣嗎？」

小偷似乎不明白這個問題。「師父，」他說，「我不知道您已經把梯子移走了！」

「你難道不知道，從昨天你到達的那一刻起，我們就懷疑你了嗎？」

據信，這個事件符合了耶何書亞拉比掛在嘴邊的那句話，「把所有人都當作無賴，然後用你尊重伽瑪列拉邦的態度[48]來對待他們。」

這真是一句奇特的聲明。可能也是他不小心吐露心聲？當然，也可能有人把這句話反過來讀：雖然人們必須尊重伽瑪列拉邦，但他不過是個無賴？

關於機會

我老實說：據我所知，無論在塔木德或〈米大示〉中，都沒有暗示耶何書亞拉比用艾立澤爾拉比的祈禱當作凶器，來謀殺伽瑪列拉邦。然而，耶何書亞拉比一手挑起的艾立澤爾拉比驅逐記，說到底實在很沒道理。

我們再次設問：神學圈內最保守的教友，如何被禁教、成了異端？不只有一道神聖的聲音同意艾立澤爾拉比的意見、宣布他總是正確的，甚至當上帝憤怒時，幾乎要就此事淹死伽瑪列拉邦。我們又該如何了解，耶何書亞拉比急著在艾立澤爾拉比生命的最後一刻解除禁令，讓他的朋友可以重回團體的懷抱，含笑而終？他對艾立澤爾拉比的感情不滅、懷抱大愛，同時他也渴望恢復他同事的好名聲：這一切都有點可疑。

耶何書亞拉比的行為其實流露出許多真情（這是不是一種內疚的表現呢？）。但他最真摯的情感，其實是在伽瑪列拉邦去世後，他進入經學院、意圖廢除伽瑪列拉邦所有（他所認為不合理的）裁決時，才流露出來的。

我再次提醒看官，他喃喃自語過的話：如果我活他死，我就能推翻他的裁決，因為活人可以反抗死人。

而這也正是耶何書亞拉比最後試著去做的事情。然而，當著他放肆的顏面，約哈納．本．努里（Yohanan ben Nuri）拉比站起來喊道：

我宣布，身體必須服從頭腦的指令！伽瑪列拉邦用一生時間，在執政時達成協議制定律法，現在你卻要試著廢除？既然律法已經在伽瑪列拉邦的同意下制定了，我們不會聽從你的，耶何書亞！

48〈禮節篇拉巴〉（Derekh Eretz Rabbah）5。

約哈納・本・努里拉比在經學院把他訓斥了一頓，殘酷又隨便地把他從「可敬拉比」的名單[49]中移除。故事還沒完：

> 而且也沒有任何人對這句話提出過任何異議。

伽瑪列死了。艾立澤爾拉比也死了——他幾乎可說是死於禁教之令。現在，在這世界上的第三個、也是最後一個支柱：耶何書亞拉比，卻獲派一份與拉比無涉的職務。某天，羅馬皇帝與他巧遇，便問他為何不再參與學者和異端之間的激昂辯論（這也許不是故意刁難的問題——但耶何書亞拉比想起了艾立澤爾拉比）。

耶何書亞拉比很有詩意地回答皇帝：「漫山皆雪，覆之以冰；山犬不復嗥，山石磨盡；吾盡尋未失之物也。」[50]

換句話說：我的頭髮和鬍子都花白了，氣若游絲，牙齒磨損到只剩牙齦，而且彎腰駝背。

嗯，正如我所說，我其實不能證明甚麼。不過，至少有一點大致是正確的：在聖殿被毀的混亂之中，伽瑪列拉邦、艾立澤爾拉比和耶何書亞拉比堅守他們的師父約哈納・本・札凱拉比的教誨，創生了一個新的世界，然後他們又緩慢、接連地摧毀了那個世界。

在這種毀滅之後，生命的亮度似乎也變得昏暗了。「根據艾立澤爾・本・西爾卡努斯拉比的說法，從聖殿被毀的那天起，學者變得像學校教師，學校教師則變得像猶太教堂裡持棒的捕役，猶太教堂持棒的捕役則變得像目不識丁的農民，目不識丁的農民則是越來越貧困。」[51]

當我們在更加艱困的環境中窺視著墮落的世界，以及那一系列懸而未決的問題時，喬治・哈里森的探問不禁縈繞在我們耳邊：

是不是太可惜，是不是很遺憾，
我們為何總是讓彼此傷心，造成彼此的痛苦，
我們為何把彼此的愛當理所當然，
忘記還給對方，是不是太可惜？[52]

49 這裡的諷刺意味相當深刻。約哈納・本・努里拉比其實是一種耶何書亞拉比的對照：他和耶何書亞拉比一樣貧困，在耶何書亞拉比的推薦下，才得到伽瑪列拉邦的拔擢，成為位高權重之人；但和耶何書亞拉比不同的是，約哈納・本・努里拉比是個非常謙卑的人，正如我們看到的，他與伽瑪列拉邦的權勢並無摩擦。請參見〈決定篇〉（Horayot）10a–b。

50 〈安息日篇〉（Shabbat）152a。

51 〈議會篇〉39b。

52 喬治・哈里森，《是不是太可惜》（Harrisongs Ltd., 1970）。

Chapter 5

史詩般的畫布：顯靈、懲罰、萬劫不復、出神與賜福

Six Memos from the Last Millennium

阿奇瓦拉比（Rabbi Akiva，活躍於希伯來紀年三八五五年至三八九五年／公元九十五至一三五年）、西蒙・本・亞翟（Shimon ben Azzai）、西蒙・本・佐瑪（Shimon ben Zoma）和艾里沙・本・阿夫亞（Elisha ben Avuyah）

我們的師父如是說：本・亞翟、本・佐瑪、亞哲和阿奇瓦拉比四人進入果園時，阿奇瓦拉比對他們說，「當你們來到澄澈、透明的大理石厚板面前時，可別說『水，水！』因為，有句話是這麼說的：『說謊話的，必不得立在我眼前。』」

本・亞翟投去一瞥，死了；關於他，聖經上如是說，「在上主的心目中，他的一個子民死去是多麼可痛惜的事。」本・佐瑪看了之後便發了瘋；關於他，聖經如是說，「你找到了蜂蜜嗎？別吃過量的蜂蜜，多吃會使你嘔吐。」亞哲則失了根。只有阿奇瓦拉比「平安而去，平安而回」。

看守的天使想要把他轟出去，但上帝說：「讓這位尊貴的長者留在這裡罷！他有資格享受我的榮耀。」

——《巴比倫塔木德》，〈朝聖書〉14b-15b

就在摩西登上高處時，他發現上帝正坐著，為神聖的字母嵌上細小的花飾。「宇宙的主啊，」摩西問道：「是誰使祢的手，停滯下來呢？」言下之意是：祢本可以呈現出妥拉的原始風貌，怎麼臨時才又加入字母系統呢？「在經過許多世代之後，」上帝告訴祂的先知：「一位名叫阿奇瓦・本・約瑟夫（Akiva ben Yosef）的人，將會出現。他將要從我正為這些字母嵌上的每一個小花冠上，推導出成堆的法典來。」

摩西深感敬佩。「宇宙的主啊，請允許我見到這個人吧！」

「轉過身去。」上帝回答道。

摩西轉過身去，馬上進了阿奇瓦拉比的講經班，坐在第八排。現在，第八排是最後一排座位。在古代的講經學校裡，最聰明、敏銳的學生，都坐在第一排。如果你答對一個問題，你的座位就會被往前調。如果你答錯一個問題、或是問了一個不正確的問題，就會被往後調。任何人——尤其是像摩西這樣具有特殊地位的先知——都不想坐在第八排。比這更糟糕的是：摩西試圖跟上包括課程講解、問題與答案在內的種種討論，但後來他卻發現，自己根本搞不清楚來龍去脈。

我們眼前這位學生摩西，正是那位高踞西奈山巔，在桅杆上受鞭笞，於閃電與大雷雨中領受神聖妥拉的摩西；那位身邊所有人靈魂都已出竅、離開肉身，自己卻還能意識到造物主聲音的摩西；那位在儀式上完美無瑕，只因上帝可能想要下凡和他一談，就戒絕與妻子肉體淫樂長達數十年之久的摩西；那位能夠上達天堂，彷彿有權和上帝交流神聖的字體印刷的摩西。

現在，這位摩西坐在阿奇瓦拉比班上的最後一排，完全聽不懂講課內容，開始覺得有點頭暈目眩，彷彿就要昏厥過去。

就在他們進入一段很艱澀的章節時，阿奇瓦拉比的一名學生舉手了。「師父，您從哪裡學到這個的？」他問。

阿奇瓦拉比答道：「那是在西奈山上給摩西的一條律法。」

摩西感到放心了。某種進化正在發生；而摩西，最謙卑的人子[1]，對於能在這其中扮演好自己的角色，感到心滿意足。

他回到上帝面前。「宇宙的主啊，」他說：「祢擁有像阿奇瓦拉比這樣的人為祢效勞；然而，祢卻選擇透過我將神聖的妥拉傳達給世人，而不是他？」

上帝要摩西別多管閒事，用語也不太禮貌。「安靜！」上帝說。「我心裡就是這樣決定的。」[2]

摩西鍥而不捨地追問，「祢已讓我見到了這個人，以及他的妥拉。現在，請讓我看看他的獎賞吧。」

「轉過身去。」上帝說。

摩西再度轉身；這次，他眼前浮現的情景是，阿奇瓦拉比的肉被擺在羅馬人的肉鋪上，正被秤斤論兩著。

他心驚膽顫。「宇宙的主啊，難道**這**就是妥拉，而**這**就是獎賞？」

「安靜！」上帝再次說道。「我心裡就是這樣決定的。」

令人不寒而慄的宿命

我的一些朋友家裡有數位錄影機，他們偶爾會邀我觀賞我可能錯過的有趣節目。我就是在這樣的機緣下，看到布魯斯．斯普林斯廷（Bruce Springsteen）接受採訪。斯普林斯廷講到他充滿天主教色彩的成長過程。他說：天主教是戒律甚嚴的宗教，帶給他許多艱困的回憶；然而，他也承認，那是一塊充滿顯靈、懲罰、萬劫不復、出神與賜福，如史詩一般壯麗的畫布。

「這一切，」他補充道：「完全呈現在你面前，讓你覺得自己是個五歲小朋友。」

我們的故事，恐怕也有點這樣的色彩，但這故事卻教人心神不寧。即使原文只有一百五十字，它卻陰暗而激烈，宛如一塊繪著史詩故事的畫布，描繪出一個充滿恐怖、駭人對立面的世界：摩西上天堂像一齣詼諧喜劇、一派輕鬆寫意，和阿奇瓦拉比的肉被當成狗肉（我猜想的）、在羅馬肉鋪上販售的沉重，並列在一起。摩西無能聽懂阿奇瓦拉比講課的內容，傻

1 請見〈民數記〉（戶籍紀）12:3。

2 〈素祭篇〉（Menachot）29b。

瓜般的形象猶如一幕喜劇；這和他無能理解神之正義中道德上的算術（良善的人，為甚麼受苦？最優秀的人，又為甚麼承受這麼重的苦？）又並陳在一起。上帝無止境地修補關於造物的各種小細節，一派和藹愉悅；而神對道德的比例權衡完全超出人類的理解範圍，祂甚至不想向自己最聖潔的先知解釋，予人無盡蒼涼之感。這兩者，構成鮮明對比。

不管我們的傳說說書人過去是誰，現在又是誰——他，再一次搞起了狡猾的小把戲。這位傳說說書人在愛因斯坦和普魯斯特登場前一千八百年左右，就將時間相對論化了。故事中，阿奇瓦拉比之死是在遙遠未來的事件，卻被描述成屬於一個發生在遙遠過往事件（摩西升天）的一部分。當然，這只是錯覺。雖然這個故事發生在摩西死前（根據傳統，這件事發生在希伯來紀年二四八八年／公元前一二七三年），但它顯然是在阿奇瓦拉比死後（希伯來紀年三八九三年／公元一一三三年）所寫下的。

換句話說：即使這個故事是在它所預示的事件**之後**寫下的，它卻說服我們相信，它是在這些事件**之前**發生的。

傳說說書人藉著說故事的巧妙手法，在史詩般壯麗的畫布上，添加了令人不寒而慄的預知與宿命感。

塔木德的其他段落中，對阿奇瓦拉比之死有較詳細的描述；[3]羅馬人頒布敕令，禁止研讀妥拉、實踐其戒律，而阿奇瓦拉比公開、大膽地無視這條敕令。他很快就被逮捕，投入大牢，囚禁至死。他在日出時被處死的時間點，剛巧是一個人在一天之中最早誦讀祈禱文（聽啊，以色列！〉的時刻。〈聽啊，以色列〉證實了上帝之名的單一性：聽啊，以色列：神是我們的神，主是獨一無二的主。

從密契主義的角度來看，〈聽啊，以色列！〉證實了所有經驗與現象的單一性。不然，還會怎麼樣呢？在極端一神教系統中，罪惡的根源是恆一的。先知以賽亞說，上主造光明，也造黑暗；我降福，也**降禍**。

阿奇瓦拉比是徹頭徹尾的密契主義者。當他的處刑者正在用炙熱的鐵梳刮他的肉時，阿奇瓦拉比正吟誦著〈聽啊，以色列！〉，深情款款，準備接受上主的枷鎖與桎梏。

他的學生們震驚不已。「這太超過了吧，師父？這太超過了吧？」這樣的呼號，意謂著：難道，您還要在極度痛苦的折磨中實行您的精神修煉，直到您死亡的那一刻嗎？

阿奇瓦拉比從曠野之處回答他們。

「我這一輩子，」他說：「都被〈聽啊，以色列！〉中的這段經文困擾著：你要全心全意，愛你的主，你的上帝。[4]根據我的解讀，它的意思是：即使上帝『奪去』了你的靈魂，你仍然必須敬愛祂。我一直想知道，自己是否有機會達成這項神聖的誡律。現在，機會來了。我該錯失這樣的機會嗎？」

阿奇瓦拉比朗誦〈聽啊，以色列！〉時，行刑的劊子手正開始活剝他的皮。當刀子刺進

3 〈祝禱篇〉61b。

4 〈申命記〉6:5。

他的前額頂部（幸運的話，他的護符匣經文應該還在前額頂部）時，他說出整篇祈禱文的最後一字：一。

阿奇瓦拉比說出「一」字時，就氣絕了。

根據註釋，天堂中的天使們就和阿奇瓦拉比在凡間的學生們一樣，個個震驚不已。他們轉向上帝，悲號著：「這太超過了吧？主啊，這太超過了吧？」他們重複摩西充滿痛苦的感嘆：「難道這就是妥拉，而這就是獎賞？」[5]

上帝或許發現這一刻在情緒上實在太難以承受，便以制止摩西的同樣方式，使天使們安靜下來：「安靜！」祂說。「否則，我將讓宇宙回歸空虛與混沌！」

抗議與沉默

我們來談談空虛與混沌吧！

根據〈創世記〉第一章第二節：「大地混沌，還沒有成形。深淵一片黑暗。」看來，在上帝造物以前，一切淨是黑暗，混亂，空虛。換句話說：黑暗、混亂和空虛就是最初的物質，是包括星體、立方體和圓錐體在內的建材——而上帝正是用這些建材，塑造了天地。

而且，就如我們大家所知的：我們有時會感受到混亂、黑暗、空虛，這些感受就在萬物的下方嚎叫著，就算我們想躲也躲不了。

阿奇瓦拉比的殉道，已令人難以接受；我們又該如何解釋上帝的沉默，以及祂堅持其他人在這件事發生的當下必須保持沉默？這個故事裡，出現許多抗議的聲音，包括摩西、阿奇瓦拉比的學生們，以及天使們；而上帝令他們全部安靜下來。我想，身為讀者的我們，同樣可以感受到他們的不解與抗議。

然而，這個故事的意象仍是相當清楚、難以辯駁的：摩西以一個劣等生的姿態登場，坐在阿奇瓦拉比授課班上的後排，對講課內容一竅不通。希伯來人在沙漠中流浪四十年後，上帝授意，禁止摩西進入應許之地；[6] 即使摩西藉由自己的經驗了解到天譴的真義，阿奇瓦拉比之死在道德上的對價演算，看來還是超出他的理解範圍。

他就像斯普林斯廷所說的五歲小孩一樣，翻開幼稚園的教義問答集，發現但丁筆下的煉獄與耶羅尼米斯·博斯（Hieronymus Bosch，荷蘭奇詭畫家）的畫作，在書中嚎叫著。

摩西不像五歲小孩，他對這一切的不公深感震驚；「難道這就是妥拉，這就是獎賞？」（在阿拉姆語中，這番話竟然還是押韻的）而上帝的回答，其實就是：閉嘴，管你自己的事就好。這是我親手打造的宇宙，一切照我的意思運作，不用你管！

但是，我們當然會管。我們大家都很在意。摩西發自內心的哭號，基本上就是人類對上帝那不可思議的企劃所發出的悲號。有時，上帝對我們要求過度；有時，生命實在太艱難，太粗暴，太壓抑，太使人感到挫折，也太殘酷——這些也都是真的。

5 請見《贖罪日祈禱書》。

6 〈申命記〉34:4。

「安靜！」上帝如是命令他的先知。

我們的故事中，已經出現悲劇與喜劇、黑暗與光明、天與地之間的二元性；現在，我們還可以再加上抗議與沉默之間的二元性。在神聖的律法中，沉默象徵某種贊同，對他人觀點的屈服。一旦某人在遭到指控時保持沉默，我們就會認定：他認罪了。[7]

然而，沉默也代表一種深沉的認知，一種超出表面文字、或位於文字表面之下的認知。沉默和密契主義，是密不可分的；塔木德禁止人們在靜默中，輕聲傳授奧祕的知識。

根據塔木德，屬於某種宇宙量子物理學範疇的〈創世錄〉（Work of Creation），一次僅能傳授給一名學生；針對如何獲致與上帝直接接觸經驗的說明，也就是〈至聖座車之書〉（Work of the Chariot），甚至不能傳授給學生——除非這名學生是極為睿智的學者，且心思敏銳。

「禁止說話！」的標語，醒目而刺眼；「對察看在上、在下、之前、之後等四種事情的人來說，他還不如沒被生下來的好。」[8]

此外，我們還受到警告：「對從你眼前消失的，不要問起；對在你眼前被遮蔽的，不要探索。若准許你注視，你就注視；但是，被隱藏起來的，完全不關你的事！」[9]

這是很強硬的措詞，確實非常強烈。然而，由於塔木德用意在於成為一部包括所有神聖與凡間知識的合輯，自我設限是無濟於事的；自我設限，馬上就會使人們深入討論甚麼是不可知的，等於是為飢渴的密契主義者奉上可口豐盛的菜單。

在整件工程之中，似乎充斥著這種滑稽的弔詭感。塔木德關於密契領域的所知，許多來自祭司以西結（厄則克耳）與先知以賽亞所見的景象；聖經中以他們名字為標題的各先知書，記載了這些景象。塔木德的所有賢士似乎都同意：以西結關於自己對天國所見那冗長的記述——暴風，閃爍的火光，閃動微光的車輪，散布著電子的酸雨雲，刻有四隻翅膀的生物、四種臉孔（人面、獅面、牛面與鷹面）、被搖曳的火焰半影團團包圍的戰車[10]——和以賽亞更精煉的陳述相比，後者顯得莊嚴、肅穆許多。以賽亞的陳述是這樣的：「我見主坐在高高的寶座上。祂的衣裳垂下，遮滿聖殿。其上有熾天使撒拉弗（Seraphim）侍立。」[11]

「以西結能和甚麼做比較呢？」哲人們問道。「好比看見國王的村民。以賽亞，又能和甚麼做比較呢？好比看見國王的都市居民。」[12]

以西結匆匆記下所有輝煌、俗麗的細節，就像來自鄉下、不習慣聖道光輝的土包子；而

7〈中間之門〉37b。
8〈朝聖書〉11b。
9〈朝聖書〉13a。
10〈以西結書〉1:5–1:27。
11〈以賽亞書〉6:1–2。
12〈朝聖書〉13b。

以賽亞就像在香榭麗舍大道上漫步的巴黎浪蕩子，記得很少，說得更少。

在詆毀了以西結的說詞以後，這些哲人們便激動不已，對它做了一番密集的研究。他們有哪些選項呢？即便以賽亞心智超凡、也更精於世故，參照的文獻材料範圍更寬廣，他的說詞中，對所有細節竟然隻字不提！他或許是一名超凡的密契主義者，是個在沙灘上、一邊倒退走、一邊用掃把將自己每一步足跡掃除的男子；但是，這樣一來，他的升天、他所見的景像，對想要追隨他的人而言，都毫無用處。

這就是密契主義的弔詭之處；最深奧的真理，只能在沉默中傳達。

無視於殷切的警告以及毀滅一生的危險，陷於耳語般深淵中的誘惑，實在太強烈、太尖銳了。塔木德把那從未公開的〈至聖座車之書〉內容，稱為是「真正的大事」。相形之下，關於律法的討論，也就是「阿巴耶（Abbaye）與拉瓦（Rava）之問」，則只是「小事情」。[13]

然而，登上超自然境界的旅程仍是危險的，必須謹慎地前行。

死亡、瘋狂與異端

阿奇瓦拉比似乎知道某件摩西所不知道的事情。

但是，就像摩西升天一樣，阿奇瓦拉比的升天就好像是光明與黑暗、悲劇與喜劇的混合物。當他進園時，帶了三名夥伴：西蒙・本・佐瑪（Shimon ben Zoma），西蒙・本・亞翟（Shimon ben Azai），以及一個名叫「亞哲」（Aher）的人。

這本身就很有問題。正如我們所知，〈創世錄〉一次只能傳授給一名學生；〈至聖座車之書〉甚至不能傳授給任一名學生，除非這名學生是極為睿智的學者，且心思敏銳。既然如此，阿奇瓦拉比還組了這麼一個四人密契團體，進入超自然的境地。他究竟在做甚麼？

他深知這趟旅途有多麼危險，他給了明確的指示；甚至，考慮到他的朋友們所遭遇到的悲慘下場，他還發出警告：「當你們來到澄澈、透明的大理石厚板面前時，」他告訴他們：「可別說『水，水！』因為，有話是這麼說的：『說謊話的，必不得立在我眼前。』」[14]

即使他提出這些警告，事情還是很快就走樣了：

> 本・亞翟投去一瞥，死了；關於他，聖經上如是說，「在上主的心目中，他的一個子民死去是多麼可痛惜的事。」本・佐瑪看了之後便發了瘋；關於他，聖經上如是說，「你找到了蜂蜜嗎？別吃過量的蜂蜜，多吃會使你嘔吐。」亞哲則失了根。只有阿奇瓦拉比「平安而去，平安而回」。[15]

13〈住棚節篇〉（Sukkah）28a。
14〈詩篇〉101:7。
15〈詩篇〉116:15、〈箴言〉25:16。

這些都不是甚麼好兆頭。四位旅人：一死，一發瘋，一人成了異端（這是對「失了根」的傳統解讀）。

四位旅人：有三人燃燒殆盡、油盡燈枯，在更深奧的真相、在耳語的深淵之前發出極端的異議，最後遭致了自我挫敗。就算是「平安而去，平安而回」[16]的阿奇瓦拉比，要不是上帝親自介入，早就被憤怒的眾天使趕出果園外了。

看守的天使想要把他轟出去，但上帝說：「讓這位尊貴的長者留在這裡罷！他有資格享受我的榮耀。」[17]

死亡，瘋狂，異端？問題一口氣通通冒出來：這些人是誰？「澄澈、透明的大理石厚板」是甚麼？它們如何能殺死一個人、或使其陷入瘋狂、或淪為異端？我們為甚麼不能稱它們是「水，水！」？這超現實的「果園」到底是甚麼？最後，整件事到底是出了甚麼樣的大差錯呢？

這四人是一齊升天的；他們的命運，其實也是彼此禍福相倚的。如果我們不能理解阿奇瓦拉比那三位夥伴的失敗，也就無法理解他的成功；如果我們不能理解阿奇瓦拉比那神祕的升天過程，也將無法接受他的死亡。

第一個人死了

英文裡有個片語：from A to Z，意思是徹底地、從頭到尾，也代表一個完整的系列；這讓我聯想到，西蒙・本・亞翟（Azzai）和西蒙・本・佐瑪（Zoma）反而是很隨機的搭配，恰好也展現出一組雜耍藝人所具備的特有喜感。即使這兩人之間存在某種孿生性質，他們之間可是沒有任何關係的。

相反地，做為學者，兩人的成就可是無與倫比的。「在他們的時代裡，他們對妥拉的解讀，無人能出其右。」[18]拉希如是說。

事實上，在聽聞過他們的學者心目中，他們的作用，就是擔任一種原型的角色。我們獲知：「夢見本・亞翟的人，就有望封聖了。」[19]

於是，後代學者[20]爭相將自己和本・亞翟相比：

阿巴耶：「我就像提伯利亞街上的本・亞翟！」

拉瓦：「我就像提伯利亞市集的本・亞翟一樣，心思機智敏銳！」

---

16 〈朝聖書〉14b, 15b。
17 〈朝聖書〉15b。
18 〈議會篇〉（Sanhedrin）17b；〈婚律篇〉（Kiddushin）14b。
19 〈祝禱篇〉57b。
20 包括約哈納拉比、拉孚、阿巴耶和拉瓦。

拉孚在來到巴比倫時，說：「我就是這些地區的本・亞翟！」[21]就連本・亞翟也知道，他就是他這個時代的本・亞翟。「和我相比，除了這位禿頭先生（他是指自己的老師，阿奇瓦拉比）[22]以外，以色列的所有哲人都像大蒜的外皮一樣淺薄。」

本・亞翟死時，我們獲悉：勤勉的學者精神也隨他離開了這個世界。[23]這是合情合理的。本・亞翟排除其他所有事物，將自己畢生的心力，全部投入在妥拉的研習上。「如果有人願意為了妥拉的言語而墮落，」他說：「如果有人為了能勤奮不懈地坐在哲人們的門前，願意以角豆莢、羽扇豆為食，穿著污穢的衣服，就算每個路人都說『他真是個傻瓜』，最後，他將會成為律法學者，你也將看到：整部妥拉，就在他身上寫成。」[24]

本・亞翟生活在某種閉鎖的虔誠循環之中：「達成了一條戒律，就必須再達成序列中的一條戒律；」他勸說著：「達成一條戒律的獎賞，就是達成另一條戒律的機會。」[25]結果，他的研究充滿著某種脫俗的力量：

有一次，本・亞翟在教授聖經時，火焰在他週邊閃動著。他們離去，並告訴阿奇瓦拉比：「大師，本・亞翟正坐著、闡述著，而火焰在他四周閃動著呢！」

以西結所見到的，正是被閃爍與燦爛，以及閃亮琥珀所圍繞的「聖火」（Hasmal）。除了導致危險以外，這也可能是本・亞翟違反了不得公開教授神聖秘典禁令的一個徵兆。

阿奇瓦拉比便著手調查。「我聽說，當你在傳授聖典的時候，火光在你四周閃耀，」他對本・亞翟說。「你該不會是在討論〈至聖座車之書〉最核心的秘密吧？」

「不是的，」這年輕人堅稱：「我只是坐著，將妥拉的言語串聯起來：將妥拉的言語和眾先知的話串聯起來，將眾先知的話和聖經文字串聯起來。」——換言之，他不是在閱讀（或者更可能根據記憶誦讀）密契傳統，甚至也不是拉比傳統的口頭律法，而只是聖經。「可是，」他告訴阿奇瓦拉比：「這些言語，就像它們當初第一次在西奈山上發佈時那樣充滿喜樂，就像它們第一次被表達時一樣甜美。而且，」他提醒自己的老師：「第一次，它們不就是在火中表達出來的嗎？」

在火中表達：他的意思是當摩西登上西奈山巔，領受了妥拉，整個民族**看見**雷霆與火焰、以及公羊號角發出的聲響時，[26] 以色列的孩童在山腳下所體驗到的那股共同的狂喜之感。

21《耶路撒冷塔木德》〈獻初熟果篇〉（Bikkurim）2:2；〈婚律篇〉20a；〈混揉篇〉（Eruvin）29a；《耶路撒冷塔木德》〈地角篇〉（Peah）6:3。
22〈祝禱篇〉58a。
23〈淫婦篇〉（Sotah）49a等處。
24〈拿單拉比長老篇〉（Avot de Rabbi Natan）11；〈亞卡達箴言篇〉（Yalkut Proverbs）964。
25〈列祖賢訓〉（Pirkei Avot）4:2。
26〈出埃及記〉20:15。

阿奇瓦拉比還來不及回答，故事就結束了；因此，我們無從得知他對本・亞翟說了些甚麼。然而，正如我們將看到的，我認為我們大可假設：他察覺到，這份透露著密契主義先兆的執著，是很有問題的。

我們都認識本・亞翟，對吧？他就是那種想要繼續天真到底的人，而那種天真早已屬於過去。雖然本・亞翟是阿奇瓦拉比女兒的未婚夫，但這對男女似乎不曾真的結過婚；就算他們真的結過婚，應該也不曾同床共眠。[27]他的老師們都說，他這樣沒有做到上帝要世人生養眾多、使後代遍滿世界的命令[28]——在對話中，本・亞翟自己把自己沒有服從這個命令比喻成殺人，以及減少上帝的榮耀。但面對老師的責怪，他只能聳肩以對。

「我還能怎麼樣？」他無奈地回答：「我的心靈只渴望妥拉，讓這個世界透過別人存續下去吧。」[29]

他對世界的存續沒有興趣。他真實的生活，是在傳說中某一個過去的時間點度過的，彷彿摩西還一直繼續在山巔領受妥拉，彷彿他還一直在稀薄的空氣中，繼續享受那第一次發佈那些言語的光環。

也難怪他對聖經的簡單解讀，使得火從天上降下來。本・亞翟跟摩西不一樣：摩西每次上西奈山之後還要再下來，因為他肩負孩子、老婆、國家的福祉——更不用說還有難以伺候的哥哥跟姊姊、一些鬧事的侄子與外甥，還有一些惹麻煩的其他親戚。[30]但是本．亞翟跟世界沒有任何關聯。他已經放棄了自己在人生的戲劇中扮演的角色，他在意識方面是個男孩，他既沒有老婆也沒有小孩，身無長物，更沒有職業。他對性一無所知，也不知道任何肉體方面的享受，都吃角豆莢與羽扇豆、穿破爛的衣服；而且縱使有了未婚妻，他仍然守身如玉，跟她保持情感和肢體上的距離。他永遠是一介學生，自己沒有學生。因為他連拉比的頭銜都沒有，他對律法的意見，並沒辦法影響律法。[31]

他忙著吸收妥拉，因此無法遵守妥拉的規定。

進入天堂的果園，本．亞翟馬上就死了。我們想也知道為甚麼——因為他一腳已經踏入了來世。來到澄澈、透明的大理石厚板，目不斜視地凝望它水樣的內裡，甚至直接看到深邃的面貌，他像愛人看到他的最愛一樣。看過，就夠了，他的人生已經完整了。

他沒有降回凡間，當即便在「聖火」之中、在以西結描述宇宙的電火中燃燒起來，我們

27〈婚契篇〉（Ketubot）63a；〈淫婦篇〉49a。

28〈創世記〉9:6。

29〈轉房婚〉（Yevamot）63b。你或許還記得尤希拉比說過的一句話，也自樣來自〈轉房婚〉109b：「一個說自己只有妥拉的人，其實根本沒有妥拉。」

30 關於米利暗（米黎盎）和亞倫（亞郎）的故事，請見〈民數記〉12:1；拿答（納達布）和亞比戶（阿彼胡）的故事，則見〈利未記〉10；可拉（科辣黑）和他的族人的故事，請見〈民數記〉16-17。

31 他和本．佐瑪都不夠世俗，因此他們的律法判例無法影響現實生活。你可以聯想到艾略特（T. S. Eliot）對亨利．詹姆斯（Henry James）明褒暗貶的評語：「他的頭腦如此細膩，沒有任何觀念可以侵犯。」

只能假定他是高興地獻身作為祭品，沒有眷戀地後顧或往下窺探。

第二個人陷入瘋狂

就如夢想成為本．亞翟的人可能渴望成為聖人，夢想成為本．佐瑪的人則可能渴求著智慧。[32] 成為聖人的黑暗面，讓人無法於世俗生活中扎根——本．亞翟便是如此遭致毀滅的。同樣的道理，智慧的黑暗面是瘋狂，而瘋狂讓本．佐瑪走上絕路。

畢竟，智慧與瘋狂很相似。瘋狂的人與有智慧的人，同樣都具備一種別人不能馬上理解的知識。

本．佐瑪就和本．亞翟一樣，只關心事物的開始。但他惦記在心的，並不是童年的純真，反而是宇宙的創造。他甚至覺得自己是一種「亞當」，對自己人生的認知，就像第一個人類亞當，凝視著自己修長而孤單的影子。

譬如說，當本．佐瑪看到聖殿山階梯上的大批群眾，便祝福他們：知道秘密的人有福了。這種祝福表達了對上帝造物之豐富與多彩的讚嘆，同時也承認每個人的心理跟所有其他人都不一樣。祝福結束後，本．佐瑪又加了一句：他為了服務我而創造這些人，他有福了。

這裡，我們可能覺得本．佐瑪祝福的是上帝，特別因為場景是在聖殿山；但實際上，本．佐瑪說的是他自己。[33]

他解釋道：

亞當想吃麵包的話，得做多少工作？他必須要先耕地、撒種、收穫、把穀子捆成堆、打穀、簸穀、選好的穀穗、磨碎、篩麵粉、揉麵團、烤麵包才能吃到東西。我呢，我起來的時候就發現有人已經幫我做好這一切了。

亞當想穿衣服的話，得做多少工作？他要剪羊毛，再將之洗梳、紡織，接著還要染色、縫織才有衣服可以穿，但我呢，我起來的時候就發現有人已經幫我做好這些了。各類匠人早上會到我家門前來，所以我早上起來的時候就有人幫我做完這些事情了！34

一方面我認為這是一種感恩的宣言：當時的現代帶來的方便，讓他們不必像《魯賓遜漂流記》中的魯賓遜．克魯梭一樣，孤獨地活在島上，一切只能自食其力。多元社會的運作，就好比連接萬物起來的蜂巢；每個人都照顧著其他人。這種解讀方式很輕柔地忽略了本．佐瑪的說詞中的自我中心含意：若這樣解讀，他不但「不相信整個世界的存在，都**只**為他一個人服務」，反而是「了解到**除非**用自我的角度，否則一個人無法理解這個世界」。

就如本．佐瑪的祝福中的第一部分所說——知道秘密的人有福了，這剛好是群眾的特

32〈祝禱篇〉57b。

33 希伯來文並無大小寫字母之分，因此以代名詞指稱上帝時也沒有大寫字母的寫法，這與英文有所不同。此外，拉比傳統的祝福慣用句中，代名詞往往會發生變化。祝福語以第二人開單數開始，以第三人稱單數結束：你有福了，因為你給我們他的誡命，使我們成聖（「你」跟「他」都指上帝）。

34〈祝禱篇〉58a。

色：群眾中的每個人都想像自己是中心，也是這樣體會事情的。

儘管如此，這樣的解讀也間接地承認了把自己當作地球的中心——這種感知的自我中心——是一種事實的「扭曲」。我們無法脫離這種自我中心的體會方式，但上帝似乎做得到：知道秘密的祂能看穿每個人心裡在想甚麼。尤有甚者，祂跟人類的不同之處是，祂甚至可以同時解讀所有人的想法，也不會被紛亂的雜音給壓垮。

身為作家，我常常在想，究竟該如何寫出一段同時表達了所有角色主觀視角的場景。就拿美國畫家愛德華．霍普（Edward Hopper）的〈夜遊者〉（Nighthawks）一畫來當例子吧。透過畫中的玻璃，我們看到四個人湊在通宵營業的餐廳吧檯旁，有一個男子背對觀察者孤獨地坐著。還有一男一女並肩坐著，以沉默又親密的姿態一起看著遠處。戴白色帽子的服務生穿白色的罩衫，彎著腰在吧檯後方工作。如果把隱藏在店外街頭上的觀察者也算進去的話，畫中就有五個人，每個人都同時從五個不同的角度感受這一刻。有五段內在對話，又有不知多少段外在對話，這五段房間內的電影畫面中，每段又包含四張不同的臉。小說中真正逼真的表達方式，應該要讓讀者同時體會到每個角色的角度。

但就我所知，這是做不到的，換言之，**現實是無法描繪的**。我們甚至無法體會現實。雖然我們對其他人主觀的生活能發展出一種同情心與同理心，但我們仍然無法脫離自己的主觀視角，我們永遠被困在自己主觀視角的牢籠裡，看著外面的世界。

可憐的本．佐瑪無法保持正常的精神狀態，是因為他嘗試掙脫籠子，為了想要脫離自己的主觀性來體會世界——他想要了解上帝的思考，體會到尚未分為天堂光亮與地球黑暗的生活。「當你們來到澄澈、透明的大理石厚板面前時，可別說『水，水！』」這是阿奇瓦拉比對本・佐瑪說的，但本・佐瑪心中唯一的想法就是「水，水」。他只關心創世的第一天和第二天，當天堂和地球都是水的時候。

根據〈創世記〉的描述，當聖靈運行在水面上時，水是沒有分上下的，完全混在一起、形體難辨。第二天，上帝才創造穹蒼來分開這兩部分的水體。

第一天，上帝用講話的方式創造出宇宙——上帝說：「要有光」，就有了光。[35]——然而，同樣的事情也發生在其他多數的造物日當中，上帝說「要有……」；然後，敘述者就告訴我們，一切就照著祂的命令完成。

創世記中的第二天，上帝則說，「在眾水之間要有穹蒼，把水上下分開。」結果敘述者卻說「上帝創造了穹蒼」[36]。

我們已經獲悉，「這句聖經經文的明顯寓意，讓本・佐瑪顛覆了世界」，或至少，如果世界沒有受到打擊，本・佐瑪倒是確實受到了打擊。

35〈創世記〉1:3。
36〈創世記〉1:6–7。

「這種說詞真是不可思議！」他嚷道。「穹蒼不就是透過上帝說的話而創造出來的嗎？」

本·佐瑪將〈詩篇〉背得很清楚，〈詩篇〉寫說：「諸天由上主的命令造成；日月星辰也由他的話造成。」[37]換言之：天是上帝透過「講話」而生的，而不是直接「創造」的。

本·佐瑪有兩個理由在意這點：首先，他在意的是自己是否找到了妥拉中的一個矛盾。本·佐瑪認為，妥拉是上帝造萬物的藍圖，是宇宙的基因代碼，他認為它是完美與永恆的，他認為妥拉是上帝親自著述的。因此他無法接受〈創世記〉才剛開始就被人找出矛盾之處——更不用說這個矛盾很可能顛覆宇宙的基礎。

但他在意的有更深遠層面的，純哲學的擔憂。本·佐瑪了解到，如果穹蒼是上帝「創造」的、而不是上帝「講話」講出來的，那麼穹蒼本質上就變得跟上帝創造的其他萬物不一樣了，可能不是恆久的、或者是沒有其他萬物恆久（而且意味深長的是，上帝造物第二天的事功，是唯一一天祂沒提到「是好的」事功）。

其實，上帝一共兩度將水分開：第二天創造穹蒼的時候，以及第三天集合地球的水，讓陸地顯露出來[38]的時候——顯露出來的那小塊乾燥之地，就是我們渺小生活的場景，它顯得更不確定、更短暫。

本·佐瑪是一個敏感的密契主義者，他感覺得到宇宙間「水，水」那無所不在的壓力。宇宙天地間到處都有水，這些水是受上帝意志控制的。如果沒有這道意志，整個地球可能又淹水，又回到混沌與荒涼的情況了！當然這也是天使不同意阿奇瓦拉比的殉教時，上帝差一點要做的事情；而且〈創世記〉才到第六章，上帝差一點就在挪亞的故事中這麼做了。上帝看到了邪惡的人類，就將世界推回到原本分開水體前的樣貌：地下深淵的泉源都裂開，天空所有的水閘也都打開。[39]

本・佐瑪的感受還不只如此：他彷彿還感覺到了這些虛幻的對比——明與暗、天與地、靈魂與身體、悲與喜、沉默與夸談——背後有另外一個比較真實的、一體化的世界；一種可以稱之為「初期物質」的、液態的非世界。[40]

本・佐瑪代表的，是尋找智慧之源的智慧。他為了瞭解上帝的思維而上達超現實的果園，他想要以完整的亮光瞭解未經篩選、未變形的現實。這種體會讓他超越腦力的極限，讓他擁有超越智慧的知識，但同時也導致自我毀滅：本・佐瑪看了之後便發了瘋。

心靈無法超越其自身而存在。挪亞的故事告訴我們，人需要方舟——一具身體，一個器皿，一種關於自我的、裝載的認知——才能在大洪水中免於滅頂、生存下去。沒有人能在空間、時間和自己的五個維度之外生存。這麼做就像站在聖殿山的群眾中、然後同時自己就**變成**群眾了：自我消失了。

37〈詩篇〉33:6；〈創世記拉巴〉（Genesis Rabbah）4:6；〈亞卡達創世記〉（Yalkut Bereshis）6。
38 分別見〈創世記〉1:8、1:9–10。
39〈創世記〉7:11。
40 這就是在〈列祖賢訓〉5:8之中提到的，「製造第一隻鐵鉗的鉗子」。

這恐怕就是本．佐瑪經歷過的事情，他生命的晚年是這麼過的：「有一次，耶何書亞．本．哈納尼亞拉比站在聖殿山上看到本．佐瑪朝著他的方向走，但接近的時候沒打招呼。」

耶何書亞拉比比他年長。他是阿奇瓦拉比的老師，也就是說，他是本．佐瑪的老師的老師。不跟他打招呼很不禮貌，耶何書亞拉比很是擔心。

出於擔憂之情，耶何書亞拉比便溫和地問他：「本．佐瑪，你從哪裡來，要去哪裡呢？」這麼問似乎是為了讓這位年輕人回到世俗的世界上，而不是停留在宇宙的時間和空間裡。本．佐瑪，在這一刻**以前**、在你到這裡**以前**，你在哪裡？本．佐瑪，在這一刻**以後**、在你到這裡**以後**，你又會去哪裡？他問的時間點，不是上帝創造世界**之前**或宇宙毀滅**之後**。

但本．佐瑪用一種超脫世俗的方式，從自己對水深的推測來回答他的問題。「我在冥思〈創世記〉的事情，」他回答耶何書亞拉比，「我發現上面的水跟下面的水之間只有三隻手指的空間，因為聖經寫說：上帝的靈運行在水面上，就像鴿子運行在小鳥之上，碰牠們又沒碰牠們。」

這簡直是瘋子的妄言。本．佐瑪一輩子在關心的穹蒼，也就是宇宙中隔絕天與地的那塊空間，正在消失。本．佐瑪的自我認知也在溶解、消散。這就有道理在了。如果穹蒼是一種幻想，暫時被上帝「創造」出來、卻沒有經上帝之口「說出」而成為永恆的存在，那麼我們自己是否就更不真實呢？人的意識就是暫時隔在心靈之水和身體之水間，那三隻手指的空間，這樣的空間讓心靈與身體同時相連又相隔，這樣的結構不是很脆弱嗎？

本・佐瑪的頭雖然在上層之水中泅泳，卻快溺斃於下層之水裡。他嘗試活在一種「存在前」的時刻，他想要到達空間之外的空間，他想要尋找自己之外的自己。他的心靈已經忍受不了這兩種對立的水體了。他心裡的堤壩崩解，自己被瘋狂的洪水沖走，沖回那充滿「初期物質」的混沌大地，在那裡得到接納。

在聖殿山遇到本・佐瑪之後，耶何書亞拉比就跟他的學生說：「本・佐瑪已經在外面了。」

他已經在時間和空間之外了。

據說這件事過後沒幾天，他就過世了。[41]

第三個人成了異端

艾里沙・本・阿夫亞也被「開始」迷住了。他是第三個走進果園的人，當時的體驗導致他叛教；雖然他名叫艾里沙・本・阿夫亞，但敘事者、甚至很可能連艾里沙・本・阿夫亞過去的朋友，都認為直稱全名對一個異端來說簡直是種褒揚，因此都稱他為「亞哲」（Aher）——意思就是「另外一個人」（Another）。所以才有這句話說：「如果有人夢見

41〈朝聖書〉15a。

亞哲，他就應該要擔心遭人尋仇。」42

本．亞翟無法離開傳說的生命、接納史實的生命，本．佐瑪則沉迷於宇宙的起源；但艾里沙．本．阿夫亞與上述兩人不同——他關心自己的、個人的起源。他關心的，不是他的民族的創世，也不是宇宙，而是他自己。

他的教誨中，將之稱為好的基礎，而且近乎是唯一一個重要的基礎：

「做很多善事、又具備許多神聖知識的人，可以怎麼比喻呢？」艾里沙．本．阿夫亞問。「他就像一個先蓋地基再用磚頭蓋建築物的人，這樣，無論有多少積水，建築物都不會被沖走。但讀過不少書、卻不行善的人，又該怎麼比喻呢？他就像一個先用磚頭蓋起建築物、再將磚頭堆在上面的人，這麼做，一旦有一點點積水，整個建築結構就會馬上崩解。」

當他重新講解一次時，把行善又有學養的人比喻成一塊覆蓋灰泥的石頭：「不管下多少雨，石頭都不會穿透、粉碎。」但是讀過不少書卻不行善的人，就被喻為磚頭上面的灰泥：「只要一點點水就會讓磚頭穿透、粉碎。」

他用的比喻越來越多，但他的論點完全沒變。他眼裡只有兩種人：一種是行善且具備許多神聖知識的人，另外一種是雖然具備神聖知識但不行善的人。前者是平底的杯子（水不會溢出），後者是歪底的杯子（水會溢出）；前者是有轡頭的馬（騎上不會被甩下），後者是沒有轡頭的馬（騎上會被甩下）。[43]

當然還有兩種可能——行善但不具備知識的人，或兩者都缺乏的人，不過他沒有提及。這就是自傳式的神學：因為這兩種可能在亞哲個人的生命中不會激起任何迴響，所以他完全忽略了這兩種可能。在他的內心世界中，事情非黑即白：他一旦放棄神聖，他就變成了一座充滿水的廢墟，基礎也就粉碎了，他將淪為翻倒的器皿、沒轡頭的野獸，但他的同事們——主要是阿奇瓦拉比——兼具好的基礎與結構，他們就是充滿葡萄酒的器皿、有轡頭的馬匹，在主人輕柔的手下容易馴服、駕馭。

你可以一輩子獻身聖潔，你可以到經學院裡靜坐，你可以虔心師事一位開明的老師、接受他的智慧，但根據亞哲的看法，成敗的關鍵只有一點、也是唯一的一點：一個人的童年。

「年幼時研讀妥拉，」他曾說，「每個字都會被吸收到血液中，讓你能夠清楚地表達出來。」[44]

「年幼時學習神聖智慧的人，」他也說過，「就像寫在新製好的紙上的墨水；然而，老年時才學習的人，就像寫在滿是汙點的紙張上的墨水。」[45]

42 關於本故事，以及亞哈王（阿哈布）和先知耶利米（耶肋米亞）的故事、〈約伯記〉或〈耶利米哀歌〉的故事，請見〈祝禱篇〉57b。

43 〈拿單拉比長老篇〉24章。

44 來源同上。

45 〈列祖賢訓〉4:25。

這種神學頗有決定論的味道，而決定論的神學應用到個人的人生上，就成了徹頭徹尾的失敗主義。這種想法莫名地誘人：啊，如果我有個疼我的老爸有多好……只要我當時上了哈佛大學……只要我當時應他們的要求剪短頭髮，我當時就可以加入田徑隊……我的人生就有意義了……這種想法讓人沒有個人的責任感。

這是一種有罪惡感的享受，也是一種容易傳染的思維。在塔木德中一個標題為〈列祖賢訓〉（Ethics of the Fathers）的章節中，有另外一位來自克法哈巴孚里（Kfar HaBavli）的哲人名叫尤希・巴爾・猶大（Yossi bar Judah）拉比，加入了對話，呼應了亞哲對年輕人和老人的看法：

> 跟年輕人學妥拉，就像吞下還沒成熟的葡萄，或是飲用還沒發酵的葡萄酒。但跟老年人學妥拉，就像吞下已熟的葡萄或喝陳年老酒。46

邁爾（Meir）拉比這時候加入對話，他完全不以為然。雖然他是亞哲的學生，但他看穿了老師妄自菲薄的懷舊，也不能接受來自克法哈巴孚里那人自我限制的偏見。

他反駁道：「不要看器皿，要看裡面的東西是甚麼。有新器皿裝了舊的葡萄酒，也有完全沒裝新酒的舊器皿。」47

邁爾拉比看不慣同事非黑即白的二元想法，他有辦法用多元的脈絡思考。不管你在哪裡找到智慧，智慧就是智慧。邁爾拉比其實就是用了這種套路來為自己拜師異端門下開脫，甚至因此和上帝產生糾紛也不想背離他：

曾經有一次，巴爾・席拉（bar Shila）拉巴遇到先知以利亞，對他說：「神聖的有福的上帝，祂在做甚麼呢？」以利亞答道，「他在重複所有拉比講過的話，但就是沒重複邁爾拉比說的。」巴爾・席拉拉巴說：「為甚麼沒有？」以利亞說：「因為邁爾拉比的教誨，出自亞哲之口。」巴爾・席拉拉巴對他說：「邁爾拉比撿到一顆石榴，他吃了裡面的籽，把皮扔掉了。」[48]

其他地方寫說，「邁爾拉比撿到一顆棗子，吃了它，但把籽扔掉了。」[49]換言之，妥拉是可以食用、而且能以各種形式食用的水果：它的外皮可以是像桃子般食用的，也可以像石榴般不能食用，無論是異端或哲人傳授的皆然。這個對話特別有說服力，因此上帝真的改變心意了，祂開始重複邁爾拉比的教誨——很重要的是關於上帝的同理

46〈列祖賢訓〉4:26。
47〈列祖賢訓〉4:27。
48〈朝聖書〉15a。
49 來源同上。

心——而且說出邁爾拉比的名字。

充滿代碼的對話

邁爾拉比對艾里沙思路溫和的矯正，在〈列祖賢訓〉中是以交流對話的方式描述的；但在下面這個故事中，這則敘述被改寫為較為戲劇性的故事，兩人都不願意讓步：

有一次，在安息日當天，邁爾拉比坐在提伯利亞的經學院講解妥拉，而他的老師艾里沙·本·阿夫亞正騎馬經過市集。

沒有比這個能讓亞哲更戲劇性地登場了。神聖律法禁止在安息日當天騎馬，這畫面意味深長。除了看起來像準備要上戰場的戰士外，還有一種個人崇高（或有距離）的感覺，以及公然違反神聖律法的明目張膽。在這畫面中，我們彷彿可以聽到艾里沙·本·阿夫亞人生中無法脫離的主題曲：一種結冰的「中間狀態」。在那一刻，他哪裡都可能去，他可能身處於其他不遵守妥拉的人群中，例如騎著馬混進一群羅馬騎兵中；但他丟棄了妥拉之後，竟然選擇在屬於律法遵守者的公共場所中，違反這些律法。

他無法完全拋棄律法，但也無法遵守它的限制。

故事繼續：「有人經過，跟邁爾拉比說：『你的老師來了，他在市集騎馬。』」

他們的語氣中帶有一種難以忽略的敵對情緒——當他們說艾里沙是邁爾拉比的「老師」時，話音中的諷刺是相當尖銳的。不過，邁爾拉比還是暫停講道，出去跟艾里沙打招呼。艾里沙還跨坐在馬背上，問他：「你今天講解哪一句經文啊？」

邁爾拉比答道：「約伯的晚年，上主賜福給他，比他早年所得的還多。」[50]

或許是巧合，又或許是邁爾拉比很了解整部妥拉、又了解艾里沙的思考方式，他選擇用一句經文，不但回答但也反駁了自己老師心中縈繞著的恐懼感：人的開始決定了晚年餘生的樣貌、我們對因果決定論束手無策等想法。

「關於這句你說了甚麼？」艾里沙問。

邁爾拉比的回答是〈約伯記〉的另外一句：「『上帝使他比從前加倍興盛』[51]，祂讓他的財產加倍了。」

艾里沙不太相信。「那麼已經過世的人們，真是可惜了。」他說。「你的老師阿奇瓦是不會說這種話的。」

這個對話的意義可是非同小可：這時我們知道阿奇瓦拉比已經過世，這些話語都是阿奇瓦拉比的身後事了。那是羅馬人迫害的高峰期，而亞哲似乎是進入果園的四人之中，唯一一名出來的倖存者。

50〈約伯記〉42:12。
51〈約伯記〉42:10。

艾里沙糾正邁爾拉比的教法。「阿奇瓦會這樣說：『上帝會賜福約伯的餘生，是**看在他人生初期的份上**。』也就是說，因為他年輕時都遵守律法、又好行善。」

又回到石頭和磚頭、杯子和馬匹等隱喻的密碼了。兩人的對話是充滿密碼的。邁爾拉比說的是：我可以根據〈約伯記〉來證明，人生的後半段可以比前半段有福；而艾里沙一如他的教誨中揭櫫的看法，對此抱持完全相反的立場：好的開始才能有好的結果。沒有前半段，就不會有後半段。

「你還講解了哪一句？」他問。

邁爾拉比繼續堅持他的立場，「『事情的終局勝過開端。』」他引用〈傳道書〉（訓道篇）的一句話作為回答。[52]

「關於這句你說了甚麼？」

「有人年輕時因為買了某些商品而蒙受損失，但老年時卻因為這些商品而蒙利。或者……」——像一個細膩的心理學家，他越來越接近病人的內心劇場——「有人年輕時學過妥拉，後來忘記了，但老年時他又回想起來了。」[53]

我們可以想像這幅景象：艾里沙從馬背上睥睨著下方的邁爾，這樣的姿態似乎也強調了他作為老師的身分。然而，邁爾作為學生、一個小孩、位階較低的存在，卻抬著頭以有愛、忠誠、充滿希望與善意的眼神看著犯錯的老師。

但這些對艾里沙毫無作用。

「已經過世的人們，真是可惜了。你的老師阿奇瓦是不會說這種話的，」他說。「他則會解釋成：『事情的終局從開端開始就是好的』——也就是說：如果**開端**是好的，結局就會好。」

不過，艾里沙似乎還是些微地受到了這對話的影響，彷彿邁爾拉比進行的是典型的佛洛伊德式分析。經過邁爾拉比的提示，艾里沙的原始記憶開始浮現。

「我父親阿夫亞是耶路撒冷的貴族。」他告訴邁爾拉比。「有一次，在準備讓我接受割禮時，他邀請了耶路撒冷所有的貴族，包括艾立澤爾拉比與耶何書亞拉比。吃飽喝足後，眾人就開始手舞足蹈。有的人唱歌，也有人寫起字母離合詩（alphabetical acrostics）。艾立澤爾拉比就對耶何書亞拉比說：『他們都埋首於自己有興趣的事情，我們何不也來做點自己感興趣的事情呢？』」

接著，兩人就開始談妥拉的事情，他們的體驗就有一點像本・亞翟的經歷：

「他們開始談論摩西五經相關的主題，接著談先知書（the Prophets）相關主題，再來又談到聖卷（the Writings）相關主題。此時，天上就降下火來；阿夫亞，也就是我父親，就對他們說，『師父們，您們是想要把我的房子給燒了是不是？』他們回答，『但願上帝阻止，完

52〈傳道書〉7:8。

53 艾里沙・本・阿夫亞曾說過：「一個人有可能讀了二十年的妥拉，卻在兩年內忘得一乾二淨。……關於這種人，所羅門曾說過，『我走過懶惰人的田地和愚昧人的葡萄園，只見荊棘叢生，雜草遍地，周圍的石牆都倒塌了。』一旦石牆倒塌，整座葡萄園就荒廢，成為一片廢墟。」見〈拿單拉比長老篇〉24章。

全沒這回事！我們只是一起把妥拉的內容串起來，先談妥拉，再談先知書，接著談聖卷。這些話語，和當時在西奈山上的話語一樣歡欣，因為當初在西奈山上，是在一片烈焰中得到妥拉的，就像聖經寫的：山上烏雲密佈，火燄沖天。』[54] 我父親阿夫亞就說，『師父們，既然妥拉的力量這麼大，如果這個孩子為我活下去，我會將他的人生獻給妥拉。』」

「不過，由於我父親當時的決絕並不是為了天堂，」艾里沙跟邁爾拉比說，「因此我在研讀妥拉方面無法持之以恆。」

這就是艾里沙．本．阿夫亞的創世傳說。這個故事是他自己聽過的，也是他告訴自己的故事，解釋了他的整個人生：由於開端不夠好，因此他父親的心不夠純潔，所以他自己的心也不夠純潔、也不可能純潔。就算不是遺傳的，他的缺陷可以回溯至他人生的第八天，也就是他行割禮入教的時候。

透露了這麼多關於自己的事情以後，艾里沙轉換話題，突然又放著這個議題不管，好像對他很不重要一樣。「你講解了哪一句經文？」他又問道。

邁爾拉比告訴他：「患難的時候，不要忘記喜樂和患難都出於上帝。」又是一句來自〈傳道書〉的話。[55]

「關於這句你說了甚麼？」

「上帝在這地球上創造的東西都有對應的物體：祂造了山之後就造了山丘，造了海之後就造了河流。因此，如果有一段時間有好運，就應該要享受；如果有一段時間有厄運，則應該要反省：上帝創造了一個，必然也創造了另一個。」

艾里沙不相信。「你的老師阿奇瓦不會說這些話的，」他說。這次，他說的可能沒錯。邁爾拉比似乎在進行多餘的美化。這句經文的上下文是這樣的：要思想上帝的作為！他造成彎曲的，誰能使它變直？

邁爾拉比並不會很樂意跟艾里沙討論這句經文，因為他一直強調相反的概念：他堅信彎曲可以變成直的。56

艾里沙的解讀比較黑暗、比較灰心，但同時跟邁爾拉比的解讀比起來較為接近原意。「你的老師，」他說（這時候沒提到阿奇瓦，他說的「老師」可能是他自己），「他可能會說：『上帝先創造好人，再創造壞人；祂先創造伊甸園，再創造地獄。因此，每個人被分配到兩種可能：伊甸園與地獄。』」

這裡，我們再度看到，艾里沙的世界是以刻板的對應可能性所組成的。「當一個人被稱為義人，」他對邁爾拉比說，「他就得到自己進天堂的份，還有另一個因其自身行為而不能進

54〈申命記〉4:11。
55〈傳道書〉7:14。
56〈以賽亞書〉45:2。

伊甸園的人的份。當一個人被稱為惡人，他就得到自己下地獄的份，再加上一個義人在地獄的份。」[57]

他們的對話雖然用上了許多代碼，但算是說得很清楚。艾里沙覺得自己已經得不到天堂的份了，反而覺得自己已經獲得了一個義人的地獄的份，那人很可能是這對話中一直被提到的阿奇瓦。

（這樣，我們還需要問艾里沙覺得阿奇瓦拉比獲得了誰的天堂的份嗎？）

「你還講解了哪一句？」艾里沙繼續說。

如果我們把邁爾拉比的目標當成是把這該死的傢伙叫下馬、喚進經學院，那麼目前為止邁爾拉比還沒有任何進展。

邁爾拉比的回答是〈約伯記〉的另外一句：「『它的價值遠勝過金子；純金和水晶也不能相比。』」[58]

「關於這句你說了甚麼？」

邁爾拉比現在使出一記妙招。他已經連續三次挑戰了亞哲的習慣性心態，反駁了他的立場卻又被教訓，這回他反而用了對手的招數，像一位合氣道高手，來迫使他站在與自己相反的立場。

「這是指妥拉裡的話，」邁爾拉比對艾里沙說。「它們比金或純金器皿還要難以取得，但跟玻璃瓶一樣容易破碎。」

艾里沙可能一時疏忽、或出於下意識地反應，竟然一反常態，同意他過去的學生的話。「天啊，甚至跟陶器一樣容易破碎！」他說。「但你的老師阿奇瓦是不會說這種話的。他應該會說：『就像金器和玻璃器皿破了可以修補，哲人的弟子學過的東西如果流失了，也是可以重新彌補的。』」

如果仔細聽——我想邁爾拉比有仔細聽——就可以聽出亞哲沒說出口的心願。他覺得自己是破壞的容器，他希望碎玻璃與黃金可以再重新收集起來，重新融化，重塑成器皿。當然他怕的是他自己只是一具陶器，一碎就只能埋進土裡、恢復不了了。[59]

邁爾拉比終於達到目標了。

「所以你也要回來。」邁爾拉比說。

雖然耗了一陣子，但他們的對話終於讓他們說出心裡的話，他們也不再用代碼對話了。

「我沒辦法。」他告訴邁爾拉比。

「為甚麼沒辦法？」

艾里沙講了另外一個故事：「某個禮拜日，那天也是贖罪日，我在經學院後面騎

57 傳說說書人再次為貝克特的作品提供了靈感。在《等待果陀》中，潑佐對艾斯特崗說：「世界上的淚水是有限量的。因為有人開始哭泣時，某個地方的另一個人就停止。笑也是同樣情形。」（廖玉如譯注，《等待果陀．終局》）

58 〈約伯記〉28:17。

59 我要感謝卡羅琳娜．艾貝德（Carolina Ebeid）和阿娜特．本茲薇（Anat Benzvi）提供了這個觀點。

馬」——就如漂洗工的故事，贖罪日騎馬也是嚴重的罪，「然後我聽到一個聲音：『噢，離棄上主的人哪，回來吧！你們轉向我，我就轉向你們……60除了亞哲之外，因為他知道我的力量卻反抗我。』」

不能懺悔的人

進行這對話的同時，兩人依舊保持移動，邁爾拉比走路，艾里沙騎馬。他們達到安息日限制一個人可以走的距離時（安息日當天，一個人只能朝某個方向走兩千腕尺的距離），艾里沙說：「你回去吧，因為根據我的馬走的步數，安息日限制的距離就到這裡為止。」

根據神聖的聲音所說的內容，亞哲顯然明白上帝的力量卻依舊想要反抗，但計算馬匹行走步數的，同樣也是亞哲——他不得不這麼做嗎？我們只知道，邁爾拉比雖然很遵守拉比的思想體系，但還是有可能為了讓對話持續進行、讓老師回到牧群中61而甘願違反神聖的律法。

他會這麼做嗎？我們永遠無法確定，因為故事不讓我們窺探那個轉角——多虧了艾里沙，雖然他外表上似乎已經放棄神聖的律法，但內心還是活在律法的制約下。這裡又把他的思考方式表現得很漂亮。他騎著馬、哪裡都可以去，卻偏偏要在安息日的時候騎他那匹馬前往提伯利亞的市集，來到他愛徒邁爾拉比講述妥拉的地方。62再說，他雖然不遵守安息日的距離限制，但他很清楚明確的限制範圍。他就是結凍在兩個世界之間的人。他不能生活在哲人的社會裡，也無法脫離。[63]

到了他所默數安息日限制的距離時，艾里沙指示門生邁爾應該要回去。邁爾拉比答道：「你也回來吧！」這個請求似乎有各種層面的意義。

「我剛才不是跟你說，我在天堂的窗簾後面聽到一道聲音說：『離棄上主的人哪，回來吧！除了亞哲之外，全部回來吧！』」

艾里沙似乎讓邁爾拉比啞口無言，兩人扯平了。他不是聽到了一個聲音強硬表示：對他而言，懺悔是不可能的嗎？既可怕又諷刺的是，他是個叛教者，在任何議題上都敢無視天的意志，但就是在自己能否懺悔這回事上，他不敢反抗天。

但邁爾拉比完全不接受。怎麼可以讓自己的命運，讓某個神聖的日子經過猶太教堂時偶然聽到的一句話給決定？簡直太荒謬了！第一，那天是令人情緒高亢的日子，艾里沙騎著

60 分別見〈耶利米書〉3:14、〈瑪拉基書〉3:7。

61 譬如說瑞許・拉吉許，他的心思完全給妥拉所佔據，以至於時常不小心忘記自己步行的範圍超過了安息日的限制。參見《耶路撒冷塔木德》〈祝禱篇〉5:1。

62 不禁令我想起電影《北非諜影》那句名言：「全世界有這麼多城市，城市裡有這麼多酒吧（可是她偏偏來到我的酒吧）。」

63 我想起關於兩位二十世紀非常偉大的意第緒語作家以撒・辛格（Isaac Bashevis Singer）和葛拉達（Chaim Grade）的故事。葛拉達的朋友告訴我，說葛拉達對辛格不再遵守正統猶太教禮俗的做法相當鄙夷。「但是葛拉達不也一樣？」我說。「是啊，」我那朋友說，「但辛格對此毫無罪惡感，這正是葛拉達受不了的地方！」

馬，整天都有禱告的聲音從猶太教堂裡傳出來，他聽到的很可能是從窗戶透出的一串模糊的祝禱詞。

第二，這與邁爾拉比所了解的一切事實真相都相左。拉比式觀點對宿命之於自由意志的看法，既複雜又矛盾。「事情都是預先決定的，」阿奇瓦拉比曾說，「但人有自由選擇的可能。」[64]還有個夏尼納（Chanina）拉比曾說過：「天堂控制一切，除了對天堂的尊重以外。」[65]

由於我們同時受制於宿命、卻又擁有自由意志，那唯一能左右一切的因素，似乎就是虔誠程度。根據拉比式的觀點，天堂不能決定的，正是一個人對上帝的愛與其對天堂的尊重。因此，邁爾拉比覺得，艾里沙不能懺悔這件事實在毫無道理。除了亞哲之外，所有離棄上主的人都可以懺悔，這樣的概念必定應該只存在於艾里沙自己心裡。雖然艾里沙犯過許多錯，但既然艾里沙真心認為他的一生可以受到一段偶然聽到的句子所左右，邁爾拉比便想出一個實驗，讓艾里沙看到自己的想法多愚蠢。

邁爾拉比將他的老師帶到一所學校，艾里沙對他看到的第一個孩子說：「把你的經句背給我聽。」在此，「你的經句」指的是小孩當時正在讀的經句。

根據邁爾拉比的想法（他的想法在故事裡是很隱晦的），如果艾里沙偶然聽到一段正面的經句，就可以抵銷他在安息日、同時又是贖罪日那天聽到的經句。

但孩子回答的是〈以賽亞書〉的經句：「『上主對作惡的人說：你們不會有平安。』」不妙。完全不妙。

但這應該是機率問題吧？從統計學的角度來看，隨機選擇的經文有百分之五十的機會是正面的，另外百分之五十的機會是負面的。因此，邁爾拉比自然還沒有絕望。他帶艾里沙前往另一所學校，艾里沙對另外一個小孩說：「把你的經句背給我聽。」

這次的小孩回答的是〈耶利米書〉中的一句：「『上帝說：縱使你用鹼、用肥皂洗滌，我仍然看得出你罪惡的污漬。』」

在拉比式的想法裡，聖殿傾頹之後，先知的任務就由小孩與瘋子負責。[66]小孩子們就是負責傳遞神的話語的無辜媒介。這兩段小孩所說的經文當然很嚴厲，但以機率來講，只要樣本數夠多，至少應該會有其中一個小孩會講出一點點帶有希望、一點點和諧和或一點點上帝慈悲的經文。

為了賭上這個機率，邁爾拉比又把艾里沙帶到第三所學校，艾里沙又問了另外一個小孩，「跟我說你的經句。」

64〈列祖賢訓〉3:19。
65〈祝禱篇〉33b。
66〈最後之門〉（Bava Batra）12b。

小孩回答的也是來自〈耶利米書〉的一句：「耶路撒冷啊，你完了！你何必穿昂貴的衣服？何必戴珠寶首飾？何必塗眼畫眉？你打扮有甚麼用？……你的情郎遺棄了你，要殺害你。」[67]

邁爾拉比帶亞哲去十三所學校，問了一個又一個的小孩，所有的小孩講出的竟然都是預示兇惡的句子。

最後一個被亞哲要求「把你的經句背給我聽」的小孩（也是壓垮他的最後一根稻草）有言語障礙，會將R發成L；當他想回答「但上帝對作惡的人說：你有甚麼權利背誦我的誡命？」[68]時，由於「作惡」一詞的希伯來文是*ve-la-rasha*，他就說成了*ve-l'Elisha*（「對艾里沙說」）。因此，他說的聽起來是：「但上帝對艾里沙說：你有甚麼權利背誦我的誡命？」

試想一下！艾里沙必須要承受這個過程十二次，聽到上帝輕蔑他十二次，結果第十三次由於小孩的口齒不清，上天真的直接連名帶姓與他說話了！邁爾彷彿設計出一種複雜又幼稚的易經，讓艾里沙自行占卜自己的命運，結果艾里沙嘗試了十三次，得到的結果都是不祥的卦象六線形，第十三個惡兆甚至是直衝著他個人而來。

他對深愛的學生邁爾能夠成功地為他做出改變，顯然抱著很深的希望。但最後他實在忍無可忍了。

「如果我有一把刀，」他說，「我會把那小鬼碎屍萬段。」

這又是個具有濃厚自傳色彩的畫面：艾里沙感覺到自己被切成小塊，他內心的小孩被撕裂了，完全被毀滅了。

開端決定終局

就像來自克法哈巴孚里的人一樣，故事本身已經被引誘到亞哲的思考模式上，也逐漸以「開端決定終局」的想法為前提。現在，故事正試著解開一道謎團，那就是艾里沙的開端中，究竟是哪一方面讓他無法躲避這樣的終局：

據說，亞哲進去一個學者聚會的地方，看到年輕人在讀經，就會說：「這些人坐在這裡讀經，究竟是為甚麼？我覺得這個人該當工人，那個人該當木匠，還有那個應該是油漆工，那個應該當裁縫師。」年輕人聽到這番言論，乾脆就不讀經了，紛紛離去。據說，亞哲不斷地詠唱希臘歌曲，離開經學院時，有許多異端的書籍從他身旁掉出來。

上述的故事看得出來，他讓年輕人敗壞了——這可能說明了為甚麼十三所學校的小孩們，像審判一樣紛紛用聖經文句，向他揭露自己的業報——另一個可能就是，他是個癡迷希臘文化的異端。

67〈耶利米書〉4:30。
68〈詩篇〉50:16。

另外還有兩種解釋：

亞哲看到了甚麼讓他誤入歧途的東西呢？據說，他曾在安息日時坐在革尼撒勒谷（革乃撒勒谷）讀經，看到一個男人爬到棕櫚樹上抓了一隻母鳥和兩隻小鳥，然後安全下樹。到了安息日傍晚，他又看到另外一個人也爬上同一棵棕櫚樹抓小鳥，但把母鳥放了。這人下來的時候被蛇咬了一口，死了。艾里沙說：「聖經寫說：『你們可以帶走小鳥，但要放母鳥走。這樣，你們就會事事順利，並享長壽。』[69] 那麼這個人的順利何在，他的長壽又何在？」

換言之，惡人興旺但義人受苦，這樣誰能相信上帝管理宇宙的方式是有系統的呢？

另一方面：

有些人說，艾里沙之所以成為異端，是因為他看到有隻豬嘴巴裡銜著通譯赫茲皮的舌頭。他那時候說：「之前發出明亮光線的舌頭，現在要舔灰了？」他馬上決定犯罪。他走出去，發現一個妓女，就叫住她。她問：「你不就是艾里沙・本・阿夫亞嗎？」那天是安息日，他從衣服裡面抽出一條小蘿蔔給她。她就說：「他顯然就是亞哲，那個別人。」

不同的解釋眾多。除了上述幾個之外，我們記得艾里沙自己也有自己的說法：就是他父親錯誤的意向。但故事現在又暗示這些可能跟他父親無關，而是跟他媽媽脫不了關係：

有些人說，他變成異端是因為他媽媽懷他的時候，經過崇拜偶像的廟宇，聞到廟宇中祭品的味道，想吃那些肉。他們給她一些肉，她就吃下了。這些肉像毒蛇的毒液一樣滲入她的內臟，影響到未誕生的艾里沙。

又或許是那次前往超現實的果園的時候，所發生的事情：

有些人說：他看到了大天使麥達昶（Metatron）。麥達昶得到許可，能夠每天在天堂中坐一個小時，紀錄以色列子民的功績。看到麥達昶時，艾里沙心想：「據說，天堂裡不能坐著，也沒有妒忌、競爭、暗算或困乏。該不會——但願上帝阻止——天堂有兩個神！」他們馬上讓麥達昶出來，罰他六十次火鞭子，而且麥達昶有權將亞哲立下的功績給燒掉。天上有一道神聖的聲音對他說：「離棄上主的人哪，回來吧！除了亞哲之外，全部回來吧！」

69〈申命記〉22:7。

佛洛伊德可能會說，這個案例是多重決定的（overdetermined），也就是受了太多原因與證據所左右。但這似乎也證明了：在我們的故事裡面，艾里沙決定論的想法不但無用，而且簡直就像拿石頭砸自己的腳。

這段故事緊緊掌握住角色們的個性，雖然這些角色可能不願意承認。而阿奇瓦拉比的殉教，則藉由關於通譯赫茲皮，以及那個先把母鳥趕走再偷幼鳥、進而合乎誡律要求的人的意象，穿針引線，幽微地貫串整個故事。

阿奇瓦拉比的死亡可怕到無法言說，反而用較不情緒化、沒那麼煽情的類似意象來代替。艾里沙那些最神聖的同事，在各個地方死於羅馬人的毒手，紛紛壯烈殉教了。赫茲皮的舌頭被豬咬在嘴裡拖著的意象特別可怕，不只是意象本身駭人，意像所象徵的含意也很恐怖。顯然有人切下了這條過去用於重複說明神聖律法的舌頭、丟去餵給豬吃。換言之，有人拿刀把那個小孩碎屍萬段了。

這個意象，又跟摩西夢見阿奇瓦的肉在羅馬市集被秤斤論兩有關。我們開始了解，為何艾里沙進入一種結凍的狀態：對他而言，這個世界已經毫無道理了。

如果上帝有是非曲直，那麼惡人為何卻興旺亨通？好人又為何必須受苦？最好的人為何受那麼嚴重的苦？上帝可曾一隻眼睛剛好看到、一隻耳朵剛好聽到呢？[70] 世界的審判者豈不行公義嗎？[71]如果上帝不遵守道德，為甚麼艾里沙卻必須要遵守道德？何不用安息日採的小蘿蔔來召妓算了？

已經過世的人們，真是可惜了：已經過世的人是個小孩，這個小孩天真又無辜地相信世界上真的有聖潔存在，相信「善良」會興旺、「邪惡」會遭受痛苦的報應、遵守神聖律法會讓人過得幸福又長壽，而且他也相信父親告訴他的：兩個拉比討論聖潔的神學，可以讓天上降下火來，而自己的人生可能在這火當中得到鍛煉，變得神聖、具有方向與意義。

艾里沙已經不再是那個小孩了。他變成亞哲、也就是「別人」了，而不是自己了。以今天的觀念來看，他患的是創傷後壓力心理障礙症，甚至是斯德哥爾摩症候群：因為他騎馬的姿態竟像一位羅馬戰士。[72]此外，他無法回歸上帝的正道之上，這可以解讀成當上帝給人類帶來殘忍的痛苦時，人類發出的一種尖銳、甚至瘋狂的抗議。

在許多方面，他問的問題似乎跟摩西問的一樣：難道這就是妥拉，這就是獎賞？摩西和亞哲之間唯一的差別似乎是，摩西沉默地接受了上帝的意志，而亞哲卻無法接受上帝允許地球上出現暴力。

70〈列祖賢訓〉2:1。

71〈創世記〉18:25。

72 希伯來紀年三八二六年（公元六十六年），有兩千名羅馬騎兵襲擊耶路撒冷。

璀璨的一刻

邁爾拉比也是個很有問題的角色——他有自己的問題。就如我們所看到的，連上帝對邁爾拉比的虔誠也有其神聖的質疑。[73]不過，雖然邁爾拉比的老師有問題，我們在故事中看到的邁爾拉比的個性卻非常堅強，討人喜歡。他在這裡關心的，是他老師的心靈。他看到艾里沙比較好的一面。他從來不把他當「別人」，對他而言，他只將他視為老師。他對他的態度一直很真誠、友善，想要幫這名心碎的朋友。

故事接著提到了：「過一陣子，艾里沙．本．阿夫亞生病了，邁爾拉比接到消息說：『您的老師生病了。』」

邁爾便去拜訪艾里沙，再次求他懺悔。

「我已經頑抗這麼久了，我可能被接受嗎？」艾里沙感到納悶。

邁爾拉比回答：「有句話不是這麼寫的嗎：『你讓一個人懺悔，直到他的滅亡。』[74]也就是說，直到他大限之日來臨前，不都應該試著讓一個人懺悔嗎？」

據說，「艾里沙．本．阿夫亞聽到這句話便開始啜泣，然後死去。」

這一刻並不容易解讀：他啜泣是甚麼意思？但邁爾拉比很篤定地解讀成：「邁爾拉比很高興，說：『我的老師似乎是在懺悔之中離開人世的！』」

（邁爾拉比一直聽到有人用貶抑的方式稱呼自己的師父艾里沙，東一句「你師父如何如何」、西一句「你師父怎樣怎樣」，這個時候邁爾拉比終於讓「師父」這個頭銜恢復其神聖的意義。儘管如此，邁爾拉比是一個謹慎的人，他也承認懺悔的證據是視情況而定的，因此選擇用「似乎」這個說詞。）

但是，從最後的結果來看，邁爾話說得太早了：「亞哲下葬後，天上降下火來，燒了亞哲的墳墓。」

於是眾人又多了一個笑柄：「有人跑去通報邁爾拉比：『你師父的墳墓著火了！』」

邁爾拉比來到墓前，用斗篷蓋住墳頭，對他說：「今晚你先留在這裡，隔天一早如果上帝想要將你救贖，就讓祂來救贖你吧；但如果祂不願意將你救贖，那麼指著永生的上主和你發誓，我會贖救你。躺到明天早上吧。」[75]

這是邁爾拉璀璨的一刻。我認為，這是所有塔木德故事中，最美麗同時又最悲慘的場景之一。邁爾拉比引用的是〈路得記〉（盧德傳）。在〈路得記〉裡，老地主波阿斯（波哈次）

73 邁爾拉比的妻子和弟媳的故事讓我們感覺到，一個女人要免受玷汙，待在羅馬妓院中都還比在邁爾拉比家安全。請參見〈外邦崇拜篇〉（Avodah Zara）18b；〈外邦崇拜篇〉拉希評注 18a。

74 〈詩篇〉90:3。

75 〈路得拉巴〉（Ruth Rabbah）6:4；也請參見〈路得記〉3:13。

喜歡上他堂弟的寡婦路得（盧德）。路得就按照他岳母的指示，半夜混進波阿斯的房間，躺在他腳邊。波阿斯醒來發現她躺在自己腳邊，便幫她蓋被子，對她說的話跟邁爾對艾里沙說的話差不多，就是保證自己隔天一早會去問路得的一位近親，看他是否願意與她成婚，因為根據神聖律法那人有此義務，否則必須公開宣布自己不願意娶她。如果那位近親——希伯來文很小心地使用 **Ploni Almoni** 稱之（意思就是「那個某某」）——拒絕娶他堂弟的寡婦，波阿斯保證他自己就會娶（或「贖回」）她。[76]

有一段〈米大示〉的文字，讓邁爾拉比的話更加錦上添花：

「今晚你先留在這裡」——今世已經夜幕低垂——「早上的時候」——來世是清爽明亮的早晨——「如果好的上帝想要將你救贖」——意思是上帝是好的，祂對誰都好[77]——「就讓祂來救贖你吧。但如果祂不願意將你救贖，那麼指著永生的上主和你發誓，我會贖救你。躺到明天早上吧。」

多麼溫柔的交流啊：他們的角色交換了，學生和老師的角色交換了，年輕人把自己當成年長的、有權威的波阿斯，邁爾拉比現在看待自己老師的方式，就像看待溫柔、女性化、喪失至親的外邦人，對神的律法一竅不通（路得就是典型的皈依者），很需要照顧和同情。

最後，艾里沙無法自己做到的事情就發生了：上帝頑石般的心軟化、動搖了，「火就熄滅了」。但故事的結局卻是譴責：

有些人說，亞哲死的時候流傳著這麼一個說法：「別讓他被審判，也別讓他進來世。」不要被審判是因為他讀妥拉，但不讓進來世是因為他犯了罪。

邁爾拉比無法接受。他了解艾里沙的結凍狀態和中間狀態，這種狀態讓老師在世時受了很多的苦。於是，邁爾拉比說：「如果他先被審判、再進入來世會比較好；當我死時，我會讓他的墳墓冒出煙霧。」冒煙代表他的罪行已經被審判、懲罰了。

邁爾拉比去世時，亞哲的墳墓確實冒起了煙霧。這時候我們就可以懷抱著墳墓冒煙起火的希望，因為那將象徵：艾里沙的心靈就像碎掉的黃金或玻璃，已經在地獄熔解、重塑成新的形狀，而且我也相信邁爾拉比仍抱有同樣的希望。而且，如果墳頭燒了兩次、煙霧與火焰冒出兩次，更表示艾里沙說的還是沒錯，他得到了兩個地獄的份（當一個人被稱為惡人，他就得到自己進地獄的份。加上另一個人在地獄的份）。

不過我們的老朋友約哈納拉比不相信，也不以為然。「邁爾拉比用火燒他的老師，可真是厲害啊！」他嘲諷地說。「我們當中，這種罪人只有一個，我們竟然無法拯救他？如果是

76 來源同上。

77〈詩篇〉145:9

我負責照顧艾里沙，」那時，他顯然還不知道瑞許．拉吉許（西蒙拉比的首字母縮寫）之後的命運，是何等的相似。「就沒人敢把他從我手中奪走。」（其實拉吉許與艾里沙．本．阿夫亞這兩個人有著許多相同點：約哈納拉比和邁爾拉比兩人，都相當在意自己親愛的朋友的心靈。）「我死的時候，」約哈納拉比宣布，「我會讓艾里沙墳頭上的煙霧全部消散。」這象徵他得到完全的原諒。

約哈納拉比死時，艾里沙墳頭的煙霧確實完全消失了。

「因此，公祭人便開始朗誦約哈納拉比的祭文，『連地獄的看門人也頂不住您啦，噢，師父！』」78

失了根的人

現在，艾里沙似乎已經回來了。暫且讓我們回到他在安息日那天，內心暗自計算著當天允許的兩千步途。雖然他在安息日這天騎著馬是一種褻瀆，但他同時也在暗自計算著當天允許的行步數。他同時生活在兩個不同的世界中，卻不曾完整地活在其中任何一個世界裡。

雖然艾里沙肯定會騎著馬超過這兩千步的限制，但我們不清楚邁爾拉比在那一刻內心究竟發生甚麼變化，以及他在那種情況下又會怎麼做。如果艾里沙沒有制止他，他會不會步行超出安息日限制的範圍，好將艾里沙帶回來？

（在塔木德的其他段落，艾里沙的形象是無法無天、或是在律法允許的範圍內衝動魯莽的：他曾闖入羅馬妓院救自己的弟媳，還曾為了證明一個論點，引導一名學生去勾引自己的妻子。）

這個諷刺的意象雖然是沉靜的，卻又十分清晰：說到底，艾里沙太過尊敬上帝對他設下的侷限了。天堂來的、猶太教堂窗口流洩出來的、或是孩子們親口說出的神聖聲音，都告訴他「你回不去了」；面對這些強加的限制，他的反應很是被動。

他所騎的這匹馬，是他被動的象徵。他底層的自我、情緒性的自我，似乎在引導他、帶著他在安息日這天前往市集，帶著他在贖罪日這天經過經學院。儘管他的智慧對這些場所和議題有所抗拒，但他四處遊走的同時，其實一直被帶往自己情緒關注的中心所在。當他的姿態被描繪為主動時——在安息日拔了一根蘿蔔，然後送給妓女——他被看作是「亞哲」，也就是「另一個人」，而不是他自己。對他自己來說，他是**另一個人**，他的理智與情感已經不同步了。

在另一方面，邁爾拉比和約哈納拉比——這兩個非異端圈子內的鐵桿信徒——對於天堂的敕令，態度卻是大膽、積極、勇敢，甚至可說厚顏無恥。我們已經看到，巴爾．席拉拉巴因為邁爾拉比的事情而感到受傷，進而和上帝爭辯的過程。然而，對照邁爾拉比的行為，巴爾．席拉拉巴顯得像是小兒科：對於撲滅上天引發亞哲墳頭上煙霧的大火，邁爾拉比毫無疑

78〈朝聖書〉15a；《耶路撒冷塔木德》〈朝聖書〉2:1，77a–b；〈傳道書拉巴〉（Ecclesiastes Rabbah）7:8:1；〈路得拉巴〉6:4；〈婚律篇〉39b；收錄於《亞卡達傳說之書》。

慮——甚至是片刻也不遲疑。他反過來對上帝引用聖經，甘冒上帝名諱無視祂，宣稱：如果上帝不願意將你救贖，那麼指著永生的上主和你發誓，我會贖救你。

邁爾拉比在世時，已經很有威勢，他死後挑戰天意的力量卻有增無減：上帝只知道，邁爾拉比告別今世後，在神律法庭的走廊上，如何努力地鼓動唇舌、討價還價，而邁爾拉比就像個優秀的律師，成功逆轉了天堂的敕令——亞哲墳頭上冉冉升起的煙霧是為明證。

約哈納拉比更是變本加厲，他將「亞哲」回復成「艾里沙」的正常地位，自己雖然已死，卻還硬是跑到地獄的門口走一遭，還狠狠踢了館。

這些人並沒有艾里沙的被動特質，他們並沒有膽小到不敢**推翻**一道神聖敕令（正如我們記得的，最起碼先知以利亞告訴過我們：上帝被自己的孩子們推翻[79]是相當喜悅的）。無論邁爾拉比還是約哈納拉比，兩人都得以自由地在一個完整的、活生生的關係中與上帝進行互動，甚至可以到達將自己的意志強加在神的意志之上[80]的地步。

亞哲的叛教用園藝的詞彙描述，可不是毫無意義的。他失根，也就是斬斷了幼芽。他的叛教，是一種對新鮮事物的反抗——畢竟植物的芽是新生的增長點（我們也知道他是怎麼看待根基的）。阿奇瓦拉比去世給他帶來的創傷，使他在他的教友們紛紛遭到羅馬當局屠殺時，看不清道德的對價演算，於是他進入了一種結凍的狀態，在時間中、在自己的思想中、更在自己的情緒裡結凍了。他的情緒，使自己的思想困惑不已；他的思想，則麻痺了自己的情緒。

這裡完全就是層層疊疊的矛盾：艾里沙堅信神存在於世界上，卻被打成異端。而當邁爾拉比試圖向他證明，那些堅稱他無法悔改的聲音都是隨機的，後來事實卻是這些說法其來有自而且有其規律，突然間他便陷入一種停止思考的矛盾困境：艾里沙無法再敬拜的神祇（因為他似乎對人類的罪孽無動於衷），便用這個理由（對祂的懷疑）將艾里沙治罪。艾里沙無法擁有自由意志——悔改的意志，為他提供自由意志的神學否決了他的這項權利。就像卡夫卡筆下的英雄，他無法獲得正義，因為他所挑戰的體制並不是一個伸張正義的體制。這就好像天上的法院都告訴他，是的，這個體制就是不公正的，但我們願意為你破例。

最後，我們來看看阿奇瓦拉比。上帝似乎認可（或僅是默默地忍受）他的殉道，而他的殉道震撼了宇宙的基礎，一次讓天堂與地球——天使在上、阿奇瓦拉比的學生在下，摩西在中——在震驚之餘感到難以置信。

阿奇瓦拉比一生的事功，似乎就是將自己從傳統中吸收到的元素，帶到地圖上那些還未信教的化外之地。他在課堂的講課內容與被處決的事實，都令摩西感到難以理解，但根據阿奇瓦（故事之中）和傳說說書人（透過故事的圖像）的說法，兩者其實都是摩西在西奈山上

79 請見第四章。
80 「將祂的意志變成你的意志，祂將讓你的意志成為祂的意志。」—〈列祖賢訓〉2:4。

領受妥拉後的進一步結果罷了。

放眼終局，而非開端

雄跨在馬背上的艾里沙．本．阿夫亞，因為〈約伯記〉裡的一段經句，和邁爾拉比起了爭執：「約伯的晚年，上主賜福給他，比他早年所得的還多。」[81]

「你的老師阿奇瓦，」艾里沙告訴邁爾拉比：「會這樣解讀這些話：『上帝會賜福約伯的餘生，是看在他人生早年的份上。』」

不過，當然了，阿奇瓦拉比絕對不可能教授這種讀經法。阿奇瓦拉比的人生開端獲得賜福，**完全**是因為其生命的盡頭使然。且讓我們就事論事。阿奇瓦直到四十歲以前（在遠古時代，這樣就算得上是人瑞了）都還是個目不識丁的鄉下人。[82]他也並不是甚麼虔誠、親切的傻瓜。根據他自己的說辭，他對那些比他博學多聞的人，可是嫉恨交加。「當我還是個不學無術的草包的時候，」他告訴學生們：「我常說：『噢，但願我面前有個學者出現啊！我會像驢子一樣，狠狠地咬他！』」

「師父，您是說像狗一樣，狠狠地咬吧？」他們說。

「不，我是說像驢子一樣。驢子咬人的時候，會把骨頭咬斷；狗咬人的時候，不會把骨頭咬斷的。」[83]

然而，有一天，他站在一口井邊，注意到水滴在一顆中空的石頭上。「是誰鑿穿這塊石頭的？」他自忖著，或許還高聲質疑著；因為，他得到了回應：「阿奇瓦，你難道沒有讀過『流水磨損石頭』嗎？」（又是引自〈約伯記〉）「來自水井的水滴，日復一日，持續滴在石頭上，就把它磨穿了。」

「我的心志，有比這塊石頭強韌嗎？」阿奇瓦納悶著。如果石頭是有可塑性的，那他頑固的本性，又何嘗不是可塑的呢？他發下心願：「我至少要研讀妥拉的一個章節。」已是四十歲鄉間老叟的他，進入學校，和年幼的兒子坐在一起；他們一同以兒童適用的黑板，開始學習字母。

這真是一幕堪稱赤子之心的完美景象：「阿奇瓦手執黑板其中一端，他的兒子則手執另一端。」他們完全從頭開始。老師替他寫下第一個字母 alef（א），接著是第二個字母 bet（ב）。最後，老人學會了整套字母表，以及一整部妥拉。

湯姆．羅賓斯（Tom Robbins）在他的小說《啄木鳥的靜物寫生》（*Still Life with Woodpecker*）中提醒我們，「開展快樂的童年，永遠不嫌晚。」關於一顆坦誠、充滿探究精神、不受使人心神不寧的俗務所羈絆的赤子之心，你唯一知道、且需要知道的就是：阿奇瓦和兒子共執一塊乾淨黑板的形影。

81〈約伯記〉42:12。

82〈拿單拉比長老篇〉6。

83〈逾越節篇〉（Pesachim）49b。

阿奇瓦在精通了妥拉成文律法後，找上了我們的老朋友：艾立澤爾．本．西爾卡努斯拉比，以及耶何書亞．本．哈納尼亞拉比。根據艾里沙．本．阿夫亞的個人神話，這兩位哲人在他行割禮時出現，從天堂將火帶入世間，毀了他的人生；但阿奇瓦對新生命感到極度饑渴，他尋找他們，要求他們向他揭露口傳律法的內在精髓。

他們每教授一條新的律法，阿奇瓦就隱居起來。私底下，他鉅細靡遺地研讀每一條律法，將每個字母分析得滾瓜爛熟。「這個 alef（א，希伯來文的第一個字母，也可以作為數字「一」使用），」他問自己：「形狀為甚麼是這樣？這個 bet（ב，希伯來文的第二個字母，也可做為數字「二」使用），形狀為甚麼是這樣？」（你應該回想得起來，上帝特地考量到阿奇瓦拉比的需求，還親自將襯線加在鉛字體上）。一名老早就學過基本字母的老練學者，對這種細枝末節的問題，必然會含糊地帶過。一個缺乏自信的人在晚年時，對這些簡單——甚至或許無法回答——的問題，則可能會羞於發問。

雖然，我認為我們大可主張阿奇瓦無知、愚魯的早年，為他現在就學時，深具禪意、宛如初學者般簡單的心靈預做了準備，但阿奇瓦到了生命的這個階段，對艾里沙的教學，卻不遺餘力地加以駁斥：年幼時學習神聖智慧的人，就像寫在新製好的紙上的墨水；然而，老年時才學習的人，就像寫在滿是汙點的紙張上的墨水。84

和艾里沙不同的是，阿奇瓦是目的論者；一件事的開端，並不會決定結局如何。相反地，結局會決定開端。本質上，你可以藉由改變未來，重新書寫過去。

「當你們來到澄澈、透明的大理石厚板面前時，可別說『水，水！』。」阿奇瓦拉比這樣告訴他的朋友們。如果我想解釋他這些話，我有幾分相信，阿奇瓦拉比的話，意思是這樣的：當你來到前所未見、荒誕不經的事物面前，注意到它看起來有點像水，你打算用人類慣用的做法，試圖藉由隱喻和類比瞭解它、吸收它時，請**不要**這樣做！你沒有可供參照的標準。你從來沒有親身體驗過。你從沒見過這荒誕不經的事物；假如你想像自己曾經看過，假如你對自己說謊，說著「水，水！」試圖將前所未見、荒誕不經的事物，變成司空見慣、單調的東西——要順便一提的是，我們大家其實每天都這樣做；比如說，我們想像「水」就只是「水」，它在我們廚房的水龍頭、浴室、甚至地球表面百分之七十的面積出現，不是一項奇蹟——那麼，你就藉由自己的認定，損害了造物主純淨的表裡關係（你必須先發明言語，才能描述這些現象）。這樣做，就是在說謊、進行偶像崇拜，針對存在與自身那非靜態、流動、恆變的本質撒謊。

阿奇瓦拉比在了解這項原則、並予以實踐以後，就得全神貫注，走進他所擁抱的全新自我之中，專心探索上帝特別為他添加在鉛字體上的襯線。和亞哲不同的是，阿奇瓦拉比沒有被自己的過去所禁錮。他那嶄新的自我形象，反而推動他向前，穿越時間軸，遠離故我，迎向未來。

84〈列祖賢訓〉4:25。

阿奇瓦拉比並非完人，而他由不學無術之人變成聖哲的過程，也是存在偶發性錯誤的。他的同事約哈納拉比回憶道：

我指著天地為證：阿奇瓦拉比曾多次因為我的說辭而受罰。因為，過去我常在亞夫內大議會裡，在迦瑪列拉邦面前指控他。不過，我知道：阿奇瓦拉比仍謹記著這句經文：「要責備有智慧的人，他必愛你。」[85]他對我的愛，是有增無減的。

我們再次見到：終局決定了開端。在此，沒有受過陶冶、教化的阿奇瓦了解，約哈納拉比對他的指控，全是他精益求精路途上的部分過程。再一次地，他不像亞哲，不會讓自己因為來自天堂或凡間的指責，就偏離了正道。

不過，這項轉變仍是緩慢的：

阿奇瓦拉比追隨艾立澤爾拉比的十二年來，艾立澤爾拉比幾乎完全無視他的存在；因此，當阿奇瓦拉比第一次成功駁倒他的論點時，耶何書亞拉比引用了下面這段經文：「從前，這支軍隊是你所輕蔑的；現在，你出去迎戰吧。」[86]

對阿奇瓦來說，緩慢就是過程的一部分。很弔詭地，一種幼稚的不耐感，妨礙了天真、單純的轉變與成長的過程：

西蒙．本．艾拉撒爾拉比說：「我來告訴你一則寓言，說明阿奇瓦拉比的所作所為。他就像個在山裡胡亂劈砍的石匠。有一次，他手持鶴嘴鋤，爬上一座山，坐在山巔上，然後開始從山壁上鑿下小石塊。有些人路經此地，就問他：『你在做甚麼？』他說，『我要把整座山連根拔起，扔進約旦河裡。』『你真能辦到嗎？』『是的。』他一邊說、一邊繼續鑿石，直到遇上一塊巨石為止。他把鐵爪放在巨石下方，撬起、使石塊鬆動，將它拔起，然後扔進約旦河裡。他發現另一塊更大的巨石，便將鐵爪放在巨石下方，然後施力將礫石甩進約旦河裡，說道：『你該去那裡，不該在這裡。』阿奇瓦拉比必須和艾立澤爾拉比與耶何書亞拉比一起將『巨石』連根拔起，以便實踐這句經文：『人伸手鑿開堅石，傾倒山根，在磐石中鑿出水道，親眼看見各樣寶物。[87]』」

看來，只要放眼終局、而非開端，一個人就能夠重新塑造生命的地景，在這大膽邁向未知數的過程中，就能體現充滿活力的特質。

85〈箴言〉9:8。
86〈士師記〉（民長紀）9:38。
87〈約伯記〉28:9–10。

塔爾豐（Tarfon）拉比觀察到這一點，對阿奇瓦拉比說了一句名言：「阿奇瓦，與你分離的人，也就與生命分離了。」[88]

阿奇瓦拉比生命行腳的所有層面，都體現這種寬闊的契機與可能性——再造，重生，復興。他能夠駕馭自己生命中，那看似多變的命運之輪。他時而貧困，時而富裕；財富常以魔幻般的方式降臨在他身上，但他也曾不只一次[89]窮愁潦倒，散盡家財。他至少有過兩任妻子，這兩任妻子都帶給他意想不到的財富與好運。第一任妻子拉結（Rachel）犧牲一切，使他能夠成為學者；她的死，既未使他受挫，也沒讓他一蹶不振。作為天譴的一部分，他的兩萬四千名弟子在逾越節與五旬節之間的假日被殺；他們的死亡，也沒讓他灰心喪志。

（看來，這兩萬四千人並沒有充分展現對彼此的尊重。）

重新開始教學的阿奇瓦拉比，旗下只剩五名弟子。他對他們說：「我之前的弟子，對彼此的聰明才智心懷嫉妒；你們千萬不要像他們一樣。」

我們得知：後來這五名弟子，都成為人才，使整個國度充滿神聖的智慧。[90]

天堂之水與地球之水

阿奇瓦拉比是我們的老朋友——納鴻．以實．甘祖——的弟子，事師門下長達二十二年。你應該還記得：出於普世的仁慈與良善，納鴻．以實．甘祖最後成了瞎子與跛子。在那漫長的多年間，兩人只研讀一個單詞：那是希伯來文的語素，*ET*。它在文法上的作用是直接受詞的意符（signifier），但其本身則沒有意義。*ET* 出現在句子中，只顯示哪個名詞是主詞、哪個又是受詞。換句話說：阿奇瓦拉比和納鴻．以實．甘祖花了二十二年的光陰，研究一個意義空洞、區分被動與主動、幾乎完全可以視而不見的定量詞。

毫無疑問地，阿奇瓦拉比對某種普世良善統一場論的信念，與艱困生活條件妥協、讓凡間世俗生命的悲劇與天堂永恆的喜劇之間趨於和諧的能力，都原自於那二十二年的研究。阿奇瓦拉比將納鴻．以實．甘祖的 *Gam zu l'tova*（「這也是好的」）說法加以改造，整合到自己的「仁慈的上帝所做的一切，立意都是最良善的」[91] 說法裡：

> 某次，阿奇瓦拉比出外雲遊，來到某個地方，想要借宿一晚，卻沒有人願意收留。他說：「仁慈的上帝所做的一切，立意都是最良善的。」他便離開，在曠野中度過那一晚。有一頭驢子、一隻公雞和一頭羊陪伴著他。接著，一頭獅子出現，吃掉了那頭驢；一頭黃鼠狼出現，吃掉了那頭公雞；一陣暴風吹來，捲走了那頭羊。他再次說道：「仁慈的上帝所做的一切，立意都是最良善的。」就在同一天夜裡，軍隊開進城裡，全城人民盡成階下

88〈婚律篇〉66b。

89 請參見〈外邦崇拜篇〉10b與20a；〈誓言篇〉（Nedarim）50a–b。

90〈轉房婚〉62b；〈創世記拉巴〉61:3；〈傳道書拉巴〉11:6:1。

91〈祝禱篇〉60b。

囚。阿奇瓦拉比對弟子們說：「『仁慈的上帝所做的一切，立意都是最良善的。』我不就這樣告訴過你們了嗎？」

當你人在曠野中、受到奇蹟之牆的保護，而不是與身邊的所有人一同淪為城內的俘虜；但是，如果你想到阿奇瓦拉比最後殉教的畫面，你就很容易產生一種感動的情操：他強調「仁慈上帝的立意良善」，可是一點也不滑頭。

阿奇瓦拉比並不是唯一一名深研希伯來字母結構的密契主義者。且看卡巴拉經典《佐哈》（*Book of Zohar*）中，再次提到他和三個同伴升天、進入果園的故事，故事中，有個老爺爺站起來，對西蒙．巴爾．約海拉比說：

拉比，拉比啊！阿奇瓦拉比對他的學生們說，「當你們來到澄澈、透明的大理石厚板面前時，可別說『水，水！』，以免讓自己處於危險之中，因為有句話說，『說謊話的，必不得立在我眼前。』」這究竟是甚麼意思呢？聖經寫道，「在眾水之間要有穹蒼，把水上下分開。」既然妥拉已經描述了水被分為上下，那麼提到這樣的劃分有甚麼問題呢？此外，既然水已經分為上下，為甚麼阿奇瓦拉比還要警告他們，「不要說『水！水！』呢？」[92]

西蒙・巴爾・約海拉比回答，「老爺爺，您揭發了這道秘密，這是對的。」

老爺爺的看法是，澄澈、透明的大理石厚板，就是希伯來字母 *yud*（י），兩個，便組成另一個字母 *alef*（א）。「一個，是 א 的上半部，另一個，則是 א 的下半部。」好比字母W就像一個字母E橫放、字母L像穿著牛仔靴的字母I、字母N像字母Z鞠躬等等，希伯來字母 א 就像兩個，在玩字母 vav（ו）做成的蹺蹺板。

（這裡的文字遊戲相當複雜。根據《佐哈》[93]，大理石厚石板、也就是兩個「י」，代表「智慧」和「主權」。上面的「י」是代表上帝、無法發音的四字神名 YHVH 的第一個，而下面的「י」則是代表上帝的另一個名字——阿多乃〔*Adonai*，為了避諱直呼上帝之名而標的母音符號〕的最後一個字母。第一個「י」是「雄性水域」，是存在的外在面；第二個「י」則是「雌性水域」，是生命的內在面。他們互為鏡像，就像水體的雙胞胎。希伯來文中，「智慧」拼法是 יש，讀作〔yesh〕，而「主權」則是 שי，讀作〔shay〕。將它們擺在一起，就成了「שיש」〔shayish〕，意為大理石。）

現在，根據老爺爺的說法，有兩塊大理石厚板深藏於超現實的果園（如果你有辦法想像這種事情的話），這兩個，懸停在太空中，互相鏡像反映，一道光上朝天堂的方向映射，

92 分別見〈創世記〉1:6，以及《佐哈》I 26b；《光明篇校正》（Tikunei HaZohar）40。

93 根據《佐哈》，「智慧」拼作 יש（yesh），「主權」則拼作 שי（shay）。在現代希伯來文裡，yesh的意思是「有」，而shay的意思則是「禮物」。我喜歡這種解讀方式：上層水域和下層水域之間，有一個禮物。

另一道則下朝地球映射；這兩個實體間空間、周圍的那些「空的」空間，似乎就形成了一個「ו」。這兩個「י」之間隱含的「ו」，創造了一個「א」。

「א」這個字母是希伯來文字母中的第一個字母，但它不發音。在妥拉中，關於〈創世記〉的描述（根據密契主義者也如此聲稱），創世造萬物本身開始於字母表中的第二個字母bet（ב）。換句話說，這個「א」就是創世前的沉默、發出話音前先深吸一口氣的靜默、先於宇宙的「普朗克時期」（Planck Epoch，宇宙最早的前十的負四十四次方秒的時間），大爆炸（Big Bang）前那段科學家無法溯及的時刻。

「這裡，靈性沒有任何雜質，只有純粹的石板，」老爺爺繼續說：「所以水與水之間並沒有分隔。」

我們又回到了本・佐瑪與創世的第二天；當時，上帝就將穹隔在天堂之水與地球之水之間。而我們又回到了故事中摩西升天的主題：上面的水域代表了天堂的喜悅、生命的喜劇，而下面的水域（也就是我們可憐的地球的水域），則代表了隔絕、凡間黑暗的、器重物質的苦水，這苦水正是與神聖的歡樂境界之間的距離。

這種分裂、這種二分法及其所有的緊張關係，在人類之中體現。我們看到它在本・亞翟和亞哲的密契四重唱故事中發揮影響力。本・亞翟永遠是個年輕小伙子，只生活在上層水域的純真世界、心靈的世界；至於亞哲，感覺自己被深情的喜樂世界給放逐，只能在下層水域——也就是肉體的、經驗的領域忍受生命，那裡最終除了折磨、痛苦和死亡以外，甚麼也不剩。

天使與屍體之間

阿奇瓦拉比殉難的故事，在希伯來曆中最神聖的一天——也就是贖罪日——是祝禱儀式的高潮。贖罪日的傳統，是穿戴白色衣著並且禁食。白色服裝是為了提醒自己有一天會穿著壽衣入殮，而齋戒則是要提醒自己有一天將無法再進食了（我們人類是多麼脆弱、可憐，一天無法進食，竟然是一種死亡哪！）。但是關於這兩個傳統，還有另一種說法：穿白色服裝是為了模仿天使，不進食則是因為天使也不事吃喝。他們是靈性的存在，超越物質的世界與肉體的需求。

這裡，區隔又再次出現了：在創生的世界中，沒有任何存在高於天使，也沒有任何存在低於屍體。一個人，一個天使—屍體，竟然就是生命的全貌；而奇怪的是，穿白衣加上齋戒，竟然讓天使和一具屍體一模一樣。

密契主義者們認為，靈魂有辦法藉由理性、觀點與領會，將肉體提升至聖潔的領域；而肉體則希望讓靈魂倚靠在物理現實之上，說得直白些，就是要為靈魂帶來官能性的感覺。

「別說『水，水！』」阿奇瓦拉比警告他的學伴們。別認為天地之間是分離的。是的，沒錯，上帝溫吞地用超凡的光芒修補神聖的字母，這好玩的畫面和人類在小小地球上為自己和他人打造地獄，似乎是天差地別的，但阿奇瓦拉比的肉被羅馬人拿去市場秤斤論兩的畫面，正能代表人將自己、將別人送入地獄的種種情境：一個極端是戰爭、飢荒、種族屠殺與謀殺，另一個極端則是個人的不幸、失敗、仇恨、冷漠，甚至是厭煩。

塔木德警告那些熱衷於探究祕密的密契主義者，不要去釐清何者在前、何者在後、何者在上、何者在下。在澄澈、透明的大理石厚板前，這些二元對立——水與水之間、天與地之間、上與下之間、前與後之間、自我與他人之間、天使與屍體之間——通通都不再適用。

面對這些純真與經驗所造成的可怕對稱，上帝告誡祂的天使和先知保持沉默，像 alef 一樣的靜默，好能傾聽萬物對應性背後那深邃無聲的咆哮聲，在深處發出潺潺與嗡嗡聲。

我們故事中的意象，都是坦率、明確的。一見到「水，水！」其中一個水體映照另一個水體表面的粼粼波光，就可以讓身處其中的人目不暇接。你站在那裡，可能會失去平衡而淹死。

當然了，這就是發生在本．佐瑪身上的事情。他想在 *alef* 之內體驗 *alef*。他希望在時間、空間與自我三者縱橫的座標被侵犯以前，率先體驗到純粹的現實，當然，就在他以密契主義者的身分實現這一目標時，他就消失了。

在另一方面，雖然阿奇瓦拉比將這些對應的極性——上與下、前與後、明與暗、悲與喜——看作現實的扭曲（說謊話的，必不得立在我眼前），但從完全人性的、體現的角度，他卻也把它給扭曲了。儘管如此，區隔是一種扭曲。據阿奇瓦拉比的想法，〈聽啊！以色列〉中對統一性的確認，校正了這個誤解。沒有深淺，沒有前後，也沒有上下。當然，也沒有喜與悲。

他告訴我們，一即一切，一切即一。不要說，「水，水！」別把所有東西都兩組兩組地分拆。別認為天地之間是分離的。別因為你到過甚麼地方，就以為你明白自己身處何方。有一個境界，是超越這些區隔的。澄澈、透明的大理石厚板像水與水的互映成像，但它們並不是水。同樣地，我們生活的每一刻都是新的、前所未有的。我們藉由想像，可以知道自己身在何處，卻失去了對那裡的第一次、也是唯一一次的體驗。

阿奇瓦拉比花二十二年研究*ET*；他知道主體和客體的差異。他用這方面的知識，從羅馬人手中搶回對自己殉難的主導權，並把它轉變為一種靈性的行動，這個行動正能完美地榮耀了各種類型的存在：天堂、地球、先人、後人、自我，以及他人。

（這樣一來，他和約哈納拉比的姊姊成為兩個「，」，創造出他們之間的「א」：阿奇瓦拉比就是外部的、外顯的「雄性水域」，約哈納拉比的姊姊則是內部的、隱藏的「雌性水域」。）

不過：我們究竟能將永恆合一的上帝的靈修，修練到何種地步？到哪種地步呀，師父？到哪種地步啊？能像阿奇瓦拉比一樣，將自己的殉道視為向上帝效忠的契機？我們不禁想要高聲——還伴隨著摩西和阿奇瓦拉比學生的聲音，以及天使的聲音——抗議道：太難了！我們說，我只是個五歲的孩子！上帝對我們要求太多了！

而且這是真的。這實在是太難了：上帝給了我們天使的深度、廣度和領悟力，卻同時用死亡譴責我們，給了我們脆弱的、老化的肉體，有朝一日將消失、不復存在。

這個世界充滿聖潔和祝福，又因為人是按上帝的形象而造，我們本身就可以是祝福和聖潔的來源——我們究竟可以多認真、多嚴肅地看待這個想法？

面對上帝駭人的沉默、面對恐怖、殘酷的人性、面對我們的痛苦與傷心欲絕，阿奇瓦拉比的答案似乎是：我將肯定上帝造萬物的統一性，直到我嚥下最後一口氣。

畢竟，沒有任何天使有「最後一口氣」，而一具屍體也無法透過行為或言語肯定，我們人生中必須體現、讓人詠懷追憶的那些善良、仁慈、憐憫。

只有那既微小又宏偉的生物——人類——能存在於天使與屍體這兩個極端之間。縱使人類存在的時間倏忽而短暫，卻能同時體現這兩者、又超越這兩者，進而能全面肯定存在的統一性。

雖然，有時我們的生活和世界可能顯得較灰暗、沉重，但阿奇瓦拉比認為，只要我們調整自己的看法、看到聖潔在萬物之中閃耀，然後打破我們之間和聖潔有所區隔的錯覺，我們自己就能成為聖潔、就能成為祝福。

相關事件年表

希伯來紀年	公元紀年	事件
1	-3760	創世記
930	-2831	亞當去世
1056	-2705	挪亞誕生
1656	-2105	洪水氾濫大地
1948	-1813	亞伯拉罕誕生
2048	-1713	以撒誕生
2084	-1677	「綑綁」：獻祭以撒
2108	-1653	雅各和以掃誕生
2238	-1523	雅各與家人遠走埃及
2332	-1429	以色列人開始被埃及人奴役
2448	-1313	以色列人出埃及 上帝在西奈山頒布《十誡》
2488	-1273	摩西去世 以色列子民進入迦南
2892	-869	大衛成為王
2924	-837	所羅門成為王
2935	-826	第一聖殿完工
3338	-423	第一聖殿被毀
3339	-423	巴比倫之囚
3412	-349	第二聖殿完工
3413	-348	以斯拉率領被擄的以色列人 返回耶路撒冷
3622	-139	第二聖殿落成
3700	-61	羅馬人控制猶太行省
3829	69	第二聖殿被毀
3949	189	米示拿編纂成書
約 4160	約 400	《耶路撒冷塔木德》成書
4235	475	《巴比倫塔木德》成書

（年分是根據拉比傳說）

詞彙表

阿巴拉比（Abba）：曾從以色列搬往巴比倫，活躍於公元三三〇年至三七一年。

阿巴胡拉比（Abbahu）：約哈納拉比和瑞許・拉吉許的學生，在以色列活躍的時間大約介於公元二七九年至三二〇年間。當他去世後，有人說，連該撒利亞（凱撒勒雅）的大理石柱都流下了眼淚。

亞卡達（Aggadah）：字面意思是「講述」，指塔木德文學中的倫理、傳說與哲學部分，相對於「哈拉卡」（halakhic，塔木德中律法、禮儀的部分）。

傳說說書人（Aggadist）：這個詞是我自創的，指的是講述亞卡達傳說的人。事實上，亞卡達的口頭傳說，是由許多人（大多是匿名的）的舌頭和雙手所創造、形塑的。

阿克貝拉（Akhbera）：加利利海北邊的一座城市。

亞捫人（Ammonites）：亞捫（阿孟）古國的一員，居住在今日約旦的約旦河以東。根據聖經（創世記19:31-38），亞捫人和摩押人（摩阿布）是從羅得（羅特）和他的女兒們耦合而生的兒子後裔。〈申命記〉23章3節明確禁止亞捫人和摩押人加入以色列人之中。

安東尼（Antoninus）：羅馬皇帝，但不清楚是哪一位。許多學者認為有可能是下面幾位皇帝之一：馬爾庫斯・奧列里烏斯（Marcus Aurelius）、塞普蒂米烏斯・塞維魯（Septimius Severus）、卡拉卡拉（Caracalla）、埃拉加巴盧斯（Elagabalus），以及路修斯・維魯斯（Lucius Verus）。

阿拉姆文（Aramaic）：〈革馬拉〉和妥拉譯本之一「昂克羅斯譯本」（Onklelos）所使用的語言，以希伯來文字母書寫。

阿西亞 (Asya)：小亞細亞某處，具體位置不詳。

法庭長 (Av Bet Din)：字面意義為「法院之父」，是猶太議會（Sanhedrin）的七十名成員中最有學問的人，也是法院領袖、領導大權僅次於納西（Nasi）。

巴比倫 (Babylonia)：位於底格里斯河和幼發拉底河之間的美索不達米亞東南部的古文化區，形成於公元前四千年左右。它位於今天的伊拉克南部、巴格達到波斯灣一帶。「流徙巴比倫」（Babylonian exile）發生於公元前四二三年至三四八年之間，許多猶太人祖先被囚禁於巴比倫。妥拉學問在巴比倫蓬勃發展，在第一聖殿被毀後成立的信眾聚會，持續了將近一千五百年。

公元前／公元 (BCE/CE)：「公元前」（Before the Common Era）和「公元」（Common Era）的縮寫，傳統猶太稱法則為「主前」（Before Christ，BC）和「主後」（Anno Domoni，AD）。

本／巴爾 (ben/bar)：分別是希伯來語和阿拉姆語「某某之子」之意。

本·考巴·薩武亞 (Ben Kalba Savua)：在這些塔木德故事中，與本·紀吉特·哈卡賽特和納克迪蒙·本·古瑞昂並列公元一世紀耶路撒冷的顯貴，三人常常一起登場。他是阿奇瓦拉比的岳父，其名字的意涵為「滿意的狗兒子」。無論哪個餓得飢腸轆轆、像隻狗一樣的人進到他家，都會心滿意足地離去。

本·紀吉特·哈卡賽特 (Ben Zizit Ha-Kaset)：公元一世紀耶路撒冷三顯貴之一，他的名字意為「流蘇枕頭的兒子」，是指他常被邀請到羅馬人的宴會上。

聖經：希伯來文稱為「塔納赫」（Tanakh），是妥拉（Torah，即摩西五經，又譯梅瑟五書）、先知書（Nevi'm）和聖卷（Ketuvim，又譯「一般書」）三者的字首縮寫。希伯來聖經中的三十九部書，在內容與順序上與基督宗教的聖經不完全相同。

比瑞 (Biri)：上加利利地區薩法德（Safed）北方的一個小鎮。

迦南人／客納罕人 (Canaanites)：在以色列被佔領前的居民，在塔木德中通常用來指稱以色列中的非希伯來居民。

贖罪日 (Day of Atonement)：希伯來文作 Yom Kippur，提斯利月（Tishrei）的第十天，是懺悔和贖罪的日子。在贖罪日這天，人們不能吃喝、洗澡、穿著皮鞋、用香水塗抹身體，也不能行房。這五條限制，分別對應了靈魂的五個級別。

以東／厄東 (Edom)：在聖經中，以東是一個建於公元前一千年的帝國，位處今日部分的內蓋夫（Negev）地區、猶太地（Judea）和死海以南，和以掃（厄撒烏）的後代有關。在拉比式的想像中，羅馬等同於以東，而羅馬帝國被認為是體現其先祖以掃的暴力特點。

雅各之眼 (Ein Ya'akov)：是一本《巴比倫塔木德》中所有的亞卡達傳說彙編，一五一六年完成，由雅各．伊本．哈比卜（Jacob ibn Habib）編輯，他死後由他的兒子列維．伊本．哈比卜（Levi ibn Habib）接手。

地獄 (Gehenna)：火熱的地獄，是人死後潔淨靈魂的地方，但停留時間不會超過十二個月，視每個人靈魂的邪惡程度而定。

革馬拉 (Gemara)：對〈米示拿〉（Mishnah）的討論與解釋，是組成塔木德的兩個部分。

吉鐸拉孚 (Gidel)：公元三世紀時的巴比倫拉比，是拉孚（Rav）的學生。他後來前往以色列，師事約哈納拉比。

哈德良 (Hadrian)：羅馬皇帝，在位時間為公元一一七年至一三八年。

哈拉卡 (Halakhah)：字面意義為「道路」，為塔木德律法與儀式的部分，內涵即為律法本身。

哈尼納・本・多沙拉比 (Hanina ben Dosa)：和約哈納・本・札凱（Yohanan ben Zakkai）拉邦亦師亦友，是活躍於公元一世紀的行神蹟者。

修殿日 (Hanukah)：為期長達八天的節日，為紀念公元前二世紀聖殿在耶路撒冷重建。

學者 (Haver)：字面意義為「一個朋友」，在拉比說法術語代表一種神聖的伴友、靈魂上的手足。

伊米拉比 (Imi)：在塔木德中，除了被綁架後經拉吉許救出外，似乎沒有更多關於他的資料。

以色列人 (Israelites)：居住在古代以色列土地上的人。「以色列人」的相關術語有些複雜：除 Israelites 外，常見的還有希伯來人（Hebrews）、猶大人（Judeans，又譯朱迪亞人）、以色列之子（children of Israel）、雅各之子（children of Jacob）以及猶太人（Jews）。這些詞彙通常並不互通，每個背後都蘊藏不同的地理、歷史和社會學內涵。

耶瑞米亞拉比 (Jeremiah)：耶瑞米亞較常用的拼法為 Yirmiah，活躍於公元二九〇至三五〇年之間。他出身巴比倫，後來移居以色列。

約旦河 (Jordan River)：在聖經中，約旦河位於應許之地的東部邊界；今天，這條河從胡拉谷地（Hula Valley）流向死海，將以色列和巴勒斯坦領土與約旦王國分開。

猶太地沙漠 (Judean Desert)：希伯來文作 Midbar Yehuda，位於今天的以色列和約旦河西岸、耶路撒冷以東。猶太地沙漠從內蓋夫（Negev）東北方延伸到伯特利（Beit El）以東，直至死海旁的懸崖梯田。

卡巴拉 (Kabbalah)：猶太密契主義經典。

卡夫 (Kav)：塔木德中使用的計量單位，相當於約兩打雞蛋的體積。

柯亨（單數作 kohen**，複數作** kohanim)：即祭司支族，是大祭司亞倫（亞郎，Aaron the High Priest）的後代，亞倫則是摩西（梅瑟）的兄長。

老底嘉 (Laodicea)：位於今天土耳其境內的一座古城。

無酵麵餅 (Matzah)：逾越節假期所吃的食物，是為了紀念希伯來人祖先倉促逃出埃及、脫離奴役。

彌賽亞／默西亞 (Messiah)：在猶太傳說中，一位大衛王的後裔（無神性），會領導猶太人民在以色列達到精神上和政治上的救贖，並在一千年內迎來寰宇海內的和平。

麥達昶 (Metatron)：第八級天使（即天使長、或稱大天使），其負責的許多任務中，包括記錄以色列子民所行的善事。麥達昶在記錄時可以坐下，當艾里沙．本．阿夫亞和阿奇瓦拉比一同升天、前往超自然果園時看見了他，將他坐著的舉動誤認為是一種神性主權的表現。許多傳說都認為他與〈創世記〉中的以諾（哈諾客）有關。

米大示 (Midrash)：根本的意思是「尋找」或「詢問」，以訓詁文體寫成，是由塔木德哲人們對妥拉的詮釋分析構成的故事，經常針對聖經敘事的漏洞加以說明。「米大示」一詞，既指涉這種分析的行為，也指涉由其產生的文本。

麥大基突 (Migdal Gedor)：虛構的地名，字面意義為「一座封閉的塔」。

浴禮池 (mikvah**，複數作** mikvot)：也就是進行洗浴儀式的池子，按照拉比律法的規定，內涵的雨水不得少於兩百加侖。由於雨水是從天而降的，因此浴禮池是名副其實的「一池天上之水」。浴禮池就像子宮般的、質變的所在：外邦人或皈依者必須浸於浴禮池中，以符合神聖律法的規定；而婚禮前的待嫁新娘、以及月經甫結束的婦人，也必須浸於浴禮池。

米示拿 (Mishnah)：希伯來字義是口頭教導（oral instruction），是一部大約西元二〇〇年廣納編成的文集，內容包括了(1)口傳律法；(2)拉比對口傳律法的評論。根據傳說是上帝在西奈山上賜給摩西，作為妥拉（成文律法）的輔助。塔木德係由〈米示拿〉和〈革馬拉〉組成。

納克迪蒙・本・古瑞昂 (Nakdimon ben Guryon)：是公元一世紀耶路撒冷三顯貴之一，在當時的故事中經常出現。故事背景是羅馬人圍困耶路撒冷期間，納克迪蒙經常以食物賑助民眾。

納西 (Nasi)：字面意思為「王子」，是古代拉比最高法院猶太議會（Sanhedrin）的負責人。

拿單 (Nathan) **拉比**：在阿克乃烤爐的故事出現的拿單拉比，很難判斷究竟是哪個拿單拉比。我假設是巴比倫人拿單拉比，他在公元二世紀從巴比倫移居到以色列。

猶太新年：希伯來文作 **Rosh ha-Shana**，字面意義為「一年之頭」。猶太新年是至聖節期（High Holy Day）的第一天，並在提斯利月的第一天慶祝，是為了紀念人類的創生。

逾越節 (Passover)：希伯來文作 **Pesakh**，在尼散月（Nissan）月的第十五天慶祝，是為了紀念希伯來人出埃及。逾越節期間的習俗是吃無酵麵餅，以及吃逾越節晚餐（Seder）。在進行逾越節晚餐時，眾人會讀亞卡達傳說故事。艾拉撒爾・本・阿扎爾亞（Elazar ben Azaryah）拉比在亞卡達傳說故事中登場時，會問一個問題：「今晚與其他所有的夜晚不同，為甚麼？」

正義之路 (The Path of the Just)：十八世紀的成聖指導手冊，作者是兼詩人、劇作家和密契主義者於一身的路查托（Chaim Moshe Luzatto, 1706-1747）拉比。

護符匣經文 (Phylacteries)：希伯來文作 **tefillin**，是一套黑色小皮具盒，內含書寫在羊皮紙捲軸上的托拉經句。傳統上男子會將之戴在頭上與胳膊上，供工作日晨禱用。

巴爾‧席拉拉巴 (Rabbah bar Shila)：巴比倫拉比，活躍時間為公元二九〇至三五〇年間。

拉比／拉孚／拉邦：對妥拉教師的敬稱。以色列使用拉比（**Rabbi**）一詞、拉孚（**Rav**）則在巴比倫使用，拉邦（**Rabban**）則用於納西（**Nasi**）、即猶太議會（**Sanhedrin**）的主席。

約拿單拉比 (Jonathan)：約拿單拉比是巴比倫拉比，公元三世紀初期生活在以色列。我無法找到關於他母親的參考資料。

拉孚 (Rav)：公元三世紀巴比倫拉比領袖，是與薩謬爾（**Samuel**）互動密切的同事。

拉瓦‧巴爾‧哲米亞 (Rava bar Zemina)：翟拉（**Zeira**）拉比公元三世紀時的學生；除了本書提到的故事外，關於他我們所知不多。

安息日 (Sabbath)：為了紀念上帝七日造萬物而訂的每周一天休息日。紀念安息日的時間範圍從周五日落起，至周六日落為止。

哲人 (Sages)：希伯來文作 **Hazal**，為 **Hakhameynu zikronam liv'raka** 的字首縮寫，意思是「我們的智者，願他們的記憶得到祝福」。哲人是第二聖殿時期最後三百年到公元六世紀之間，對拉比和老師的通稱。

薩謬爾 (Samuel)：與拉孚互動密切的同事，兩人都是公元三世紀巴比倫的拉比領袖。

薩謬爾‧巴爾‧納賀馬尼拉比 (Samuel bar Nahmani)：公元三世紀的以色列哲人，擅長解釋亞卡達傳說的意義。

猶太議會 (Sanhedrin)：古代猶太教的最高法院，由七十名成員組成，由納西負責管理，領袖則是法庭長（Av Beit Din）。猶太議會負責解釋書面法和口頭法，並頒布新的拉比法令。猶太議會最初是一個在亞夫內蓬勃發展的聚會，聖殿淪陷後改組成全新的猶太議會。由於羅馬當局的迫害，猶太議會最早曾遷往加利利（加里肋亞），後來又更換地點九次，最後在公元一九五年於提伯利亞（Tiberias）落腳。

希列學派和沙買學派（School of Hillel/School of Shammai:）：是由公元前一世紀由兩位重要哲人希列（Hillel）與沙買（Shammai）創立的學派，兩派思想迥異。塔木德中記載了兩學派間超過三百年的辯論。雖然拉比的慣例是遵守希列學派的裁決，但兩學派的律法意見通常都被認為活生生上主的話語。

塞佛瑞斯（Sepphoris）：以色列加利利區中部的一座小城，距離拿撒勒（納匝肋）約四英里，今名為齊波里（Tzipori）。

五旬節（Shavuot）：在西彎月（Sivan）的第六天慶祝，是為了紀念上帝在西奈山上頒布妥拉。五旬節是聖經中三大朝聖節期之一。

示劍城／舍根城（Shechem）：位於伯特利（Bethel）和示羅（Shiloh）北部，以及耶路撒冷往北的公路上。示劍城是許多聖經故事的發生地點，包括亞伯拉罕（亞巴郎）獻子（創世記12章）和底拿（狄納）被姦汙後的復仇（創世記34章）。

舍吉拿（Shekinah）：希伯來文意為「住」，這個詞指的是存在於自然世界中的神。

「聽啊」（Sh'ma）：禱告儀式中的一句話，出自申命記6章4～9節（「以色列啊，你要聽！」），每日應複誦兩次，意義為肯定神的唯一性。

超自然果園（Supernal Orchard）：希伯來文作Pardes，哲人們認為這個字是聖經四級分析系統的字首縮寫（也很有喬伊斯式雙關語的幽默）：Peshat（直觀義）、Remez（暗示或象徵義）、Derash（米大示義）以及Sod（奇詭或密契義）。這個詞出現在聖經出現三次，分別是〈雅歌〉4章13節、〈傳道書〉（訓道篇）2章5節和〈尼希米記〉（厄斯德拉下）2章8節，它的意思是「花園」或「公園」。英語中的「天堂」（paradise）一詞，就是這麼來的。塔木德認為超自然果園和伊甸園有關，因為它同時具有天堂與世俗的形式。因此，深入理解妥拉，正是進入天堂的神祕入口。

塔木德（Talmud）：字義是「教導」（teaching），是針對米示拿的長篇註解，還擴充了不少米示拿的新增內容，話題複雜、五花八門，藉此講解重點，教導猶太人如何應付日常生活的各種難題。塔木德只擷取了部分米示拿註解。並非全本詮釋。

塔爾豐拉比（Tarfon）：阿奇瓦拉比的同事、約哈納·本·札凱拉邦的學生，活躍於公元第一與第二世紀。

聖殿（Temple）：第一聖殿由所羅門王所建，於公元前五八六年被毀。公元前六世紀聖殿重建，屹立至公元七十年才被羅馬軍隊摧毀。在拉比式的觀點中，聖殿就是天堂與塵世相遇的地方。

提伯利亞（Tiberias）：一個位於加利利海西岸的城市，成立於公元二十年。今名為提維利亞（Tiveriah）。

妥拉（Torah）：字面意義為「教導」，專指摩西五經（梅瑟五書），即是聖經的頭五卷書（創世記、出埃及記／出谷紀、利未記／肋未紀、民數記／戶籍紀、申命記），但也可以泛指整部聖經與釋經集、塔木德以及直至今日的所有拉比文學。

烏拉（Ulla）：第四世紀的拉比，在巴比倫和以色列之間旅行。後來他在巴比倫抑鬱而終。

革尼撒勒谷（Valley of Gennesar）：加利利海西側的平原。

維斯帕先 (Vespasian)：羅馬皇帝，在位時間為公元六十九年至七十九年。公元六十六年，他以羅馬軍隊的使節（或將軍）的身分監管猶太地區並平息該地的叛亂。

來世 (World to Come)：即來生。儘管我們能在密契主義的文獻中找到完整的猶太來世觀，但聖經和塔木德對這個觀念交代是很模糊的。拉比式的觀點則出現了調皮的矛盾：「在今世行一小時的悔改和善行，會比整個來世更美好；在來世一個小時的福氣，則比整個今世更美好。」（列祖賢訓4:22）

亞夫內 (Yavneh)：以色列雅法（Jaffa）以南、阿什杜德（Ashdod）以北沿海平原上的主要古城之一。第二聖殿於公元七十年被毀後，約哈納・本・札凱拉邦將猶太議會（即拉比最高法院）移往亞夫內。在撰寫本書時，這座城市已是現代以色列的一部分。

克法哈巴孚里的尤希・巴爾・猶大拉比 (Yossi bar Judah of Kfar HaBavli)：生卒年不詳，書中引用他的教誨，就是關於他留下的唯一史料。

翟拉拉比 (Zeira)：三世紀的巴比倫拉比，後來遷徙至以色列。

佐哈 (Zohar)：字面意義為「光輝之書」，是猶太密契主義的重要文本。一般傳統認為，《佐哈》的作者是十三世紀的西蒙・巴爾・尤查（Shimon bar Yochai）拉比，是十三世紀的西班牙學者。

謝詞

我即將寫完這本書時，許多朋友對我說，「啊，我剛認識你時，你就在忙著寫這本書啦。」我對這些故事做出承諾、與它們共存，時光竟已悠悠度過十載。

我深深感激與我一同研究、探索這些故事的朋友、親戚、學生與同事們，你們無論是在與我的對話中、私下的讀經小組聚會中，或是在埃默里大學（Emory University）、德州大學奧斯丁分校密辛納作家中心（Michener Center for Writers）、奧斯汀的阿古達・阿齊姆猶太教堂（Congregation Agudas Achim）與托哥山青年以色列教會（Young Israel of Toco Hills）的課堂上聽我講課，都讓我受益良多。他們的見解也加深我對這些文本的理解與欣賞。

亞瑟・庫茲韋爾（Arthur Kurzweil）在我非常需要鼓勵的時候，對我講了很重要的話；安德瑞婭・科恩—基恩納（Andrea Cohen-Kiener）則是本書的第一位讀者，她和魯文・崔文斯（Reuven Travis）一樣，用熱情鼓舞我寫完本書。卡米・英格柏（Karmi Ingber）對本書大方地提供了一個全面的批判（當然，文中出現的所有錯誤，都算在我頭上）。我也很感激羅伯特・亞畢祖（Robert H. Abzug），他是本書的第二位讀者，也是本書的守護天使。

我也要感謝德州大學出版中心的吉姆・伯爾（Jim Burr）和戴夫・哈姆立克（Dave Hamrick），他們讓本書有發表的機會，特別是這本書並不容易安插進任何一類的書系。比爾與卡羅・福克斯人文調查中心（Bill and Carol Fox Center for Humanistic Inquiry）在我準備送出最終版草稿時，給予我時間和安靜的場所。

感謝雅里安娜・史奇貝（Arianna Skibell），她是慷慨有才華的編輯，也是我穩定的靈感來源。我還要特別感謝芭芭拉・弗里爾・史奇貝（Barbara Freer Skibell），和我花了一樣多年的時間，與這些故事共處。她美好、直觀的心靈和追問的精神，處處溢於扉頁。

國家圖書館出版品預行編目資料

塔木德故事集：認識猶太經典的哲人與浮生百態 / 喬瑟夫.史奇貝 (Joseph Skibell)作；郭騰傑譯. -- 初版. -- 臺北市：啟示出版：家庭傳媒城邦分公司發行, 2017.04
面； 公分. --(Knowledge系列；16)
譯自：Six Memos from the Last Millennium：A Novelist Reads the Talmud

ISBN 978-986-93125-6-1(平裝)

1.猶太教 2.猶太文學

230　　106003834

Knowledge系列016

塔木德故事集：認識猶太經典的哲人與浮生百態

作　　者／喬瑟夫・史奇貝 Joseph Skibell
譯　　者／郭騰傑
企畫選書人／彭之琬
總 編 輯／彭之琬
責任編輯／李詠璇

版　　權／吳亭儀
行銷業務／王　瑜、莊晏青
總 經 理／彭之琬
事業群總經理／黃淑貞
發 行 人／何飛鵬
法律顧問／元禾法律事務所 王子文律師
出　　版／啟示出版
台北市 104 民生東路二段 141 號 9 樓
電話：(02) 25007008　傳真：(02)25007759
E-mail:bwp.service@cite.com.tw
發　　行／英屬蓋曼群島商家庭傳媒股份有限公司 城邦分公司
台北市中山區民生東路二段141號2樓
書虫客服服務專線：02-25007718；25007719
服務時間：週一至週五上午 09:30-12:00；下午 13:30-17:00
24 小時傳真專線：02-25001990；25001991
劃撥帳號：19863813；戶名：書虫股份有限公司
戶名：英屬蓋曼群島商家庭傳媒股份有限公司城邦分公司
訂購服務／書虫股份有限公司客服專線：（02）2500-7718；2500-7719
服務時間：週一至週五上午 09:30-12:00；下午 13:30-17:00
24 時傳真專線：（02）2500-1990；2500-1991
劃撥帳號：19863813 戶名：書虫股份有限公司
讀者服務信箱：service@readingclub.com.tw
城邦讀書花園：www.cite.com.tw
香港發行所／城邦（香港）出版集團有限公司
香港灣仔駱克道 193 號東超商業中心 1 樓；E-mail：hkcite@biznetvigator.com
電話：(852) 25086231　傳真：(852) 25789337
馬新發行所／城邦（馬新）出版集團 Cite (M) Sdn. Bhd.
41, Jalan Radin Anum, Bandar Baru Sri Petaling, 57000 Kuala Lumpur, Malaysia.
Tel: (603) 90578822 Fax: (603) 90576622 Email: cite@cite.com.my

封面設計／李東記
排　　版／極翔企業有限公司
印　　刷／韋懋實業有限公司

■ 2017 年 4 月 6 日初版
■ 2023 年 2 月 17 日初版 4 刷
定價 450 元

Printed in Taiwan

SIX MEMOS FROM THE LAST MILLENNIUM by Joseph Skibell

城邦讀書花園
www.cite.com.tw

 ISBN 978-986-93125-6-1